한국인의 가치, 해체에서 재구성으로

한국인의 가치, 해체에서 재구성으로

유종호
김용수
백문임
서영채
홍정선
한기욱
이태수

일송기념사업회 편

푸른역사

■ 일송학술총서를 발간하며

한림대학교 한림과학원 일송기념사업회는 한림대학교 설립자 故 일송—松 윤덕선尹德善 선생의 유지를 기리기 위해 2009년부터 매해 가을 학술대회를 개최하기로 했습니다. 일송 선생은 늘 한국의 앞날을 걱정하고 우리 사회의 병폐를 광정하는 데 평생 고민하셨습니다.

일송 선생은 "한국의 형체는 허물어졌어도 한국의 정신은 멸하지 않고 존속해 언젠가는 그 형체를 부활시킬 때가 온다"는 박은식朴殷植 선생의 경구를 자주 인용하면서 올바른 역사인식의 중요성을 강조하셨습니다. 또한 선생은 언제나 초가집 처마 밑에서 밖의 세상을 모르고 읊조리는 제비와 같은 좁은 시야를 하루 속히 탈피하고 국제적인 안목을 지녀야 한다고 말씀하셨습니다. 세계적인 수준에서 우리의 올바른 역사의식을 갖추라는 선생의 이 같은 당부는 오늘날 우리가 시급히 풀어야 할 시대적 과제이기도 합니다.

이에 일송기념사업회는 "한국 사회, 어디로 가야 하나"를 장기 주제로 삼고 이 주제에 부응하는 연차 주제를 매년 선정해 일송학술대회를 개최키로 했습니다. 교육, 역사, 학문, 통일, 문화, 삶과 가치, 인간과 자연과 같은 우리 사회의 근본 문제들을 한국의 역사와 전통, 그리고 미래의 바람직한 발전 방향과 밀접히 연계해 검토하기로 했습니다.

일송학술대회는 이들 문제를 일회적인 학술모임의 차원을 넘어서 한반도에서 인간적이고 한국적인 삶을 영위하기 위해 우리의 시각에서 조망할 것입니다. 또한 시대의 문제를 총체적으로 파악하고 그 대안을 숙고했던 위대한 실학자들의 학문 정신을 계승해 새로운 한국적 학문 전범典範을 세우도록 노력하겠습니다. 이를 위해 국내의 석학들을 비롯한 중견, 소장 학자들을 두루 초빙하여 거시적인 안목에서 성찰하고 실사구시實事求是의 정신에 입각한 방향 제시를 모색하고자 합니다.

일송기념사업회 운영위원장

김용구

차례

解 體 典

한국인의 가치관: 재물과 벼슬

― 염상섭 소설에 준거準據해서

유종호

한국인의 가치관: 재물과 벼슬
── 염상섭 소설에 준거準據해서

1.

조선시대 소설에서 긍정적인 인물은 온갖 미덕을 갖추고 있다. 문무를 겸하고 있다. 미덕의 나열주의가 성격 묘사에 보인다. 악인의 경우에도 악덕 나열주의로 되어 있다. 살아 있는 인물이기보다는 극히 유형적 관념적인 인물이다. 그러므로 구현된 가치관을 찾아내기에 적합지 않다고 생각된다.

20세기의 근대소설에서 비교적 특정 사상체계의 가치관에서 자유롭게 현실 사회를 관찰하고 생생한 인물을 그려낸 작가는 염상섭이라 생각한다. 그의 《만세전》, 《삼대》는 우리의 1910년대, 20년대, 그리고 30년대 사회를 상고하는 데 의지할 만한 전거가 된다. 물론 허구의 세계를 그대로 현실과 동일시할 수도 없고 해서도 안 된다. 그러나 우수한 작품일수록 사회학적 자료도 풍요하다는 문학사회학 쪽의 명제를 참작할 때 염상섭의 《삼대》는 당대를 조망하는 유력한 전거典據가 된다.

해방 이전의 소설 가운데서 문학적·사회적 내구성이 가장 단단하다고 평가되는 장편 《삼대》에서 중요한 가치의 원천이자 가족간 갈등의 인자因子는 가문과 재산이다. 윗대인 조의관은 물려받은 약간의 자금을 기반으로 자수성가한 만석꾼[巨富]으로 양반 족보에 끼어들어 반명班名하며 대동보소大同譜所에 종씨들을 불러 모아 세를 과시하는 데서 낙을 찾는 전근대적 속물이다. 그 다음 세대인 조상훈은 미국 유학 후 기독교도가 되어 조상 숭배의 한 의식인 봉제사奉祭祀를 거부함으로써 상속권을 박탈당하고, 방탕한 생활을 하며 타락한다. 삼대째인 조덕기는 신중한 가계승계자로 처신한다. 소설 속 삼대 모두는 재산과 돈에 막중한 가치를 두고 있다. 상속과 재산을 놓고 조부의 소실과 손자 사이의 심리적 갈등과 긴장도 소설에서 큰 비중을 차지한다. 전근대적 시대의식이 남아 있던 20년대 내지는 30년대였기 때문에 가문과 가족도 중요시되었으나 오늘이라면 재산이 우선순위 제1번의 가치로 간주될 것이다.

애비 에미도 모르고 계집자식도 모르는 너 같은 놈은 고생을 좀 해봐야 한다. 내가 돈이 있으니까 네가 한 달에 한 번이라도 들여다보는 것이지 내가 아무것도 없어 보아라, 들여다보기는커녕 고려장이라도 족히 지낼 놈이 아니냐. 어서 나가거라.

조의관이 아들에게 호령하는 장면이다. 여기 나오는 돈이 반드시 금융자본가나 금리생활자의 화폐 개념과 일치하는 것은 아니다. '이십 전 자식이요 삼십 전 재물'이라는 지난날의 속담은 우리의 전래적 보편적 가치관을 간결하게 말해 주고 있다. 이것은 자본주의가 작동하기 이전부터 인구에 회자되던 속담이요 처세 격언이다. 가장 광범위하게 널리 수용된 세속 가치관이라 할 수 있다. 그것은 '네 잘났나 내 잘났나 누 잘났노 / 구리 백통 지전[銀錢紙貨]이라야 제 잘났지'라는 당대 민요(밀양아리랑)에도 잘 드러나 있다. 조씨네 삼대가 가지고 있는 재산과 돈에 대한 숭상이 그러한 일반 통념의 집약이요 표현이다. 그러나 돈과 재산이 최우선 가치가 되긴 했으나 가문 존중과 그 범주에 속하는 입신출세 역시 여전히 중요가치관으로 남아 있다. 이러한 가치관은 특히 중산층에서 각별하다.

조씨네 삼대에서는 "사람은 빵만으로 살지 않는다"는 명제가 시사하는 초월적인 것이나 인간 내면에 대한 지향이 전혀 보이지 않는 것이 눈에 띈다. 기독교 세례를 받았다는 조상훈의 경우에도 사정은 비슷하다. 사회주의자 친구나 여공에게 보이는 덕기의 우정이나 호감도 심정적 차원에 머물러 있지 그것이 특정 가치관에 연결되어 있는 것은 아니다. 그렇기 때문에 작품의 리얼리티가 살아 있지만 평면적인 인간 묘사에 머물러 있다는 것도 부정할 수 없다.

2.

1992년에 나온 마르티나 도이힐러Martina Deuchler 교수의 《한국 사회의 유교적 변환》은 구미뿐만 아니라 국내 학계에서도 호평을 받은 역저이다. 고려高麗를 대체한 조선의 건국과 함께 진행된 유교화 과정을 고찰한 책으로 방대한 우리쪽 참고문헌의 목록만 보더라도 저자의 노력에 외경심을 갖게 된다. 사회인류학도로서 조선시대에 관심을 갖게 되어 본격적으로 연구한 저자의 이 저서를 두고 서강대학의 정두희鄭杜熙 교수는 "결과적으로 적장자嫡長子 중심의 철저한 가부장 사회의 출현을 야기한 조선왕조가 같은 성리학적 이념의 토대 위에 세워진 송宋나라보다도 더욱 철저한 성리학적인 사회가 되었다고 지적하고 있다"고 요약 논평하고 있다. 이와 관련하여 결론 부분에 보이는 다음과 같은 대목은 도이힐러 교수의 주장을 확인해 주는 구체 사례의 하나로 읽을 수 있을 것이다.

조선조 사회 유교화의 의심할 바 없이 가장 근본적인 특징은 부계 친족제도의 발전이었다. 조선조의 친족제도는 중국에서보다 더 엄격히 구조화되었다. 중요한 차이점은 장자상속제—고전 속에 서술된 고대 중국에서의 가계 조직의 근간인—가 두 나라에서 시행된 정도와 범위에 있었음이 명백하다. 중국에서는 장자상속제가 여러 세기 동안 소멸되었고 오직 장자 우선권의 "명색"만이 형제 중 윗자리임을 인정해서 흔히 주어지는 여분 상속에서나 존속하였다. 상속 관행은 다양했지만 기본적 관례는 형제간의 균등 상속이었다. 이와 대조적으로 조선에서는 방계를 젖혀놓고 직계 지속을 강조해서 장자를 그 세대의 이상적이고 선호되는 대표로 선정하는 결과를 빚었다. 의례적 장자상속제가 형제 사이의 균등한 상속의 완전한 폐기로 직접 이어진 것은 아니다. 그러나 조선조가 후반기로 들어서면서 설사 전면적인 것은 드물었지만 경제적 장자상속제를 선호하는 경향은 눈에 뜨이게 현저하다. 개개 특정사례에서 관행은 다양했다 하더라도 적장자상속제라는 생각은 사회의식 속에 굳건히 뿌리박혔으며 가계 산정을 현저히 축소시켰고 그 결과 서자뿐만 아니라 차남도 손해를 보게 되었다.[1]

친족제도나 장자상속제의 엄격하고 경직된 구조화에 발맞추어 모계, 여성, 서자庶子의 배제도 경직하게 또 철저하게 시행되는 것을 우리는 보게 된다. 사대부의 특권화나 양인과 천인 사이의 엄격한 차이도 조선시대에서 한결 심하였다. 냉철한 분석으로 시종하고 있는 도이힐러 교수가 그것을 반드시 부정적으로 보는 것은 아니며 적장자 중심의 강력한 가문의 존재가 왕권의 전제를 견제하는 요인이 되었음을 지적하기도 한다. 유교가 뿌리박은 나라에서 왕조가 오랫동안 유지되었다는 것은 흔히 지적되는 사항이지만 조선이 많은 구조적 취약성에도 불구하고 유례없을 만큼 장기간 유지된 것도 유학의 국교화國敎化와 연관된 것인지도 모른다. 발상지인 중국에서보다도 더 유교적인 사회가 된 데에는 그 나름의 이유와 우리쪽의 사정이 있었을 것이다. 원인이 어디 있든 조선조에서의 유교의 원리주의적 수용이 현실과 점증하는 괴리를 낳으면서 반근대反近代로 흐른 것은 우리의 근세사가 보여주고 있다. 제1차 세계대전 이후 일어난 미국 기독교 신교의 종파를 가리키는 원리주의는 이제 비유적으로 널리 쓰이고 있으며 이

슬람교에 대해서도 쓰이고 있다. 그런 맥락에서 유교에 적용해도 큰 잘못은 아닐 것이다.

위에서 보았듯이 주자학의 원리주의적 수용으로 특징지어진 조선에서 당연히 유학儒學이 사대부 가치관의 핵심을 이루고 있었다. 유학은 비록 시문詩文이나 역사로 한정된 혐의가 없지 않지만 교양가치나 인격을 중시하고 감정의 제어制御를 권면하였는데 그것은 매우 긍정적인 요소라 생각한다. 동양 문화권에서 유학의 영향력은 의식되지 않은 형태로나마 생활의 구석구석에 배어 있다. 한국에서 특히 그러하다는 것은 유학의 원리주의적 수용을 떠나서도 이를 견제할 만한 강력한 대안 종교나 사상체계가 떨치지 못했다는 것과 연관된 것일 터이다. 불교가 서민 생활에 침투하고 특히 부녀자 사이에서 신자가 많았다 하더라도 그것은 계층적 한계를 지니고 있었다고 생각된다. 사찰이 대부분 산중에 있고 주거지역으로 들어서지 못했다는 것은 상징적이다. 또 노장적老莊的 세계이해나 생활수용이 없었다고 할 수 없지만 이 역시 주류에서 벗어난 극소수 일탈적 양반층으로 한정되어 있었다고 보아야 할 것이다. 개화 이후 기독교가 들어오고 또 국권상실이란 중대 사태를 맞은 후 구舊체제의 이데올로기로서의 유학은 그 권위와 위세를 크게 손상당한다. 구체제의 무능과 시대착오의 대부분이 유학 탓으로 돌려졌기 때문이다. 그러나 이것은 어디까지나 명목상 또는 명시적 차원에서의 일이다. 잠재적·심층적 차원에서 유학의 전통과 흔적은 지속적 잠재력으로 작용해 왔다.

그것은 추석절이나 설 때의 귀향 행렬에서도 볼 수 있다. 가족

상봉의 의미가 크지만 가장 중요한 것은 성묘나 차례茶禮다. 조상을 산소에 받들지 못한 이들도 예외는 아니다. 그만큼 유교의 전통적 관습과 관행에 대한 경의와 집착은 심층적 차원에서 국민사이에 깊이 박혀 있다. 그것은 사사로운 가정사로 한정되지 않는다. 비근한 예를 들어 보면 초·중·고 학교에서 학생 자신들이 학급 청소를 하는 관행도 그 기원은 여기에 있다 할 것이다. 사실 서양의 각급 학교에서 학생들 자신이 청소를 하는 일은 거의 없다. 그러나 우리의 경우 초·중·고교에서 자기 반 청소를 하는 것은 당연한 것으로 생각하고 실천되고 있다. 기원을 고찰해 보면 그것은 《소학小學》의 가르침을 준수하는 것이다. 주자朱子의 지시에 따라 문하생 위자증劉子澄이 편찬했다는 《소학》에는 일상의 세수나 청소, 외출할 때 부모에게 사전 보고하라는 등의 사소한 가르침이 기술되어 있으며 역사상 인물의 일화도 망라되어 있는데 제2편 〈명륜明倫〉에는 다음과 같은 대목이 보인다.

모든 안과 밖의 사람들은 닭이 처음 울면 모두 양치질하고, 세수하고, 옷 입고, 베개와 잠자리를 걷는다. 방과 마루와 뜰을 소제하고 자리를 펴놓는다. 그리고 나서 각각 자기 일에 종사한다.

이러한 가르침이 학교 청소라는 형태로 동양 문화권에서 이어지고 있는 것이라 보아도 틀림이 없다. 전통의 힘은 이렇게 막강하다.

유럽에서 성서가 인용되는 것 이상으로 동양 문화권에서 자주 인용되는 것은 《논어》이다. 《논어》 가운데서도 〈제이 위정편第二爲政篇〉 사四는 가장 많이 인용되는 대목일 것이다. "열다섯에 학문에 뜻을 두고, 서른 살에 자립하게 되고, 마흔에 사물의 이치에 대해 의혹을 갖지 않게 되고, 쉰에 천명天命이 무엇인지 알게 되고, 예순에 모든 사리에 다 잘 통하게 되고 일흔에 내가 하고 싶은 대로 하여도 규범에 넘지 않게 되었다"는 대목이다. 공자가 만년에 자기 생애를 돌아보고 토로한 회고적 감개이다. 그렇지만 이 말은 나이와 함께 덕성이 증진한다는 것을 말하면서 교육을 통한 인간 형성의 중요성과 가능성을 동시에 말해 주고 있다고 읽을 수 있다. 독일의 가다머Gadamer는 형성Bildung의 이념이야말로 18세기의 가장 위대한 이념이라고 말한 바 있지만 유학 고유의 형성 이념은 공자의 이 말에서 압축적 표현을 얻고 있다고 할 수 있다. 사실 《논어》는 499편으로 된 인생론이요 아포리즘이라 할 수 있으나 또한 무엇보다도 교육론이라 할 수 있다. 선입견을 따라 얼핏 도의 교육론을 떠올리는 게 보통일 터이지만 사실은 전인적全人的 교육론이기도 하다. 예컨대 《논어》에서 즐김은 중요한 삶의 덕목이 되어 있다. "아는 것이 좋아하는 것만 못하고 좋아하는 것이 즐기는 것만 못하다"는 대목에서도 엿볼 수 있지만 "멀리서 벗이 오니 즐겁지 아니한가" 하는 《논어》의 첫머리 〈학이편學而篇〉이 웅변으로 그것을 말해 주고 있다.

갖가지 종교가 일반신자들 사이에서 흔히 기복祈福의 방편으로 수용되듯이 이러한 유학의 형성 이념이 속화되어 실천될 때 그것은 입신출세주의로 귀결되기가 쉽다. 수학修學 이후의 출사出仕는 조선 사대부의 삶의 목표였다. 근대 이후 조선 멸망의 원인처럼 생각되던 유학儒學과 구학문의 권위는 추락했으나 그럼에도 불구하고 출사出仕를 통한 양명揚名과 가문선양家門宣揚은 아직도 많은 사람들의 이상이 되어 있다. 양명함으로써 부모의 이름을 세상에 알리는 것이 효의 끝이라는 생각도 의식 혹은 무의식의 수준에서 작동하고 있다고 생각된다. "몸으로써 도를 행하고, 이름을 후세에 올리고 그럼으로써 부모를 알리는 것이 효의 끝이다立身行道, 揚名於後世, 以顯父母, 孝之終也"란 가르침이 명분을 제공하고 있다고 할 수 있다.

그 비근하고 구체적인 사례는 학자를 비롯한 각계 인물들의 정치 및 관계 진출 소망에 잘 드러나 있다. 박정희 대통령 이후 행정부나 입법부는 학계에서 많은 브레인스러스터를 차출해 갔다. 이어서 그것은 역대 정권에서 하나의 관행이 되었고 나아가 행정부의 중요 부서 책임자로 임명하는 관행으로 확대되었다. 어떤 전직대통령은 사전 양해 없이 각료 등을 임명한 경우가 많았는데 이에 대한 적정성을 묻는 질문에 대해서 '각료직을 사절하는 사례를 보지 못했으니 문제될 것이 없다'는 답변을 하였다.

어떤 분야의 전문가들이 행정부나 입법부에 들어가 기여하지 못할 바 없고 또 적재적소에서 큰 기여를 한 성공사례가 없는 것은 아니다. 그러나 대부분 그렇지 못하고 임시적 장식효과로 끝난 경우가 많다. 그리고 전문가들의 관계 진출에서 가장 큰 문제는 기여 정도에 따른 성공 여부보다는 학자나 전문가의 경우 정관계 진출이 평생 과업에 충실하지 못한 결과를 빚는다는 것이다. 우리의 학문풍토에서 큰 인재가 나지 못하는 원인의 하나를 제공한다고 생각한다. 막스 베버Maximilian Weher의 《직업으로서의 학문》에는 다음과 같은 대목이 보인다.

진실로 결정적이고 훌륭한 업적은 오늘날 언제나 전문가적인 성취이다. 이를테면 스스로 눈가리개 안대를 할 능력이 없는 이, 이 사본寫本의 이 대목에 대한 정확한 해석을 할 수 있느냐 없느냐에 자기 운명이 달려 있다는 생각에 이를 능력이 없는 이는 학문으로 발을 들여 놓지 않는 게 좋을 것이다.[2]

국외자에게 놀림감이 될 정도의 학문에 대한 정열적 전념과 헌신을 강조하는 이런 정신을 가지고 있고, 가지고 있었던 인사라면 쉽게 다른 직업으로의 전업을 시도하지 못할 것이다. 베버가 말하는 학문에 대한 정열적 헌신이 없는 풍토에서 큰 학자나 지적 거인이 나올 가능성은 매우 희박하다. 우리가 통렬한 자기반성을 꾀해야 할 중요한 대목이라 생각한다. 흔히 말하는 대로 천연자원이 빈약하고 인구밀도가 높은 처지에서 우리가 의지할 것은 교육을 통한 인재양성밖에 없다. 과학기술을 위시한 모든 분야에서 우수한 인력과 전문가가 배출되어 우리의 국력을 높이는 수밖에 없다. 그런데 입신양명이 그대로 정치권이나 행정부의 고위직 획득과 동일시되는 풍토에서는 개개 분야에서의 전문가의 출현이 많은 장애를 받게 된다. 실제 이공계 학생들의 썰물 현상이나 경영, 법과 쪽으로의 밀물 현상은 오래된 것으로 어제 오늘

생긴 일은 아니지만 우려할 만하다. 사후에 지방紙榜이나 위패位牌에서 학생學生 신분을 면하기 위해서 그러는 것인지 모르지만 얼마쯤 후진적인 현상이 아닌가 생각된다. 우리 사회에서 각종 쏠림 현상은 소망스럽지 못한 부작용을 낳고 있는데 이공계 탈출 현상이나 법과 경영과 의학 쏠림 현상도 그중의 하나일 것이다. 많은 학자들의 정계나 관계 진출 현상이 첨단과학이나 첨단 과학 기술 종사자에게 일종의 허탈감을 안겨 주는 일은 없을까? 또 그것이 젊은 세대의 이공계 탈출 현상을 결과적으로 부추기는 것은 아닐까? 이른바 개화 이후 1세기가 지난 오늘에도 우리가 유학의 압도적 영향의 잔재를 개탄해야 한다는 것은 한심한 일이다.

3.

그러한 맥락에서 근세사에서의 한 삽화는 매우 징후적이면서 우리에게 시사하는 바가 많다고 생각한다. 한국인 최초의 프랑스 유학생은 홍종우洪鍾宇(1850~1913)이다. 그의 삶에 대해서 정확한 것은 아직도 알려져 있지 않은 부분이 있다. 법학을 공부하고자 프랑스 유학을 떠났다는 것만은 분명한 것 같다.[3] 그는 1890년 많은 노력 끝에 프랑스로 건너가 화가 르가메Felix Regamey 집에 기거하면서 많은 교우관계를 가졌고 1892년에 《춘향전》을 번안한 《*Printemps Parfume*》를 출판사 당뛰Dentu에서 발간하였다. 유럽에 한국 고전을 소개했던 이 최초의 한인 프랑스 유학생은 돌아온 후 일본에서 고종의 밀명을 받았다는 이일직李逸植의 제의를 받아들여 개화파 인사인 김옥균의 암살자가 되고 만다. 김옥균에 게 접근하여 리홍장李鴻章을 만나자고 상해로 유인해 그를 암살하 는 데 성공한다. 그에게서 우리는 자기 부정으로 끝난 타락한 지 식인의 한 전형을 본다. 그는 그 후 논공행상으로 의정부 총무국 장 그리고 제주목사의 관직을 얻은 것으로 알려져 있으나 63세를 산 그가 그리 복된 여생을 누린 것 같지는 않다. 관직과 지위에 대한 탐욕이 그를 수단방법을 가리지 않는 비열한 암살자의 길을 가게 했다고 할 수 있다.

홍종우보다 7년 연장인 일본의 나카에 조민中江兆民은 그보다 20년 앞서 프랑스 유학을 다녀와 루소의 《사회계약론》을 《민약론 民約論》이란 이름으로 번역해서 사회적으로 크게 영향을 끼쳤다. 또 민권운동에 나서 사상가로 자기정체성을 확립했고 선구적 지 식인으로서의 바람직스러운 모형을 보여 주었다. 53세를 산 그는 후두암으로 만년의 8개월을 격심한 고통 속에서 살았다. 암 선고 를 받았을 때 1년 반이 여명餘命이라고 했으나 8개월 밖에 살지 못하였다. 후두 주변부가 부어서 바로도 옆으로도 눕지 못하고 엎드려 지냈던 그는 자기의 마지막 생각을 정리하는 《일년유반一 年有半》 등 2권의 책을 써 냈다. 그는 책에서 1년 반이 결코 짧지 않다며 《논어》의 "아침에 도를 깨달으면 저녁에 죽어도 좋다[朝聞 道夕死可]"는 대목을 적어 놓고 있다.[4] 그 자체가 외경과 경의에 값 하는 삶이다. 초기 프랑스 유학생이 보여 준 이러한 상반되는 행 보는 한국 및 일본의 근대화의 낙차와 명암을 대조적으로 보여 주는 상징적 삽화라 할 것이다. 너도나도 관직이나 벼슬에 대한 열망을 가지고 있는 우리 사회의 병리를 보여 주고 있기 때문이다. 제비 한 마리가 여름을 만들지 않는다는 것은 사실이다. 그러나 묵묵히 연구에 몰두한 회사원을 노벨화학상 수상자로 배출한 일본과 우리의 오늘도 여실하게 대조적으로 보여 주는 삽화라 하지 않을 수 없다.

2002년 노벨화학상 수상자인 타나카 코이치田中耕一 같은 인물은 현재와 같은 풍토가 계속된다면 한국에서는 도저히 나올 수가 없을 것이다. 외곬으로 자기의 길을 가는 인사에게 경의는커녕 경멸감이 팽배한 사회에서 막스 베버가 말하는 "스스로 눈가리개 안대를 할 능력"은 배양되지 않을 것이기 때문이다. 일본에는 모든 분야에서 타나카 같은 인물이 다수 존재한다는 사실을 우리는 상기해야 할 것이다. 21세기에 들어서도 1920년대와 30년대의 소설이 보여 주는 재물 숭상 그리고 전근대적 벼슬 숭상이 여전히 세속의 가치관으로 떨치고 있다는 것은 심각한 문제라 하지 않을 수 없다. 시청각 매체와 대중문화의 영향으로 세상은 점점 천박해지고 부박한 풍조가 천하대세를 이루고 있다. 청소년들에게 재물 숭배와 벼슬 숭배를 넘어서는 새로운 이상적 모형이 제시되어야 할 것이다. 그러한 모형의 제시가 여태껏 없었다는 것이 아니다. 그러한 모형이 모두의 선망이 되는 풍토 조성이 시급하다는 것이다. 건전한 민주주의는 양식 있는 시민에 의해서만 제대로 작동한다. 경박하고 식견 없는 대중매체와 그 분야의 선수들이 세상을 좌지우지한다면 그 사회의 미래는 비관적일 수밖에 없을 것이다.

*동양 고전에서 인용한 것은 굳이 출처를 밝히지 않았다.

[1] Martina Deuchler, *The Confucian Transformation of Korea: A study of Society and Ideology*(Cambridge: Harvard Univ. Press, 1992), pp. 284~285.

[2] Max Weber, "Science as a Vocation," in From Max Weber; *Essays in Sociology*, ed. Gerth and Mills(New York; Oxford Univ. Press, 1958), P.135.

[3] 홍종우의 프랑스에서의 행적에 대해서는 프랑스 쪽의 문헌이 전해 주고 있을 뿐이다. 1925년에 나왔다가 해방 후 간행된 민태원의 《갑신정변과 김옥균》에 는 김영건金永鍵의 〈파리시대의 홍종우-불군문헌에서〉란 글이 부록으로 실려 있어 그의 행보를 엿보게 해 준다. 閔泰瑗, 《갑신정변과 김옥균》(국제문화협회, 1946) 95~104쪽 참조.

[4] 加藤周一, Michael Reich & Robert J. Lifton, 《日本人の死生觀 上》(岩波書店, 1977), pp. 160~161.

남자의 도덕, 여자의 윤리

홍상수 영화를 중심으로

김용수

남자의 도덕, 여자의 윤리
— 홍상수 영화를 중심으로

우리 시대에 도덕은 불신과 조소의 대상이다. 유교 문화에 뿌리를 둔 전통적 가치들은 고리타분한 구세대의 시대착오적인 공염불로 무시되기 십상이고, 공동체의 물질적 풍요와 집단적 안녕을 위해 경제적 이익이나 권력을 추구하는 것과 같은 공리주의적 가치들은 개인의 사리사욕을 정당화하는 데 동원되는 무의미한 이념에 불과하다고 의심받기 쉽다. 뿐만 아니라 자유, 정의, 민주와 같은 고상한 정치적 가치들은 노골적인 권력욕을 꾸미고 포장하는 허상으로 치부되거나 허위와 위선의 가증스러운 징표로 받아들여지곤 한다. 한마디로 우리는 도덕적 가치들을 그리 신뢰하지 않는다. 하지만 도덕은 여전히 강력한 힘을 발휘하고 있다. 우리에게 그것은 타인이나 다른 집단을 비난하는 데 이용되는 날카로운 무기이고, 동시에 그것을 실제로 믿건 믿지 않건 우리의 삶을 옭아 매고 일상적 실천을 규제하는 갑갑한 족쇄이기도 하다. 이 모두는 도덕의 위기를 증언하는 분명한 징후들이다.

홍상수는 흔히 한국의 작가주의 영화를 대표하는 감독으로 손

꼽힌다. 주지하다시피 영화 이론에서 작가auteur는 1960년대 프랑스의 영화 운동, 누벨바그nouvelle vague 감독들과 영화 잡지 《까이에 뒤 시네마Cahiers du Cinéma》에서 활동한 비평가들이 주창하고, 이후 상당한 영향력을 획득한 개념으로 개인적인 비전과 독창적인 형식, 그리고 일관된 주제 등을 영화 작품에 뚜렷이 각인한 감독을 가리킨다. 요컨대 작가로서의 영화감독은 자신의 영화들을 통해 개성의 일관성을 보여 준다. 작가 개념의 타당성에 대한 논란[1]과는 별개로 홍상수의 영화들은 분명 그만의 독특한 작가적 개성을 일관된 관점과 형식으로 형상화하고 있는 것이 사실이다. 홍상수는 〈돼지가 우물에 빠진 날〉(1996) 이후 지금까지 한두 해마다 한 편씩 꾸준히 영화를 발표하고 있으며, 이 작품들은 모두 비상업적이고 비타협적인 방식으로 자신만의 주제의식과 스타일을 구현하고 있다. 그의 영화들에는 '홍상수'의 흔적이 또렷하다.

이 글은 홍상수의 작가적 시선에 드러나는 도덕적 가치들과 그 위기의 양상을 그의 대표적인 영화 몇 편을 통해 살펴보고자 한다. 대상을 '정직하게, 있는 그대로' 보려는 듯한 그의 카메라는 보잘것없는 개인들의 무미건조한 일상 속에서 허위와 위선의 너절한 모습들을 무심하게 포착한다. 홍상수 영화에서 카메라는 대개 일정한 지점에 자리를 잡고는 거의 움직이지 않는다. 움직이더라도 그 움직임은 최소화된다.[2] 대상을 잡아 낼 수 있는 최선의 위치에 카메라를 두고 현실이 자연스럽게 펼쳐지는 것을 가만히 바라본다. 이러한 정적인 카메라는 작가적 시선의 주관성을 최대한 배제하고 현실을 있는 그대로 바라보려는 노력의 일환으로 보인다.[3] 같은 이유로 홍상수는 컷cut을 하지 않고 길게 촬영하는 롱테이크long take를 선호한다. 카메라의 이동이 필요한 경우에도 컷 대신 패닝panning으로 프레임 밖의 대상을 잡는다. 롱테이크는 자르고 붙이는 인위적 조작을 최소화하려는 시도이다. 카메라가 컷으로 현실에 개입하기보다는 연속적인 흐름으로서의 현실이 카메라에 들어와 상으로 맺히길 기다린다. 이러한 홍상수의 사실주의적인 시선 앞에 우리의 일상은 그 비루한 속살을 드러낸다.

1. 떠도는 관념으로서의 도덕

홍상수의 영화 세계에서 도덕은 실체 없이 떠돌아다니다 누군가의 말로 또는 글로 표현되며 생명을 유지하는 공허한 관념이다. 도덕적 가치는 개인의 행동에 준거를 제공하고 일관성을 부여하는 규범적 원칙이라기보다는 편의적으로 이용되고 버려지는 '그럴듯한 말'에 불과하다. 그것은 개인의 육체와 행동에서 유리된 채 이념의 수준에서 부유하는 기표로만 남는다. 하지만 도덕은 동시에 현실적인 힘을 지니고 있다. 다른 사람을 도덕적으로 공격하고 모욕할 수 있는 치명적인 무기가 되거나 자기 자신의 너저분한 욕망과 행동을 그럴듯하게 꾸미고 정당화하는 편리한 이념이 된다.

〈생활의 발견〉(2002)에는 주인공 경수(김상경)가 영화사에 찾아가 자신이 배우로 출연한 영화가 상업적으로 실패했음에도 불구하고 자기 몫의 돈을 찾아가는 장면이 있다. 여기서 감독(안길강)은 회사와 제작진 모두가 희생하는 상황에서도 돈을 챙기는 경수를 도덕적으로 힐난한다. "이거 나 받을 거 받는 거야"라고 말하는 경수에게 감독은 "우리 사람 되는 거 힘들어. 힘들지만 우리 괴물은 되지 말고 살자"라고 비판한다. 날카로운 화살처럼 그에게 박히는 이 도덕적 비난에 경수는 분노하고 억울해하며 "형이 뭐야? 감독이야, 뭐야?"라고 울부짖는다. 여기에는 고통의 분담을 기대하는 공동체적 가치('우리')와 자신의 노동에 대한 정당한 대가를 요구하는 개인주의적 가치('나')가 서로 극명하게 대조되며 충돌하고 있다. 이러한 가치의 대립 혹은 혼란과는 별개로 여기서 더 흥미로운 것은 '괴물은 되지 말자'는 감독의 말이 이와는 전혀 다른 맥락에서 바로 이 말에 억울해했던 경수에 의해 고스란히 반복된다는 사실이다. 자기와 하룻밤을 보낸 명숙(예지원)이 전화를 걸어 경수의 선배, 성우(김학선)와 여관에 같이 있다고 웃으며 말하자 경수는 "우리 사람 되는 거 어렵지만 괴물은 되지 맙시다"라고 대꾸한다. 경수가 감독의 말을 그대로 반복하는 것은 실제로 그 말을 믿어서라기보다는 명숙을 도덕적으로 모욕하는 데 그 말이 편리하기 때문일 것이다. 경수에게 그것은 행동의 준칙이 아니라 비판의 도구일 뿐이다.[4] '괴물은 되지 말자'는 말은 감독의 입에서 경수의 입으로, 그리고 또다시 다른 사람의 입으로 전이하며 부유할 것이다. 실제로 이 말은 자신의 애인이 후배와 잔 것을 알고 있는 성우에 의해 "사람한테 사람 이상의 것 요구하지 말래?"라는 말로 변형되어 경수에게 되돌아온다.

도덕적 가치가 그 자체로 의미를 지니지 못하고 타인을 도덕적으로 비난하기 위해 도구적으로 이용되는 일은 홍상수의 영화 세계에서 드물지 않지만 특히 〈해변의 여인〉(2006)의 한 장면은 좋은 예를 제공해 준다. 서해안을 찾은 세 사람이 횟집으로 들어서는데 영화감독 중래(김승우)는 손님을 맞을 준비가 안 된 종업원에게 지나치게 신경질적으로 화를 내며 밖으로 나와 버린다. 따라 나온 창욱(김태우)은 그런 중래에게 "사람한테 그러는 거 아니"라고 비난하며 집요하게 사과를 요구한다. 여기서 창욱이 이 말을 진정으로 믿고 있는지는 의심스럽다. 그를 너무나 잘 알고 있는 애인 문숙(고현정)은 곧 이어지는 장면에서 이를 정확히 꼬집는다. "넌 너무 편의적이야. 왜 갑자기 오버를 하고 그래, 눈물 나게 시리. 눈물이 아니라 역겹더라, 사실. 내 앞에서 폼 잡는 거 아냐, 남자라구. 니가 무슨 원칙이 있니?" 오히려 창욱은 자기 애인과 은근히 가까워지는 감독 때문에 심사가 뒤틀렸고 마침 발생한 이 일을 도덕적 공격의 기회로 삼았다고 보는 것이 더 적절할 것이다. 문숙이 간파한 대로 그에게 도덕은 '원칙'이 아니라 남을 비난하는 데 '편의적'으로 활용되는 관념에 불과하다.

실체 없이 부유하는 도덕적 관념은 또한 개인 자신의 행동을 미화하고 정당화하는 수단으로 전락하기도 한다. 〈생활의 발견〉에서 '괴물은 되지 말라'는 말을 들은 명숙은 다음날 버스 터미널에 나타나 춘천을 떠나는 경수에게 향수와 자신의 사진을 선물로 건넨다. 사진 뒷면에는 "내 안의 당신, 당신 안의 나"와 같은 상투적인 '사랑'의 문구들이 적혀 있다. 이는 경수와 있었던 일에 사랑이라는 고상한 의미를 부여하려는 시도이지만, 그녀의 실제 행동과 추상적 관념 사이에는 실질적인 연결 고리가 보이지 않는다. 오히려 "내 안의 당신, 당신 안의 나"라는 그럴듯한 표현은 '괴물의 짓'으로 규정된 자신의 욕망과 행동을 '사랑'이라는 이념으로 순화하고 정당화하기 위해 사용된 것으로 보인다. 그녀의 글에 진정성이 없다는 점을 아는 경수는 기차 안에서 만난 낯선 남자에게 명숙의 사진을 준다. 이렇게 한 사람에서 다른 사람으로 옮겨지는 사진처럼 "내 안의 당신, 당신 안의 나"라는 말은 전혀 다른 시공간에서 다른 여자에 의해 고스란히 반복된다. 경수는 기차에서 우연히 만난 선영(추상미)과 그녀의 집이 있는 경주에서 몸을 섞는다. 다음날 새벽 선영은 먼저 일어나 호텔 메모지에 짧은 글을 남기는데 그것은 "당신 속의 나! 내 속의 당신!"으로 끝을 맺는다. 이미 남편이 있고 억압적인 집안 분위기에서 살고 있는 선영은 이와 같은 미사여구로 자신의 성적 일탈에 도덕적 가치를 부여하려 한다.

가치와 행동의 분리는 위선을 낳는다. 경수가 경주의 한 식당에서 혼자 고기를 구워 먹는 장면은 일상의 한 조각에 담긴 위선을 흥미롭게 보여 준다. 고기 먹는 일에 집중하던 경수의 시선은 우연히 옆 테이블에 앉은 여자의 다리를 발견하게 되고 한동안 물끄러미 그녀의 노출된 다리를 주시한다. 이를 눈치챈 여자와 맞은편의 남자는 한심하다는 표정으로 그를 비웃으며 쳐다본다.

멸시의 시선을 의식한 경수는 순간 벽에 걸린 그림을 바라보고 있었다는 듯이 행동하고 그림 앞에 가까이 다가가 관심을 표명한다. 구차한 그의 변명은 오히려 자신의 위선만 안쓰럽게 드러내고 만다. 이런 위선은 운동권 출신이면서 지금은 안동대 교수인 선영의 남편(김범춘)에게서 극명히 나타난다. 선영은 경수와의 두 번째 잠자리에서 경수가 그녀의 남편을 춘천에서 본 것 같다고 하자 남편은 "정말로 남들을 위해서 일만 하는 그런 사람"이라고 대꾸한다. 경수는 곧 "난 그런 거 안 믿어요"라고 말하는데 이런 도덕에 대한 불신은 영화의 관점이기도 하다. 경수가 춘천 공지천에서 오리배 타는 장면을 다시 보면 라이터를 빌리러 다가온 남자가 선영의 남편임을 확인할 수 있다. 그가 탄 오리배의 옆자리엔 낯선 여자가 앉아 있다. 선영은 남편이 "우리하고 원래 좀 다른 사람"이라고 믿지만 가장 도덕적으로 여겨지는 이 남자 역시 그들과 다르지 않다. 경수는 남편의 "위선과 기만과 비겁"을 대자보 형식으로 고발한다. 운동권 세대의 도덕주의와 엄숙주의를 패러디한 것으로 보이는 이 대자보는 방금 딴 감을 올려 놓고 그 옆에 "≠ 감"이라 적는 것으로 시작한다. 위선은 이렇게 실제와 표상의 불일치로 규정된다. 아이러니하게도 그가 고발하는 위선은 고스란히 경수 자신에게도 해당된다. 홍상수의 카메라는 이 모든 것을 담담하게 거리를 두고 바라본다.

2-1. 남자의 허위, 여자의 자유

홍상수 영화에서 남자의 도덕은 공허한 위선으로 귀결된다. 물론 여자 역시 이런 도덕에 종속되어 있다. 하지만 그러면서도 여자는 어느 순간 남자의 도덕으로 이해할 수 없는 전혀 이질적인 모습을 드러내곤 한다. 그것은 이미 도덕의 무의미함을 다 알아버려 어떤 도덕적 구속에도 얽매이지 않는 듯한 자유로운 모습이다. 이 순간 그녀는 도덕과 위선의 악순환을 넘어 마치 선악의 저편에 자리한 것처럼 보인다.

남자는 도덕을 짐짓 진실인 양 진지하게 말하지만 사실은 실속이 없는 빈말이다. 〈여자는 남자의 미래다〉(2004)에서 헌준(김태우)은 아는 오빠에게 납치되어 강간당했다는 선화(성현아)의 충격적인 말을 들은 뒤 곧바로 그녀를 여관으로 데려간다. 헌준은 자신과의 성교를 통해 깨끗하게 될 것이라는, 말도 안 되지만 그럴듯한 관념으로 잠자리를 이끌어간다. '깨끗함'이 표상하는 순결의 도덕적 이념은 여자에게서 다른 남자의 흔적을 지우고 그녀를 온전히 자신만의 것으로 만들고 싶은 소유욕을 채우는 데 이용된다. 바로 이어지는 공항 장면은 헌준의 말이 얼마나 공허한지 잘 보여 준다. 그는 선화를 두고 유학을 떠나러 공항에 와 있다. 후배 문호(유지태)의 비난이 분명히 하듯 헌준은 선화와의 관계를 그렇게 무의미하게 청산한다. 선화가 곧 올 것이라는 문호의 말에 헌준은 무척 당혹스러워 하지만 정작 선화가 슬픈 얼굴로 나타나자 그녀를 안은 채 '기다려, 연락할게, 사랑해'라고 말한다.

그의 약속은 물론 지켜지지 않는다. 순결과 정절의 이념은 공허한 빈말로 의미 없이 사라진다.

 남자의 위선은 영화에서 노골적으로 비판받는다. 헌준이 미국으로 사라진 뒤 선화를 짝사랑하던 문호는 꽃을 들고 선화의 화실을 찾는다. 곧 이어지는 다음 장면은 약간은 소극적인 선화를 안고 그녀에게 키스하는 문호의 모습이다. 그러나 하지 말라는 선화의 말에도 계속되는 문호의 육체적 접근에 선화는 벌컥 화를 내며 문호의 몸을 뿌리친다. 그러곤 남자에 대한 환멸에 몸서리치면서 "그냥 안아만 주면 안 돼요? 남자들은 다 똑같애. …… 다 개새끼들이야"라고 말한다. 영화의 현재는 영화 공부를 마치고 돌아온 헌준이 문호와 만나 이야기를 나누다 지금은 부천에서 술집을 운영하는 선화를 찾아가는 것이다. 술에 잔뜩 취한 채 선화 앞에서 무릎을 꿇고 잘못을 빌던 헌준은 선화가 피던 담배를 뺏어 자기 손에 지지려는 시늉을 하다 차마 실행하지 못하고 누가 좀 지져 달라고 울부짖는다. 그런데 그의 극단적인 참회 행위에는 진정성이 배어 있지 않다. "내가 지져 줄까?"라는 문호의 말에 그는 아무 말도 못하고 고개만 떨어뜨린다. 그러곤 잠시 뒤 선화의 손을 잡고 그녀를 방으로 이끈다. 화면 오른쪽 소파엔 문호가 누워 있고 전경 가운데엔 술자리가 널브러져 있는데 화면 가운데 원경으로 선화의 검은 개가 어슬렁거린다. 남자는 개라는 선화의 말이 조용히 화면에 각인된다.[5] 영화의 도입부에서 문호가 선물이라며 헌준에게 자기 집 마당에 내린 첫눈을 밟게 하는데 그 직전에 헌준을 보고 짖는 개를 카메라가 보여 주는 것은 그저 우연은 아닐 것이다. 첫눈과 그것을 처음으로 밟는 헌준 그리고 개의 병치는 소리 없이 많은 말을 하고 있다.

이 영화에서 여자는 남자와는 사뭇 다른 방식으로 도덕과 관련을 맺는다. 남자의 도덕이 허위와 위선으로 이어진다면, 여자는 그 도덕에 종속되었다가 점차 그것으로부터 벗어나 어느새 그 저편에 자리한다. 헌준의 기억 속에 등장하는 과거의 선화는 남자의 관념이 구성한 도덕의 틀에서 크게 벗어나 있지 않다. 그녀는 약간은 어수룩하고 순진하기까지 한 모습으로 나타난다. 선화는 헌준 앞에서 한없이 미안해하며 아는 오빠에게 당한 일을 순진하게 털어놓는다. '깨끗해지고 싶다'는 그녀의 단순한 욕망은 깨끗함과 더러움이라는 이분법으로 여성의 몸에 접근하는 남성적 도덕에 그녀가 포획되어 있음을 보여 준다. 이는 떠나는 헌준이 공항에서 한 빈말을 그대로 믿고 기다리겠다고 약속하며 우는 장면으로 그대로 이어진다. 순결과 정절이라는 도덕적 가치가 그녀를 지배한다. 하지만 남성적 도덕에 대한 그녀의 순진한 믿음은 헌준이 떠난 뒤 불신과 환멸로 바뀐다. 남자는 "다 개새끼들"이라는 선화의 발언이 잘 보여 주듯이 문호의 기억 속의 선화는 남자의 환상에서 조금씩 벗어나 다른 길을 가기 시작한다.

헌준과 문호가 같이 찾아가 만난 현재의 선화는 같은 공간에서 공존하고 있지만 더 이상 남자의 과거로서가 아니라 남자가 머무는 시간 너머에 존재하는 것처럼 보인다. 그녀는 이미 남자의 도덕으로는 이해할 수 없는 이질적인 가치와 행동 양식을 보여 준다. 열려진 창문틀에 몸을 기대고 겨울밤 풍경을 바라보는 선화에게 문호는 그녀를 내려다보며 "선화 씨, 잘 살고 있는 건가?"라고 묻는다. 결혼을 하고, 빚이 있긴 하지만 번듯한 집도 장만하고, 대학에 자리 잡기 위해 노력하는 문호에게 부천에서 술집을 운영하며 혼자 살고 있는 선화의 삶은 왠지 인생의 정상적인 궤도에서 벗어나 있는 것으로 여겨졌을 게다. 약간은 안쓰러운 듯한 문호의 말에 선화는 "몰라, 잘 사는 게 뭔데요?"라고 되묻는다. 그녀는 관습적인 규범에 기대는 문호의 가치체계에 깊은 의문을 던진다. 문호를 거실 소파에 남겨 놓고 헌준과 함께 방으로 들어가 잠자리를 같이 한 선화는 새벽녘에 문득 잠에서 깨어 있는 문호를 발견하고 다시 그의 손을 잡고 옅은 미소를 띤 채 다른 방으로 데려간다. 순결과 정절의 도덕적 가치는 단숨에 무너진다. 그녀는 도덕도 비도덕도 아닌, 도덕 너머의 어느 곳에 자리한다. 남성적 도덕은 그녀를 포획하지 못한다. 여자는 남자의 미래다. 그런 그녀를 이해하지 못하고 "니가 잘못했어. 나 안 잤어. 한 잠도 안 잤어"라고 외치며 도망치는 헌준의 모습은 여전히 알량한 도덕으로부터 벗어나지 못하는 남자의 찌질함을 드러낼 뿐이다.

2-2. 카메라의 윤리: 잉여적 거리두기

움직임이 적고 컷이 최소화된 홍상수의 정적인 카메라는 스스로를 드러내지 않은 채 대상과 세계를 있는 그대로 무심히 바라보는 듯 보인다. 하지만 〈여자는 남자의 미래다〉의 카메라는 여기에 더해 은근히 잉여적 공간과 이질적인 응시를 창출함으로써 두 남자의 세계와 거리두기를 시도한다. 이런 기법은 헌준과 문호가 처음 만나 술과 요리를 앞에 두고 얘기를 나누는 중국집 장면에서 잘 드러난다. 여기서 카메라는 검은 코트를 입은 긴 생머리의 여자가 막 계산을 끝내고 거울 앞에서 옷매무새를 고치는 모습을 한동안 바라본 뒤 여자가 문을 나서는 것과 함께 천천히 왼쪽으로 시선을 이동하다 헌준과 문호가 마주 앉아 있는 모습을 잡으면서 멈춘다.

장면을 여는 카메라의 단순한 팬 움직임은 두 남자의 공간과 이와는 이질적인 '다른' 공간을 제시한다. 식당 테이블을 중심으로 두 남자의 일상적인 공간이 구성된다면 그 옆에 또는 그 너머에는 계산대를 중심으로 그들과 거리를 둔 잉여적 공간이 만들어진다. 문호가 자리를 비운 사이 고운 모습의 여종업원이 새 음식을 들고 나타나자 헌준은 자신을 영화감독으로 소개하고 연기해볼 생각이 없느냐고 묻는다. 속이 훤히 들여다 보이는 제안을 여자가 정중히 거절하고 웃으며 돌아서자 카메라는 그녀의 움직임을 따라 다시 오른쪽으로 팬 이동하다 계산대 공간을 잡고 멈춘다. 여자와 그녀의 어머니로 보이는 주인은 헌준을 향해 힐끗 쳐다보며 뜻을 알 수 없는 중국어로 대화를 나눈다. 잉여적 공간에 자리 잡은 이질적인 응시와 목소리 앞에서 헌준의 행동은 그 추한 몰골을 부끄럽게 드러낸다. 카메라는 단순한 팬 이동을 통해 이질적인 여자의 공간을 만들어 내고 그 만큼의 거리를 두고 다시 남자를 바라보게 해 준다. 카메라가 다시 헌준의 공간으로 팬 이동했을 때 식당 유리 너머 길 건너편으로는 장면을 처음 열었던 검은 코트의 여자가 보인다. 그녀를 지긋이 바라보는 헌준과 눈이 마주치자 여자는 곧 그의 눈길을 외면해 버린다. 카메라는 헌준으로 돌아오지만 여자의 잉여적 거리와 이질적인 응시는 그대로 유지된다.

선화에 대한 헌준의 회상이 끝나고 다시 중국집 식탁으로 돌아오자 같은 유형의 행동과 카메라의 움직임이 반복된다. 헌준이 사진을 찾기 위해 자리를 비운 사이 다시 한 번 여종업원이 나타나 차를 따라 준다. 역시 그녀에게 매료된 문호는 자신이 서양화를 가르치고 있으며 그림 모델을 찾는 중이라 말하고 누드모델인데 괜찮겠느냐고 묻는다. 여자가 부정적인 뜻을 밝히자 전화번호를 줄 테니 생각해 보라고 말하는데 이마저도 헌준이 사용한 방식과 동일하다. 반복은 두 남자가 건네는 수작의 상투성을 드러내고 그들의 너절함을 부각시킨다. 카메라는 문호의 제안을 거절하고 오른쪽으로 걸어가는 여자를 따라 팬 이동하고 마찬가지로 계산대 공간에 자리한 모녀를 보여 준 뒤 그들의 중국어 대화를 들으며 다시 문호의 테이블로 팬 이동한다. 그리고 다시 한 번 검은 코트의 여자가 길 건너편에 서 있는 모습이 식당 유리를 통해 보인다. 문호 역시 그녀를 바라보고, 여자는 눈이 마주치자 놀란 듯 응시하다 외면한다. 남자의 공간은 그 옆 또는 그 너머에 존재하는 여자들의 이질적인 응시에 날로 노출된다. 카메라는 이러한 잉여적 시선과 목소리를 이용해 남자가 차지한 공간으로부터 거리를 유지한다.

중국집 장면에서 카메라의 팬 이동을 통해 드러나는 낯선 시선과 목소리가 대상과의 거리를 창출한다면 헌준의 회상 속에도 이질성이 대상과의 거리를 만들어 내는 순간이 있다. 회상의 두 번째 숏은 선화의 고등학교 선배가 병원에서 나오는 선화를 택시에 태우고 떠나는 장면을 롱테이크로 잡는다. 군대 갔다 온 사람에게 이럴 수 있느냐며 윽박지르는 남자와 친구를 만나러 가야 한다는 선화 사이에 한동안 실랑이가 벌어지고 결국 둘은 택시를 타고 떠난다. 이들의 실랑이를 정적으로 바라보던 카메라는 둘이 택시를 탈 때 살짝 왼쪽으로 팬 이동했다가 택시가 움직이는 것에 맞추어 다시 오른쪽으로 팬 이동한다. 이러한 카메라의 이동은 인물과 택시의 움직임을 잡기 위한 것으로 충분히 정당화될 수 있다. 하지만 카메라는 움직이는 택시를 잡기 위해 필요한 것보다 훨씬 많이 오른쪽으로 이동한다. 그렇게 이동한 화면의 오른쪽으로는 길거리에서 과일을 파는 백발의 할머니가 무심하게 앉아 있는 모습이 보인다. 나이와 계층, 관심사, 겉모습 등 모든 측면에서 장면의 주인공들과 강하게 대조되는 할머니의 존재 앞에서 두 청춘 남녀의 진지한 실랑이는 갑자기 전혀 다른 성격을 띤 채 우리에게 다가온다. 그들의 사고와 행동은 삶의 고단함과는 거리가 너무나 멀다. 물론 이런 카메라의 움직임을 장면에 현실성을 부여하려는 시도로 읽을 수도 있다. 그러나 바로 그 현실이 품은 이질성이 우리 앞에 주인공으로 서 있던 두 남녀를 전혀 다른 눈으로 바라보게 해 준다는 점은 부인하기 어렵다. 다시 한 번 카메라는 이질성을 통해 비판적 거리를 창출한다.

카메라는 현실을 그저 바라만 보지 않고 잉여의 흔적을 찾아 포착하고 이를 통해 대상과 거리를 유지하려 한다. 이런 예는 이 영화에서 더 많이 찾을 수 있다. 가령 문호가 꽃을 들고 선화의 화실을 찾았을 때 카메라는 그들이 키스를 나누는 소파를 보여 주기 전에 먼저 벽에 걸려 있는 그림을 보여 준다. 선화가 그린 것으로 보이는 그림을 잠시 응시하다가 천천히 아래로 팬 이동하는데 곧 선화를 안고 있는 문호의 모습이 보인다. 선화의 그림은 거대한 회색 괴물이 얼음처럼 차가운 절벽 위에 서 있는 빨간색의 작고 연약한 동물에게 불을 뿜고 있는 장면을 담고 있다. 선화가 '개새끼들'이라 칭한 남자들은 그녀에게 괴물이었을 것이다. 문호가 선화를 만나 자신의 집으로 데려가는 장면에서도 카메라는 먼저 아파트 단지를 멀리서 보여 주고 난 뒤 천천히 오른쪽으로 팬 이동하여 카메라 쪽으로 다가오는 두 사람을 잡는다. 그들이 카메라 왼쪽으로 사라진 뒤에도 카메라는 여전히 제자리에 남아 텅 빈 아파트 복도를 물끄러미 바라본다. 공허함이 잔잔히 장면에 스며든다.

헌준과 문호가 택시를 타고 선화의 술집이 있는 호텔에 도착할 때도 마찬가지다. 카메라는 택시보다 조금 먼저 현장에 도착하여 투박한 작업복으로 중무장한 청소 노동자 아주머니 둘이 걸어오는 모습을 보여 준다. 한 아주머니가 거리에 놓여 있는 받침대를 집어 드는 사이 화면 오른쪽으로 택시가 등장하고, 헌준과 문호가 차에서 내리는 동안 두 아주머니는 화면 뒤편 택시 옆으로 나타나 화면 왼쪽으로 사라진다. 영화가 헌준과 문호에만 집중한다면 두 아주머니는 굳이 필요 없는 화면 위의 얼룩일 것이다. 하지만 영화는 두 아주머니를 먼저 보여 주고 헌준과 문호 옆을 지나가게 함으로써 계층을 달리하는 무명의 두 인물에 상당한 의미를 부여한다. 택시가 사라진 뒤에도 계단 위에 서 있는 두 남자 앞으로는 계속해서 다른 청소 노동자 아주머니들이 지나간다. 얼룩은 옛 여자를 찾아 온 중산층의 두 남자와 강한 대조를 이루며 화면 상에 일정한 거리를 만들어 낸다. 헌준이 먼저 들어가서 밖에 혼자 남은 문호 앞으로는 무거운 짐을 어깨에 멘 작업복 차림의 아저씨가 지나간다. 담배를 문 문호가 그 남자를 바라보자 카메라는 천천히 왼쪽으로 팬 이동하여 무거운 걸음으로 사라지는 아저씨를 잡는다. 묘하게도 그가 들고 있는 짐은 문호가 선화를 자신의 방으로 데려갔을 때 강해지기 위해 정권을 단련한다며 주먹으로 치던 자갈 배낭을 꼭 빼닮았다. 자갈은 문호에게 남성성을 과시하기 위한 도구였지만 그것을 짐으로 들고 힘겹게 걸어가는 아저씨에겐 전혀 다른 의미를 띠고 있을 것이다.

3-1. 두려움의 도덕과 그 너머

〈밤과 낮〉(2008)에서도 도덕적 가치는 진정성 없는 빈말이긴 마찬가지다. 하지만 그것은 두려움의 대상이기도 하다. 구체적인 실체가 없는데도 도덕은 사람의 마음을 옭아매고 행동에 영향을 끼친다. 영화 속의 성남(김영호)은 결코 도덕주의자가 아니다. 홍상수의 인물들이 흔히 그렇듯이 도덕에 대한 믿음은 전혀 없어 보인다. 그런데도 파리에서 우연히 만난 옛 여자 친구, 민선(김유진)이 같이 술을 마신 뒤에 은근히 암시를 주며 더 있고 싶어 하자 성남은 한사코 그녀를 떼어 놓으며 도망치듯이 떠나 버린다. 그러곤 그는 화면 밖의 목소리로 "민선이 남편이 어디선가 쳐다보고 있는 것 같았다. 발에서 땀이 다 났다"라고 독백한다. 둘 사이를 의심하는 민선의 프랑스인 남편은 도덕적 가치의 화신이 되어 성남에게 두려움을 불러일으키는 이미지로 다가온다. 영화가 성남이 파리에 도착하는 첫 장면에 위협적인 프랑스인 남자의 이미지를 심은 것은 이런 맥락에서 의미심장하다. 부랑인으로 보이는 이 남자는 담뱃불을 빌리자며 성남에게 다가와 간단한 대화를 나눈 뒤 '조심해Be careful'라는 말을 두 번 강조하며 사라진다. 도덕은 낯선 타인의 위협처럼 두려운 대상이다.

성남이 도덕적 명령을 따르는 듯이 보이는 것은 도덕의 가치를 정말 믿어서가 아니라 위반이 수반하는 처벌에 대한 막연한 공포 때문이다.[6] 파리의 유학생들과 같이 하는 술자리에서 손님 한 사람이 북한 유학생이라는 사실을 알게 되자 성남은 화기애애한 좌중의 분위기를 깨며 대뜸 김일성에 대해서 어떻게 생각하느냐고 묻는다. 그의 돌연한 질문은 뚜렷한 정치적 신념에서 비롯되었다기보다는 당황스러운 순간을 모면하기 위해 즉흥적으로 던진 자기방어적인 공격에 가깝다. 그의 몸 어딘가에 어렴풋이 남아 있는 보안법의 그림자는 그에게 공연한 불안감을 불러일으키고, 자신의 결백을 증명이라도 하려는 듯이 법이 요구하는 상투적인 비판을 내뱉는다. 도망치듯 자리를 피해 나온 성남은 "북한 사람을 만났으니 어떻게 하지? 자수를 해야 하나? 대사관에 연락을 해야 하나?"라고 독백한다. 민선과 들어간 호텔에서도 샤워를 마치고 나와 옆에 앉은 그녀에게 성남은 갑자기 성경책을 펴며 한 구절을 읽어 준다. 민선에게서 성적인 매력을 못 느끼는 것일 수도 있고, 여전히 그녀의 프랑스인 남편을 두려워하는 것일 수도 있지만 그는 어떻게든 죄와 처벌에 대해 이야기하는 성경 구절을 핑계로 그녀와의 잠자리를 피하려 한다. 여기서 성남은 도덕에 대한 생각의 일단을 드러내는 중요한 말을 던진다. 그는 "적은 유혹을 이겨 내야 하는 이유가 뭐 괜히 도덕적 이런 게 아니라 그게 더 실용적이기 때문이야"라고 말한다. 도덕적 가치는 그 자체로 타당하기 때문이 아니라 처벌의 고통이 위반의 쾌락보다 더 크기 때문에 지켜져야 한다. 처벌에 대한 공포가 도덕적 원칙을 압도한다. 가치는 사라지고 두려움만 남는다.

그렇다고 성남이 그 두려운 법을 잘 지키는 것만은 아니다. 그는 오히려 금지와 위반의 악순환에 빠져 있다. 성경을 들이대며 민선과의 잠자리를 애써 피하지만 정작 여자 유학생 유정(박은혜)에게는 성적 환상을 품고 같이 자고 싶어 한다. 밤에는 홀로 민박집에서 한국에 있는 아내 성인(황수정)을 그리워하며 그녀와 통화하지만 낮에는 유정 주위를 맴돌면서 그녀와의 잠자리를 원한다. 몸살이 나서 침대에 누워 있을 때도 유정과의 성적 접촉을 꿈꾼다. 도덕적 규범과 그 위반은 그렇게 '밤과 낮'처럼 모순적으로 공존한다. 마침내 그는 구애에 성공하고 위반의 백일몽은 독일

해변의 호텔에서 현실화된다. 하지만 위반은 곧 죄의식으로 이어져 금지의 법을 다시 강화한다. 유정과의 성공적인 만남 뒤에 이어지는 장면은 성남이 텅 빈 성당의 나무 의자에 혼자 엎드려 앉아 있는 모습을 보여 준다. 누군가 오르간을 연주하고 있고, 성남은 그 음악을 들으면서 두 손을 모아 기도하는 자세를 취한다. 합장한 손은 그의 얼굴에 어두운 그림자를 드리운다. 다음 숏은 십자가를 든 성인의 모습이다.[7] 하지만 그의 죄의식은 무책임하게 해소된다. 성남은 임신한 것 같다는 유정에게 어머니가 쓰러지셨다는 거짓말을 남기고 파리를 떠나 버린다.

이러한 두려움은 〈잘 알지도 못하면서〉(2008)에서 타인이 주인공에게 가하는 도덕적 비난의 형태로 구체화된다. 그것이 지닌 공격의 예리함은 경남(김태우)을 움츠러들게 하고 그로 하여금 상황으로부터 도피하게 만든다. 경남을 둘러싼 사람들은 '잘 알지도 못하면서' 쉽게 분노하고 함부로 공격한다. 도덕은 공격의 무기로 전락한다. 경남이 오랜만에 만난 후배 상용(공형진)의 집에서 하룻밤을 보내고 일어난 아침에 어떤 일이 있었는지는 영화가 보여 주지 않지만 상용은 다시 찾아 온 경남에게 극도로 분노하여 욕을 퍼부으며 돌을 던진다. 경남이 일어나 물을 마시는 장면은 상용의 아내 유신(정유미)이 샤워하는 소리와 살짝 열린 욕실 문, 그리고 그 앞에 던져져 있는 여자 속옷으로 끝난다. 아마도 샤워를 끝내고 나오던 유신은 밖에 앉아 있는 경남을 보고 그가 자신의 알몸을 엿본 것으로 오해했을 것이다. "알지도 못하면서 왜 그러느냐?"고 항변도 해보지만 상용의 분노는 가라앉기는

커녕 오히려 커지기만 한다. 경남은 결국 얼굴에 상처를 얻은 채 도망친다.

개인의 도덕적 비난은 종종 집단적인 분노나 공격의 형태로 확대되곤 한다. 화가(문창길)를 따르는 동네 청년(하정우)은 우연히 화가의 아내 고순(고현정)과 경남이 사랑을 나누는 장면을 목격하게 되고, 잠시 뒤 마을 사내 둘과 함께 고순의 침실로 갑자기 난입한다. 그는 낫을 오른손에 쥔 채 알몸의 경남을 침대에서 끌어낸다. 낫과 경남의 알몸은 위반에 대한 거세의 위협과 공포를 극적으로 보여 준다. 화가의 후배를 비롯한 마을 사내들은 고순과 경남 사이에 어떤 사연이 있는지 알려고도 하지 않고, 심지어 피해 당사자인 화가마저 괜찮다고 하는데도 도덕적으로 분노하고 억울해한다. 그들은 개인의 차원을 넘어, 사회적 규범이 지닌 극단적인 공격성을 체현한다. 청년은 "넌 사회생활 다 했어. 선생님이 뭐라 하시든, 내가 아는 기자들에게 다 얘기해서 너의 정체를 폭로할 거야"라고 위협한다. 이런 위협 앞에서 경남은 담배를 핑계로 줄행랑을 놓는다.

이 사건을 대하는 여성 인물, 고순의 태도는 그 당당함과 초연함으로 말미암아 우리를 놀라게 한다. 여기서 그녀는 어떤 도덕적 규범에도 얽매이지 않고 자유롭게 행동한다. 이런 점에서 고순은 〈여자는 남자의 미래다〉의 선화를 닮아 있다. 경남과의 밀회를 처음 제안한 사람도 사실은 고순이다. 경남을 바래다주러 집을 나서는 길에 그녀는 만남을 암시하는 쪽지 편지를 경남에게 건넨다. 그녀는 경남이 침실에서 열정적으로 토해 내는 사랑의 말들이 남자의 빈말임을 훤히 꿰뚫어 보면서도 그냥 눈감아 준다. 동네 청년들에게 들킨 뒤에도 경남과 달리 그녀는 오히려 당당하기만 하다. 바닷가 모래밭에 앉아 바다를 바라보는 그녀의 얼굴에는 옅은 미소마저 감돈다. 경남은 조심스럽게 그녀를 걱정해 주지만 고순은 의외로 태연하게 상황을 받아들인다. 그녀는 남자의 도덕 저편에 있는 것처럼 보인다. 자기와 왜 잤느냐는 경남의 질문에 그녀가 "젊으니까. 내가 심심하니까. 남자니까. 당신들도 그러잖아?"라고 대답할 때는 그 당당함과 자유로움이 통쾌하게 다가온다. 고순의 남편이 성적으로 무능한 줄로만 알았던 경남에게 그녀는 그렇지 않다고 말하며 "그럼, 내가 미쳤어요? 혼자 거미줄 치고 살게?"라고 덧붙인다. 경남의 환상과 선입견은 그녀의 말에 산산히 부서지고 만다. 그렇게 살지 말라고 경남이 호소하자 그녀는 의아해하며 "나에 대해서 뭘 안다고 그래요? 잘 알지도 못하면서?"라고 되묻는다. 지금껏 경남은 남들이 도덕적 비난을 가할 때마다 '잘 알지도 못하면서' 함부로 그런다고 스스로에게나마 항변해 왔다. 영화 역시 그의 시각을 뒷받침해 주는 것처럼 보였다. 하지만 영화의 마지막 장면에서 상황은 반전된다. 경남 자신이야말로 잘 알지도 못하면서 섣불리 판단하고 평가하는 사람이 되고, 그 순간 고순은 경남이 알지 못하는 미지의 영역으로 사라진다. 여자는 남자의 도덕을 가볍게 넘어선다.

3-2. 카메라의 윤리: 거리두기와 타자되기

앞서 언급한 〈생활의 발견〉과 〈여자는 남자의 미래다〉에서 카메라는 삼인칭의 객관적이고 중립적인 성격을 띠고 있었다. 카메라 조작을 최소화하여 대상을 바라보는 시선의 인위성을 최대한 배제하려는 듯이 보였다. 하지만 〈밤과 낮〉이 도입하는 독백과 줌Zoom은 카메라의 성격에 변화를 가져온다.[8] 우선 독백은 카메라가 일인칭의 주관적 시선일 가능성을 암시한다. 화면 밖 목소리의 주인공은 영화의 중심인물인 김성남이다. 카메라 역시 거의 모든 숏에서 성남에 의존한다. 그를 보고, 그가 보는 것을 보고, 그를 따라다닌다. 그러나 엄밀히 말하면 카메라가 꼭 성남의 시선인 것은 아니다. 그것은 인물과 완전히 일치하지 않고 항상 약간의 거리를 유지함으로써 일정한 독립성을 띤다. 이는 성남이 보거나 인식할 수 없는 것을 카메라가 볼 때 가장 잘 드러난다. 대표적으로 북한 유학생과의 파티 장면을 예로 들 수 있다. 성남이 있는 실내로 들어가기 전에 카메라는 어두운 밤거리를 빠른 걸음으로 올라오는 두 여자를 바라본다. 이 자리에 성남이 부재함에도 불구하고 카메라는 "나 아무 것도 안 샀는데 들어가면 뭐하지 않을까?"라는 한 여자의 말을 듣고 기록한다. 여러 예가 있겠지만 하나의 예만 더 든다면 성남이 탄 비행기가 공항을 이륙하는 모습을 지상에서 바라보던 카메라는 비행기가 프레임에서 사라지자 천천히 아래로 내려오다 눈높이에서 멈추고는 바람에 흔들리는 갈대밭을 한참 응시한다.

카메라는 이렇게 주인공의 시선에 의존하는 주관성을 띠지만, 동시에 인물의 주관성으로부터 잉여적인 거리를 확보한다. 인물에의 밀착과 인물로부터의 거리가 공존한다는 점에서 영화의 시선은 소설의 자유간접화법을 닮아 있다.[9] 성남의 일기일 수도 있는 영화의 머리말이 성남을 일인칭 '나'가 아닌 삼인칭, "김성남"으로 지칭하는 것은 이런 맥락에서 의미 있는 일이다. 물론 카메라의 거리를 주인공 성남의 회고적 시선으로 설명할 수도 있겠다. 다시 말해 영화 속의 사건들이 모두 끝난 뒤의 시점에서 성남이 과거의 일을 회상하는 것이다. 자신이 부재하는 장면도 회고적 시선의 상상적 재현으로 이해할 수 있다. 하지만 설사 이렇게 설명한다 하더라도 영화 속의 성남과 회고적 시선 사이에 일정한 거리가 존재한다는 사실이 부정되는 것은 아니다. 오히려 성남의 반성적 거리만큼 카메라는 독립성을 띠게 된다. 〈밤과 낮〉의 카메라가 자유간접화법의 시선이든 성남의 회고적 시선이든 한 가지 분명한 것은 그것이 대상과 비판적 거리를 유지하는 응시라는 점이다.

〈잘 알지도 못하면서〉 역시 독백과 줌의 기법을 사용한다. 카메라가 보여 주는 극중 화자와의 거리두기는 더 자주, 더 명시적으로 나타난다. 〈밤과 낮〉에서보다 카메라의 자율성은 더욱 강화된다. 가령 경남과 고순의 밀회 장면에서 경남이 도망간 뒤에도 카메라는 여전히 남아 거실에 앉아 있는 동네 청년들, 침실에 혼자 남은 고순, 그리고 화가와 전화 통화를 하며 혼자 울먹이는 청년까지 차분히 관찰한다. 여기서 카메라는 경남의 육체에 의존하지 않고 일정한 독립성을 유지한다. 제천에서 후배 상용이 경남에게 돌을 던지는 장면은 이 장면과 정확히 대구를 이루면서 더욱 흥미로운 예를 제공한다. 경남은 겁에 질려 도망가고, 그가 프레임 밖으로 사라진 뒤에도 카메라는 계속 상용과 유신을 바라보며 그들이 나누는 대화를 듣고 서로 끌어안는 모습을 지켜본다. 그들을 응시하던 카메라는 아래쪽으로 팬 이동하여 두 사람의 발이 보이는 땅바닥을 주시한다. 곧 줌으로 확대되는 화면 가운데로 연두색 애벌레가 땅바닥을 기어가는 모습이 보인다. 카메라의 이런 움직임은 그것이 화자뿐만 아니라 다른 인물들로부터도 거리를 두려 하고 있음을 보여 준다. 나아가서 땅바닥을 기어가는 애벌레의 모습은 세 사람의 행동을 바라보는 전혀 다른 관점을 제공해 준다. 시선을 아래로 향하여 이질적인 대상을 발견하려는 충동은 〈밤과 낮〉에서도 확인된다. 날아가는 비행기를 바라보다 아래로 내려와 활주로 옆의 갈대밭을 응시하는 것도 그렇고, 오물을 담고 흐르는 물을 따라 내려보다가 길가에 놓인 똥을 발견하는 것도 그렇다. 카메라는 잉여의 공간으로 이동하여 '다른' 시선이 되고자 한다.

그렇다면 홍상수가 〈극장전〉(2005)에서부터 도입하는 줌은 어떻게 이해해야 할까?[10] 줌은 빈번하게는 아니지만 꾸준히 고집스럽게 사용된다. 카메라는 제자리에 선 채 대상을 향해 다가서기도 하고 다시 뒤로 빠지기도 한다. 영화 속 인물의 시선을 따라 줌이 이루어지기도 하지만 대개는 카메라의 독립적인 관심을 보여 준다. 가령 〈밤과 낮〉에서 성남이 민선을 만나 와인을 같이 마시는 장면은 줌과 팬의 사용이 특징적으로 잘 담긴 장면이다. 카메라는 유정이 나타나자 약간 뒤로 줌아웃하고, 길을 건너는 그녀를 따라 팬으로 돌아갔다 다시 성남과 민선의 테이블로 돌아오는데, 이때 카메라는 줌으로 처음보다 더 가까이 두 인물에게 다가간다. 이러한 줌의 사용은 자연스럽기보다는 인위적이고 기계적으로 느껴진다. 카메라라는 장치가 거기에 있음이 완연히 드러나는 것이다.[11] 카메라는 스스로를 감추어 무화하기보다는 자신의 독립적인 존재를 드러낸다. 이는 무심하게 세계를 바라보며 극중 인물과 비판적 거리를 유지하는 카메라조차도 특정한 위치에서, 카메라의 제한된 프레임을 통해, 특정한 관점으로 바라보는 주관적인 시선에 불과함을 상기시켜 준다. 영화의 작가적 시선은 카메라라는 장치를 드러냄으로써 스스로와도 거리를 유지하고자 한다.

1 작가주의의 의미와 역사 그리고 홍상수 영화를 둘러싼 한국 영화 평단의 작가 비평적인 경향 등을 비판적으로 점검한 논문으로 서경혜, 〈영화분석의 방법 / 상호텍스트성: 홍상수 영화분석에서 나타난 작가비평 방법론〉, 《씨네포럼》 5, 2002, 147~72쪽 참조. 더불어 정락길, 〈〈여자는 남자의 미래다〉 이후의 홍상수적 세계의 변모에 관하여〉, 《문학과 영상》 8.2, 2007, 248~50쪽 참조.

2 김호영도 홍상수가 팬 이동과 줌 이동을 시도하긴 하지만 기본적으로 "카메라 이동은 매우 제한적이며 운동성보다는 고정성의 성향을 더 강하게 지니고 있다"고 지적한다. 〈홍상수의 초기 영화에 나타난 표면의 미학〉, 《기호학 연구》 22, 2007, 450쪽 참조.

3 이향선은 홍상수가 "최소한의 작위적 요소와 장치를 제외하고는 영화의 진정성을 손상하는 장식은 과감히 생략"한다고 지적한다. 〈환상을 배격하는 홍상수 영화의 의미〉, 《씨네포럼》 4, 2001, 163쪽 참조.

4 이미 경수는 똑같은 말을 술집에서 나온 뒤에 술에 취해 비틀거리는 성우에게 던진 적이 있다. 술집 여자와 자지 않아 도덕적 우위에 섰다고 생각하는 경수는 여자와 자고 나온 성우를 도덕적으로 비난함으로써 감독에게서 받은 상처를 타인에게 투사하는 것으로 보인다.

5 다음날 아침 장면에도 두 남자와 개를 등치시키는 숏이 등장한다. 잠에서 깬 헌준과 문호는 지친 얼굴로 소파에 앉아 눈을 감고 있고, 그 오른쪽으로는 검은 개가 몸을 세운 채 가만히 앉아 있다. 양자 사이의 관계가 선명하게 구성되는 순간이다.

6 성남이 "두려움에 떨면서" 한국을 떠나게 된 것도 대마초를 피운 것에 대한

처벌이 무서웠기 때문이다.

7 성인의 얼굴 주위로 날아다니는 새들이 그려진 걸로 보아 그는 성 프란치스코로 보인다. 영화 중간에 다리가 부러진 작은 새가 등장하고, 성남이 파리를 떠나기 위해 공항 의자에 앉아 있는 장면에 이번에는 성한 다리를 한 작은 새가 등장하는 것은 영화에 종교적인 의미를 부여하는 동시에 성남이 변한 것이 없다는 점에서 아이러니로 남는다.

8 독백과 줌이 홍상수의 영화 목록에서 〈밤과 낮〉에 처음 등장한 것은 아니다. 홍상수는 〈극장전〉(2005)부터 독백과 줌을 사용하기 시작한다.

9 김호영은 홍상수의 초기 영화 〈오! 수정〉(2000)을 분석하면서 주관적 의식 세계를 객관적으로 묘사하는 시선을 파졸리니Pier Paolo Pasolini의 "자유간접 주관적 시점"과 연결하여 "묘사적 객관주의"라 칭한 바 있다. 필자의 주장과 정확히 일치하는 것은 아니지만 홍상수 영화의 시선에서 주관성과 객관성의 공존을 읽어 낸다는 점에서 일맥상통하는 해석이다. 김호영, 〈영화 이미지와 묘사적 객관주의〉, 《기호학 연구》 15, 2004, 365쪽.

10 정락길은 홍상수의 줌이 "미학적 성취로 완결되지 않는 어딘가에 어정쩡하게 걸쳐 있는 이상한 줌"이라고 지적하면서, 이는 "댄디적 태도의 균열"을 나타낸다고 주장한다. 《〈여자는 남자의 미래다〉 이후의 홍상수적 세계의 변모에 관하여》, 《문학과 영상》 8.2, 2007, 263쪽 참조. 필자는 여기서 바로 그 줌의 '이상함'이 관객에게 카메라라는 장치를 의식하게 만들고, 이것이 작가적 시선과의 거리를 창출한다고 말하고자 한다.

11 문일평은 〈극장전〉에서 홍상수가 줌을 도입한 것을 두고 "미학적 자살"이라며 호되게 비판한 적이 있다. 필자는 이런 의견에 전혀 동의하지 않지만, 줌이 관객의 몰입을 방해하고 "카메라의 존재를 환기"시킨다는 지적은 적절하다고 본다. 〈홍상수의 미학적 자살: 〈극장전〉 집중 해부〉, 《필름 2.0》, 2005. 5. 24.

누가 죽은 자의 이름으로
용서할(될) 수 있는가

─ 이창동의 '용서' 삼부작

백문임

누가 죽은 자의 이름으로 용서할(될) 수 있는가

— 이창동의 '용서' 삼부작

1. '용서' 삼부작

영화 〈시〉(2010)로 인해 이창동은 일련의 '용서' 삼부작을 완성하게 되었다. 얼핏 〈시〉는 〈밀양〉(2007)과 짝을 이루는 것처럼 보이나, 의외로 〈시〉의 등장은 〈박하사탕〉(2000)을 〈밀양〉의 대타항으로 소환하고 이 두 영화가 던진 질문에 대한 급진적인 대답을 마련함으로써, 〈박하사탕〉-〈밀양〉-〈시〉를 다시 나란히 놓고 보게끔 한다. 이는 〈시〉의 마지막에서 관객을 향해 돌아선 죽은 소녀의 얼굴 때문이다. 영화의 첫 장면에서 얼굴을 가리운 채 남한강에 떠내려 왔던 시체는 도톰한 입술을 지닌 소녀 박희진이라는 개별성으로 되살아나고, 이 얼굴의 감각성은 불현듯 십 년 전에 제작된 〈박하사탕〉이 실은 〈밀양〉을 예고했고 이 둘이 〈시〉를 잉태했다는 것을 깨닫게 만든다.

이렇게 마주서게 된 〈박하사탕〉과 〈밀양〉은, 기차를 가로막으며 "나 다시 돌아갈래!"라고 절규하는 영호의 고통이 '용서받지 못한 자'의 그것이었고, 남편과 아들마저 잃은 신애의 고통은 '용서하지 못한 자'의 그것이었다고 말해 준다. 광주 진압군으로 소녀를 쏘아 버린 영호는 용서받을 만하지 못해서가 아니라 용서를 빌 수 없었기 때문에 용서받지 못했으며, 신의 힘을 빌려 살인자를 용서하려던 신애는 용서할 마음이 없어서가 아니라 용서할 권력을 잃어 버렸기 때문에 용서할 수 없었다. 이들이 용서받을 수 없고 용서할 수 없었던 것은 공통적으로 정치와 종교라는 시스템에 의해 이미 용서되었고 용서했기 때문이다. 즉 영호는 정치에 의해 용서되었으나 그 자신은 용서를 빌 기회를 갖지 못했던 가해자이고, 신애는 아들의 살인자가 종교에 의해 이미 용서되었기 때문에 그 자신은 용서할 수 없게 된 피해자이다. 이 시스템에서 가해자와 피해자가 대면하여 용서받고 용서하지 않기 때문에, 개별적 인간들은 용서를 빌지(하지) 못하게 된다. 〈박하사탕〉과 〈밀양〉은 이렇게 용서받지 못한 가해자와 용서하지 못한 피해자의 이야기이다.

그리고 이 두 영화를 이렇게 재독再讀하게 만드는 것은 〈시〉이다. 이 영화가 카메라 앞에 세운 박희진의 얼굴은 〈박하사탕〉과 〈밀양〉에서 '용서'가 운위될 때 부재했던 존재, 즉 '죽은 자'의 그것이기 때문이다. 광주에서 죽임을 당한 소녀와 유괴범에게 살해당한 신애의 아들은 말이 없다. '용서'란 가해자든 피해자든 살아남은 자 사이에 행해지는 일이고, 이 시공간에 부재한 죽은 자는 아무리 용서가 행해져도 결국 되돌이킬 수 없다. 데리다Derrida의 표현을 빌자면, 이 죽은 자들이야말로 "절대적 희생자"[1]인 것이다. 이들은 용서할 수 있는 언어와 권력을 소유하지 못한 자이다. 누가 이 죽은 자의 이름으로 용서할(될) 수 있을까? 산 자는 죽은 자의 이름으로 용서할(될) 권리를 갖지 못하는 것 아닐까? 〈시〉는 마치 영화가 할 수 있는 최대치의 행위란 죽은 자를 되살려 내어 감각적으로 가시화하는 일이라는 듯, 박희진의 얼굴을 관객을 향해 돌려세우고야 만다. 그래서 〈시〉를 통해 다시 읽게 되는 〈박하사탕〉과 〈밀양〉은 용서받지 못한 가해자, 용서하지 못한 피해자의 이야기인 동시에, 죽은 자가 부재하는 가해자와 피해자의 이야기가 된다.

2. 용서인가 화해인가

용서를 받음으로써 우리가 행한 일의 결과로부터 해방되지 못한다면 행위하는 능력은 결코 회복할 수 없는 하나의 유일한 행위로 끝날 것이다. 우리는 영원히 그 결과의 희생자로 머물 것이다. 이것은 마치 마술사의 제자가 주문을 푸는 마술의 공식을 알지 못하는 것과 같다. ……인간은 매일 죄를 범할 수 있으며, 관계의 그물망에서 새로운 관계를 만들려고 하는 한, 항상 '죄'를 짓기 마련이다. 따라서 죄는 항상 용서하여 잊는 것을 필요로 한다. 인간이 알지 못하고 행한 것으로부터 부단히 인간을 해방시켜야만 인간의 삶은 계속 가능할 수 있다. 인간이 행한 것으로부터 서로를 해방시켜 줌으로써만 인간은 자유로운 주체로 남을 수 있다. 그리고 자기의 마음을 변화시켜 다시 시작하겠다는 부단한 의지를 통해서만 인간은 새로운 것을 시작할 수 있는 위

대한 힘을 부여받을 수 있다.[2]

아렌트에게서 '용서'란 치유의 행위, 주술에 걸린 것을 원상태로 되돌리는 행위, 이미 일어난 일의 결과로부터 해방시키는 행위이다. 그리고 이것은 고독과 고립 속에서 이루어질 수 없다는 점에서, 즉 타인과의 관계 속에서 이루어진다는 점에서 다원성에 의존하는 것이고 공론 영역에 속하는 것이다. 더욱이 복음서에서 말하듯 "자신들이 행하는 것을 인간은 알지 못"한다고 할 때, 그것으로부터 해방되지 못한다면 인간은 이미 일어난 일의 결과에 사로잡혀 새로운 것을 시작할 수 없다. 아렌트는 이 용서하는 능력과 더불어 '약속'을 지키는 능력, 즉 미래의 불확실성인 예측불가능성을 치유하는 능력에 의해 인간 사이의 관계가 지속성과 연속성을 갖게 된다고 말한다. 용서하지(받지) 못한다면 과거의 사건은 되돌이킬 수 없는 상태로 남아 있을 것이며 약속을 하지(지키지) 못한다면 미래는 예측불가능한 상태로 남아 있을 것이기 때문이다.

여기에서 흥미로운 것은 용서와 '보복', '처벌'의 관계이다. 보복은 처음 잘못된 행위의 결과에 대한 자동적인 반응으로, 또 다른 보복을 낳는 등 연쇄적인 반응을 가져오게 된다는 점에서 용서와는 정반대의 것이다. 보복은 가해자와 피해자 모두를 무한한 과정의 자동운동에 묶이게 만드는 반면 용서는 그 연쇄의 고리를 끊는 행위, 자유롭게 만드는 행위이다. 한편 아렌트는 이렇게 "무한히 계속될 어떤 것을 끝내려고 시도한다"는 점에서 용서와 '처벌'은 공통점을 갖는다고 말한다. 법적인 처벌은 보복의 대척점에 놓이면서 동시에 인간사에서 용서 외에 구조적으로 선택 가능한 것이다. "인간은 처벌할 수 없는 것을 용서할 수 없으며, 용서받을 수 없는 것을 처벌할 수 없다."[3]

그런데, 데리다는 여기에서 모순을 읽어 낸다. 진정한 용서란 용서할 수 없는 것을 용서하는 것, 무조건적인 용서여야 하는 것이 아닌가? 용서할 수 있는 것, 처벌할 수 있는 것을 용서하는 일은 진정한 용서가 아니라 그저 용서할 수 없는 것을 용서할 만한 것으로 만드는 일, 조건부의 용서, 그리하여 용서라는 개념을 무화시키는 일이 아닌가? 물론 데리다는 이 진정한 용서가 정치와 법의 영역에서 실행되어야 한다거나 될 수 있다고 말하는 것은 아니다. 다만 순수한 의미의 '용서'라는 것이 법의 심판이나 공적 혹은 정치적 영역에서의 처벌 행위와는 아무런 관련이 없음을 인정하는 것이 진정한 '책임감'의 조건이라고 주장하는 것이다. 예컨대 알제리나 남아프리카에서와 같이 '용서'의 이름으로 사면과 애도와 치유 등 정치적 기만 행위가 이루어질 때, 진정한 용서란 그런 것들로 대체불가능하다고 하는 점을 잊지 않는 것이 중요하다. 그런 기만 행위에서 과거와의 연결고리를 끊고 '정상적인 삶'으로 되돌아가자고 하는 것은 '웰빙' 주의적 합의와 화해의 논리가 되며, 역사가 보여 주듯 그런 사이비 용서를 주장할 권리는 늘 처벌할 권력을 지닌 자의 손에 주어져 왔기 때문이다.[4]

아렌트는 극단적인 범죄나 의도적인 악에 대해서는 인간의 '용서'가 아니라 신이 마지막 심판의 날에 행하는 공정한 '응보'가

적용된다고 말함으로써, 데리다가 강조하는 진정한 용서, 무조건적인 용서를 인간사의 영역에서 배제하는 듯이 보인다. 예수는 신의 영역이 아니라 인간사의 영역에서 용서의 역할을 발견한 자로, 신만이 용서하는 힘을 갖는 게 아니고, 신이 인간을 통해서 용서한다 하더라도 이 힘은 신으로부터가 아니라 인간 자신으로부터 나오는 것이라고 가르쳤다는 것이다. "복음서는 인간은 신이 용서해 주기 때문에 자신도 '신과 같이' 남을 용서하는 것이 아니라 '진심으로 남을 용서할 때만' 신도 '그와 같이' 인간을 용서해 준다고 가르치고 있다."[5] 그런데, 인간이 서로를 용서한다고 할 때 그것은 잘못을 저지른 자가 찾아와서 회개를 하는 것을 전제로 한다. 즉 신이 아닌 인간의 용서는 가해자가 피해자를 찾아와 회개하는 것, 그리고 그런 가해자를 피해자는 용서하는 것("놓아 주는 것")으로 이루어지는 것이다. 데리다는 이런 용서란 '조건'을 전제로 하는 용서, 즉 가해자가 죄를 반복하지 않고 회심한다는 것과 '교환'되는 용서이기 때문에 무조건적인 용서와 거리가 멀다고 말한다. '찾아와 회개함'을 이 용서의 조건으로 놓는 아렌트에게서 '교환'되지 않는 죄, 무조건적 용서의 차원은 인간사의 영역에는 속하지 않으며, 단죄하고 처벌할 수 있는 것을 용서한다는 조건부 용서의 차원만 존재하는 셈이다. 그리고 위의 인용문에 나타나듯, 조건부 용서는 치유의 행위이고 주술로부터의 해방 행위로서 인간이 새로운 것을 시작하기 위해 과거 행위의 결과와 '단절'하게 만드는 것이다. 그러나 이렇게 처벌할 수 있는 것만 용서할 수 있다고 할 때, 처벌되었음에도 용서되지 않는 것, 처벌하지 않았으나 용서하는 것, 혹은 처벌도 용서도 허용되지 않는 상태에 있는 것과 같은 차원들은 가시화되지 않는다. 즉 되돌이킬 수 없는 것, 죄의 결과와 단절될 수 없는 것은 다루어질 수 없다. 용서를 통해 치유하고 '정상성normality'을 회복한다는 관점에서 볼 때 이런 것들은 '비정상성'으로, '미친mad' 것으로 그냥 남는다. 그래서 우리는 데리다를 따라, 그러한 용서를 (진정한) '용서'라 부르지 않고 정치적 혹은 심리-치유적 차원의 '화해'[6]라 부르는 것이 옳을지도 모른다.

〈박하사탕〉과 〈밀양〉, 〈시〉는 이렇게 데리다가 비판하는 '용서의 남용'의 시대에 비가시화되는 것, 되돌이킬 수 없는 것, 접근되지 않는 것, '미친' 것으로 남는 것들을 다루고 있다. 이 영화의 주인공들이 (이창동의 용어를 빌자면) '소통'되지 못하는 것은 이들이 그와 같은 사이비 용서의 장場에서 이탈된 자들이기 때문이다. 아니 정확히 말하면 이들은 죄의 결과와 단절한다고 하는 용서, 즉 '화해'를 용납하지 않는 능동적인 존재들이기 때문에 '소통'되지 않는다. 〈박하사탕〉의 영호는 되돌이킬 수 없는 것을 치유하여 새로운 출발을 하는 것이 불가능하다고 역설하며, 〈밀양〉의 신애는 처벌할 수 있는 것만 용서될 수 있는 것이 아니라고 주장하고, 〈시〉의 미자는 처벌도 용서도 허용되지 않는 박희진이라는 '절대적 희생자'에게로 시선을 돌린다.

3. 용서받지 못한 자

"우리가 우리에게 죄지은 자를 사하여 준 것 같이 우리의 죄를 사하여 주옵시고……"[7]

〈박하사탕〉의 영호는 '광주 학살'의 가해자들의 짐을 대신 지고 있는 것일까. 이제는 이 영화의 대표적인 이미지로 남은, 기차 앞을 막아서서 십자가에 달린 '예수처럼' 양 손을 벌리고 절규하는 영호의 모습은 그럴듯해 보인다. 그러나 그에게는 그럴 이유도, 그럴 능력도 없다. 광주 진압군이었던 그는 상부의 지시에 따라 행동한 것이며, 실수로 여학생을 살해한 후 자기 자신을 상실해 버렸을 정도로 인생을 망친 사나이이기 때문이다. 분명 여기에는 모순이 있다. 군인이 임무 수행 중에 저지르는 살인은 '죄'가 아니며 그로 인해 처벌받지도 않는데, 그는 마치 자신이 살인자인 양 죄책감을 뒤집어쓴 채 살아가다가 종국에는 달려오는 기차 앞에 서기 때문이다. 아무도 그에게 죄를 묻지 않았다. 그런데, 그에게는 그것이 문제였다.

사카이 나오키酒井直樹는 영호의 상황을 "군사력과 경찰력의 차이를 구별할 수 없"게 된 세계체제의 논리를 단적으로 보여 주는 것으로 읽는다. 군인이었으나 국가간 전쟁 상황이 아니라 내전 상황에 투입되어 적군이 아닌 시민을 살해하게 되는 영호는 국민주권의 핵을 이루는 군사력과 경찰력의 분리가 불가능해져 군사적인 폭력의 대상이 내전에서의 적으로 규정되는 세계적 상황이 광주에서 구현된 한 예이다. 사카이 나오키는 광주 진압군을 특히 미국의 헤게모니와 공범관계 속에서 자라온 동아시아의 국민주의를 보여 주는 일본 자위대와 유비관계 속에서 해석하는데, 제국에 의한 전지구적 규모의 통합은 주변국의 국민주의를 강화하고 그것을 통해 작동하기 때문에 군사 행위를 경찰화하게 된다는 것이다. 여기에서 결과적으로 남는 것은 군사 행위가 "주권경찰과 무법자의 대결이라는 쌍이 된 형상"이다. 이때 무법자는 민주주의를 외치는 시민일 수도 있고 가두에서 이라크 전쟁 반대를 외치는 남녀노소일 수도 있으며 (〈박하사탕〉에서처럼) 무장하지 않은 여학생일 수도 있다. 제국의 헤게모니와 공범관계 속에서 오키나와와 같은 국내의 '무법자'를 진압하는, 제국의 식민지군과 같은 기능을 했던 일본 자위대와 광주 진압군은 쌍생아라는 것이다.[8]

경찰이 되어 노조원을 고문한 날, 그래서 더럽혀진 손으로 순임을 떠나보낸 날, 영호가 회식자리를 난장판으로 만들며 다름 아닌 '군인'에 빙의된 장면을 연출하는 것은 이렇게 군사 행위가 경찰화된 상황을 단적으로 보여 준다. 아니, '광주' 이후 그가 경찰로 전신한 것 자체가 경찰화한 군사력을 예증하는 일이리라. 군인으로서 민간인을 살해하는 일과 경찰로서 '무법자'를 고문하는 일이 실은 '동일한' 행위의 반복임을 보여 주기 때문이다. 그렇다면 '광주' 이후에도 영호는 계속 광주 진압군으로서 살아간 셈이고, '광주'에서 자신의 통합성이 상실된 것은 사카이 나오키의 말처럼 "군사력과 경찰력의 차이가 사라"졌다는 데 원인이

누가 죽은 자의 이름으로 용서할(될) 수 있는가

있음을 마치 '증명' 하듯이 살아간 셈이다. 구별되어야 할 것이 한 몸에서 뒤섞여 버린 상황. 그렇기 때문에 영호의 괴로움은 자국민에게 총부리를 겨눠야 했던 경찰화된-군인으로서 용서받을 수 없는 데 기인한다. 그를 광주에 투입한 체제가 마련한 정당화 논리, 즉 "광주에서 반란 분자를 소탕하고 질서를 세우는 일은 국민 공동체에 대한 봉사였고, 애국자로서 정정당당하게 자랑할 만한 일"[9]이라는 사면의 논리를 긍정할 수 없었던 것이다. 경찰화된-군인으로서 "애국자"로 명명되는 순간 영호는 체제로부터는 '사면' 되어 살해당한 소녀로부터는 '용서' 받을 수 없는 자로 고정되고 만다. 그를 '사면' 하는 체제에서 그 소녀는 영원히 '용서' 할 언어와 권리를 갖지 못하는 자로, '무법자' 로 남게 되기 때문이다. 이렇게 소녀를 '절대적 희생자' 로 만들어 버리는 체제에서 영호는 그 자신이 광주로 내몰렸으되 피해자의 위치를 자처할 수 없다. 이것이 영호가 '광주' 이후를 살아가는 방편으로 '경찰' 이라는 위치를 선택한 이유일 것이다. 그는 피해자가 아니라 가해자의 위치에서, 영원한 '광주 진압군' 의 위치에서 살아갈 수밖에 없었던 것이다.

따라서 영호에게 있어서 '광주' 는, 소녀는, 그리고 '박하사탕' 은, 되돌이킬 수 없는 것으로 남는다. 그는 체제에 의해 '용서' 되었으되 소녀에 의해서는 '용서' 될 기회를 박탈당했기 때문에, 과거의 죄와 단절해 새로운 것을 시작할 치유, 복구, 주술로부터의 해방을 경험할 수 없는 것이다. 바로 이렇게 '용서' 받을 수 없는 상황에 처한 채 살아가야 한다는 것, 즉 아무도 그에게 죄를 묻지 않았다(못했다)는 것이 영호의 괴로움이었다.

　그렇다면 영호에게 남은 것은 무엇인가. 영원히 광주 진압군으로 살아가는 것이 지옥이라면, 지옥을 탈출할 수 있는 방법은 삶을 정지시키거나 지옥 이전으로 돌아가는 것 뿐이리라. 이것이 첫 시퀀스에서 영호가 달리는 기차를 가로막으며 "나 다시 돌아갈래!"라고 절규하는 이유이다. 죽음과 '돌아감'을 동시에 시도하는 것 혹은 소망하는 것. 2000년 1월 1일 0시에 개봉된 이 영화가 첫 시퀀스를 "나 다시 돌아갈래!"라는 절규로 시작한 것은 따라서, 용서받지 못한 자로 살아가야 하는 영호의 상황을 염두에 둘 때 반동적이고 퇴행적이기보다 급진적이고 능동적인 것이다. 평생을 광주 진압군으로 살아가는 삶에 2000년대가 도래한들 거기에는 미래가 없다는 선언이기 때문이다. 되돌이킬 수 없는 것을 치유하는 사면, 애도, 화해를 거부한 자, '미친' 자가 더 이상 삶을 지속할 것을 거부할 때, 그리고 그 거부의 순간이 '돌아가겠다'는 선언으로 이루어질 때, 그것은 무엇을 의미하는가. 분명한 것은, 이때 '돌아간다'는 것은 프로이트식으로 트라우마의 장면으로 회귀하여 그것을 논리적으로 설명하고 애도함으로써 다시 '정상적'인 삶을 영위하기 위한 치유의 행위가 아니라는 점이다. "나 다시 돌아갈래!"라는 선언은 다시 '정상적'인 삶을 이어갈 자의 그것이 아니라 더 이상의 삶을 거부한 자, 이미 치유를 외면한 자, 죽은 자의 그것이기 때문이다. 그리하여 영호가 돌아가고자 한 곳은 트라우마의 장면이 아니라 박하사탕이 군화발에 짓이겨지기 이전, 즉 순임과의 첫사랑에 설레이던 1979년이었을 것이다. 용서받지 못한 채 살아가길 거부한 자가 돌아가길 소망하는 상태란 '죄'가 일어나기 이전의 에덴동산일 수밖에 없기 때문이다.

그러나 사후의 세계와 에덴동산은 '영화'의 시공간은 아닐 것이다. 영화의 육체는 세속으로 이루어지며, 아직 죽지 않은 자들과 이미 죄를 안 자들에 의해 영화는 만들어지고 관람되기 때문이다. 우리는 영호가 "나 돌아갈래!"라고 외친 후 마치 그의 소망이 이루어지듯 영화가 필름을 거꾸로 돌리며 과거로 돌아감으로써 영화의 육체가 형성되어 있음을 알고 있다. 그러나 기적과도 같이 필름이 거꾸로 돌아가기 시작하는 두 번째 시퀀스부터, 영화는 정확히 영호의 소망을 배반한다. 영화는 1979년의 에덴동산으로 곧장 영호를 데려가는 것이 아니라 아주 천천히, 사흘 전, 1994년 여름, 1984년 가을, 그리고 1980년 5월 등의 정거장을 거치면서 과거를 거슬러 올라가는 것이다. 이 정거장들은 영호의 소망 충족을 지연시키면서, '용서받지 못한 자'로 살아온 영호의 여정을 말해 준다—즉 두 번째 시퀀스부터는 "나 다시 돌아갈래!"라는 영호의 주문이 실현되는 것이 아니라 영호의 '용서받지 못한' 삶을 관객에게 보여 주려는 영화의 욕망이 실현되는 것이다. 이 영화의 욕망은 영호의 죽음 '이전'의 시공간을 복원하는 것을 목표로 하는 과거지향적인 것이 아니라 영호의 죽음이라는 현재를 껴안은 채 과거로 진행하는 미래지향적인 것이라는 점에서 역설적이다. 시퀀스의 진행은 선형적이 아니라 현재(미래)의 흔적을 지닌 채, 즉 현재(미래)와 중첩되면서 이루어진다. 영화는 엄밀히 말하면 '돌아가는' 것, 즉 현재(미래)와 단절하는 것이 아니라, 현재(미래)의 기억을 간직한 채 과거를 향해 바퀴를 굴리면서 '진행'하는 것이다.[10] 따라서 "면회: 1980년 5월" 시퀀스에서 광주의 여학생은 죽기 이전의 상태로 화면에 복원되는 것이 아니라 이미 죽은 자로서 재생되는 것일 뿐이다. 마침내 영호의 소망이 실현되는 것처럼 보이는 1979년의 야유회 시퀀스 역시 이렇게 현재(미래)와 중첩된 채 재생되기 때문에, 거기에서도 영호는 무고한 자가 아니라 여전히 '용서받지 못한 자'이다. 이 시공간에서 영호가 할 수 있는 일이란 첫 장면에서와 같이 기차길 아래에 누워 눈물을 짓는 것 뿐이다. 이십대 청년이 아니라 사십대의, 이미 죽은 자의 표정으로.

순임이 칭송하던 "착한" 손을 더럽힌 날 밤, 영호는 그 손을 모으고 신에게 기도를 하려고 노력한다. 〈기도〉가 제목인 이 시퀀스는 주기도문을 가르쳐 주는 홍자의 목소리가 잦아들며 암전되는데, 마지막으로 들리는 구절은 "우리가 우리에게 죄지은 자를 사하여 준 것 같이 우리의 죄를 사하여 주옵시고……"이다. 이 부분은 아렌트가 지적하듯, 신이 용서해 주기 때문에 인간이 '신과 같이' 남을 용서하는 것이 아니라 인간이 용서할 때만 신도 '그와 같이' 인간을 용서해 준다는 내용을 담고 있다. 그런데, 광주의 여학생에게 용서받지 못한 자, 체제에 의한 용서를 거부한 자는 어떻게 용서받을 수 있는가. 용서할 언어와 권력을 갖지 못한 '절대적 희생자'를 만들어 낸 체제에서 영호는 누구에게 용서를 빌어야 하는가.

4. 용서하지 못한 자

"사람 죽여 놓고 미안하다고 하면 답니까?"[11]

〈밀양〉의 신애는 자신의 아들을 살해하여 교도소에 수감되어 있는 박도섭을 면회하기로 결심하면서, 그 이유를 "용서해 주려고요"라고 말한다. 자신의 생일을 축하하기 위해 모인 교인들 앞에서 이 결심을 공표하는 것인데, 차를 몰고 그 자리에 가던 도중 신애는 건널목을 건너던 행인들을 칠 뻔 했다. "미안합니다"라고 말하는 신애에게 그들은 "사람 죽여 놓고 미안하다고 하면 답니까?"라고 힐난한다. 서울에서 남편을 잃고 밀양에 내려와 아들마저 유괴범에게 살해당한 '피해자' 신애를 이렇게 잠재적인 '가해자'로 몰아세우는 이들의 힐난은 심한 모욕처럼 보인다. 그러나 이 '죽지 않은' 이들의 힐난은 신애로 하여금 박도섭 면회를 결심하게 만들었을지도 모른다. 신애가 행인들을 죽게 만들었다면, 그녀가 수만 번 "미안하다"고 말한들 그것은 되돌이킬 수 없는 것이었으리라. 마찬가지로, 박도섭은 법적인 '처벌'을 받고 있으되, 그것으로 죽음이 회복되는 것도 아니고 신애의 고통이 사라지지도 않는다. 게다가 생각해 보면, 박도섭은 신애에게 "미안하다"고 말한 적도 없지 않은가. 비록 '처벌'은 받고 있을지언정, 피해자인 신애에게 사죄하고 용서를 빌지는 않지 않았는가. 그리고 신애 역시, 처벌할 수 있다고 해서 용서할 수 있었던 것은 아니지 않은가. 신애는 박도섭 앞에 직접 모습을 드러냄으로써 '처벌'로 치유되지 않는 되돌이킬 수 없음과 자신의 고통을 상기시키고, 그로부터 "미안하다"는 말을 직접 듣고, 그리고 그를 용서한다고 말하고 싶었던 것 아닐까.

물론 신애가 '용서'를 결심한 것은 돌이킬 수 없는 것을 '치유'하려는 시도, 박도섭의 죄로 인해 빚어진 결과로부터 '단절'하여 새로운 것을 시작하려는 시도, 자기자신을 고통의 주술로부터 풀어 놓으려는 시도이다. 그런데, 이 '단절'할 수 있는 능력은 그녀가 기독교에 의탁함으로써 획득한 것이다. 처벌할 수 있다고 해서 용서할 수 있었던 것이 아닌 이 찢겨진 신애의 상황을 신의 힘은 봉합할 수 있는 것처럼 보였다. 그러나 신애에게 '비극적인' 면모가 있다면, 그것은 이 신의 힘을 '빌려' 자기자신이 박도섭을 용서하는 것이라 믿었다는 점, 그리하여 박도섭을 만나 직접 "용서해 주려고" 했다는 점이다. 이런 시도에 대해 주변 사람들은 "근데 꼭 면회를 가서 용서해 줘야 하나?", "마음으로 용서하면 되지 굳이 가서 말로 해야 하나? 신애 씨가 성자도 아니고……"라고 의아해하는데, 그녀는 스스로 '성자'가 되었다고 생각하지는 않았을지 모르나 최소한 신의 권능에 의해 과거와 단절한 새로운 존재, '용서할 수 있는 피해자'가 되었다고는 생각했던 것이다. 이것이 '비극적인' 이유는, 보편화된 기독교라는 시스템이 갖는 용서의 아포리아 때문이다. 신은 신애에게 용서할 수 있는 권력을 부여하기만 한 것이 아니라, 살인자인 박도섭을 '직접' 용서하기도 했던 것이다.

그래서 박도섭과의 면회 장면은 신애가 구상했던 시나리오와는 완전히 어긋나 버린다. 박도섭은 신애처럼 되돌이킬 수 없음에 고통스러워하지도 않고, 그녀에게 사죄하지도 않으며, 용서를 빌지도 않는다. 꽃을 들고 "하나님의 은혜와 사랑을 전해 주러" 왔다고 하는 신애 앞에서 그가 가장 많이 내뱉은 말은 "감사합니다"이다. 교도소에서 이미 신을 영접했다는 그는 신애도 하나님을 알게 되어 (신애가 아니라 하나님께) 감사한다는 것이다. 하나님이 "이 죄 많은 인간한테 찾아와 주"셨으며 "손 내밀어 주시고 회개하도록 하고 용서해 주"셨고, 나아가 신애를 위해 늘 기도하는 자신을 위해 신애를 면회오게끔 "제 기도를 들어주"셨다는 것이다. 감사에 가득찬 박도섭이야말로 여기에서 과거의 잘못과 '단절'하고 새로 태어난 자로 그려진다. 어찌보면 '성자'처럼 보이기까지 한다. '성자'라는 최종 목적지를 향한 경주가 있다면, 고통받는 피해자로 출발한 신애보다는 추악한 유괴살인범으로 출발한 박도섭이 더 빨리 그곳에 도달한 것이다. 돌이킬 수 없는 과거로부터의 '단절'의 낙차 역시 신애보다 박도섭의 그것이 더 크지 않은가. 더욱이, 면회를 온 신애는 그 자체가 하나님이 박도섭의 "기도를 들어 주신" 증거가 된다. 박도섭은 신애보다 훨씬 더 '직접적'으로 신의 은총을 받은 것이다.

신애가 이렇게 피해자의 권력, 용서할 수 있는 권력을 상실한 것은 가해자가 피해자라는 인간의 매개를 거치지 않고 '직접' 신으로부터 용서를 받을 수 있었기 때문이다. 그런데 레이 차우[12]에 의하면 이때 용서란 '위'로부터 '아래'로 주어지는 은총이라기보다는, 누구든 주문에 의해on demand 다운로드할 수 있는,

한국인의 가치, 해체에서 재구성으로

마치 전지구적으로 대량 유통되는 상품과 같이 되어 버린 것이다. 즉 가해자는 전 세계에 전파된 기독교적 메시지라는 월드 와이드 웹의 소비자로서, 셀프 서비스에 의해 '용서'를 획득한다. 이것이야말로 21세기의 "햇볕의 비밀the secret of sunshine"[13]이라고 레이 차우는 해석하는데, 데리다가 지적하는 '용서'의 문제적 성격 역시 이렇게 아브라함이라는 서구적, 기독교적 유산이 철학적 휴머니즘 및 박애주의와 결합하여 UN과 같은 국제적 기구에 의해 비서구 지역에서까지 법과 정치, 문화에 통용되게 된 전지구화 상황에 기인한다.[14] 신애가 기독교에 의탁하는 순간, 즉 '복음' 전파에 의해 시스템화된 기독교의 논리에 가담하는 순간, 이미 그녀의 '용서'의 실패는 예견된 것이었을지도 모른다. 레이 차우는 이 점에서 신애 역시 기독교적 용서라는 전지구화된 시스템의 소비자에 다름아니라고 말한다. 살인자가 그녀에게 직접 용서를 빌지 않고도 이 시스템의 직접적인 수혜자가 될 수 있었던 것처럼, 전지구화된 용서는 그것의 다운로더들 사이에 어떤 도덕적 위계도 마련해 주지 않는다. 신애가 용서할 수 있는 권력을 소비할 수 있는 것처럼 살인자 역시 용서받을 수 있는 권력을 소비할 수 있는 것이다. 신애는 이 세속화, 시스템화된 용서의 메커니즘에 가담하는 순간 '용서할 수 없는 자'가 된 것이다.

"용서하고 싶어도 난 할 수가 없어요. 그 인간 이미 용서 받았대, 하느님한테……. 이미 용서를 얻었는데 내가 어떻게 용서를 해요? 내가 그 인간을 용서하기도 전에 어떻게 하나님이 먼저 용서할 수 있어요?"

전지구화된 용서의 시스템은 그리하여 신애로 하여금 과거와의 '단절'을 불가능하게 한다. 이때 신애와 같이 '용서하지 못한 자'가 된 피해자에게 주어진 선택은 세 가지 정도일 것이다. 데리다가 말했듯 가장 진정한 의미의 '용서', 즉 무조건적인 용서를 하거나, 가해자가 처벌되었고 신으로부터 용서를 받았다 하더라도 그를 용서하지 않은 채, 즉 '미친' 채 남아 있거나, 아니면 아렌트가 '용서'의 대척점에 놓았던 '보복'의 길을 가는 것. 용서할 만하지 않은 것을 용서한다는 무조건적인 용서는 가장 순수한 의미의 기독교적 유산에 급진적으로 고착하는 것이고 역사적 시간성의 일상적 과정을 파열시키는 "예외적인 것"이다. '성자'가 못 된 신애의 선택은 흥미롭게도 '불가능한 보복'의 길이었다. 아렌트가 말하듯 '보복'이 '단절'이 아니라 되돌이킬 수 없는 것의 무한한 연쇄반응을 낳는 것이 되려면 신애의 보복은 가해자인 박도섭이나 그의 딸을 향한 것이 될 수도 있었을 것이다. '눈에는 눈, 이에는 이'라는 보복의 논리에 따라 그들에게 자신이 받았던 것과 동일한 고통을 안겨 주는 방식으로. 그러나 신애가 '보복'의 대상으로 삼은 것은 이들 인간이 아니라 하나님과 기독교라는 시스템이었고, 그렇기에 이 보복은 '눈에는 눈, 이에는 이'라는 동종요법이 적용불가능한 것이었다. 그리하여, 용서도 보복도 할 수 없었던 신애는 접근되지 않고 소통되지 않는, '미친' 상태로 남는다.

5. 죽은 자의 노래

"영원한 생명의 양식인 그리스도의 성체를 받아 모시다가 세상을 떠난 아네스를 위하여 주님께 간절히 청하오니 그를 부활시켜 당신 품에 들게 하소서. (주님, 저희의 기도를 들어주소서.)"[15]

여기서 우리는 '용서받지 못한 자' 영호와 '용서하지 못한 자' 신애가 수동적인 피해자가 아니라 능동적으로 '용서받기를 거부한 자', '불가능한 보복을 시도한 자'가 될 것을 선택한 인물들임을 기억해야 할 것이다. 정치와 종교 시스템에 의해 용서받고 용서하기를 거절했기에 이들은 접근되지 않고 소통되지 않으며 비가시화되는 '미친' 상태에 남게 된 것이다. 또한 이들로 하여금 '웰-빙', 즉 되돌이킬 수 없는 것을 치유하여 '정상'적인 삶을 살아가기를 거부하도록 만든 힘으로써 죽은 자의 존재 역시 기억해야 한다. 영호를 용서한 체제에 의해 '절대적 희생자'가 됨으로써 용서할 언어와 권력을 갖지 못했던 광주의 여학생, 그리고 '용서'가 균등하게 다운로드 되는 체제에서 햇볕(밀양)을 받을 수 없는 음지에 묻힌 신애의 아들. 산 자들의 '용서' 놀음이 벌어지는 시간과 장소에 부재했던 이들은 정치와 종교에 의한 치유를 거부한 영호 및 신애와 더불어, 되돌이킬 수 없는 상태에 남아 있다.

앞서도 언급했듯, 〈시〉로 인해 〈박하사탕〉과 〈밀양〉은 '용서' 삼부작을 이루는 이야기들로 재소환된다. 그리고 이것을 가능케 했던 것은 〈시〉의 마지막에 관객에게 주어진, 죽은 소녀의 얼굴이다. 이 얼굴은 〈시〉를 만들어 낸 얼굴이고, 죽은 자가 영화로 인해 살아나면서 관객에게 보이게 된 얼굴이다. 즉 영화 〈시〉는 이 얼굴로 인해 태어나게 된 것이자, 이 얼굴을 만들어 낸 것이기도 하다. 얼굴을 가린 채 남한강에 떠내려 온 소녀의 시체로 인해 시작될 수 있었던 이 영화는, 이렇게 '용서'의 권력을 가진 유일한 자, 즉 죽은 자의 얼굴을 되살려 내며 마무리됨으로써, 죽은 자를 살려 낸다고 하는, 신의 권능에 속하는 일을 해 내고 있는 것처럼 보인다.

그리하여 〈시〉는 우리 시대에 가장 '외설적'인 영화가 되었다. 죽음으로 영화는 시작되었고 산 자들이 이 죽음을 어떻게 갈무리할 것인가로 영화가 채워졌으되, 죽음에서 살아난 자의 얼굴로 영화가 마무리되기 때문이다. 이것은 엎어져 있던 시체를 뒤집어 그 얼굴을 확인하는 단순한 인지 행위, 즉 죽은 자의 죽음을 확인하는 행위가 아니라, 죽은 자를 살려 내어 감각적으로 그 개별적과 육체성을 확인시키는 행위이다. 또한 관객을 바라보며 알듯말듯한 미소를 짓는 소녀의 얼굴은 단순히 '언캐니uncanny'한 것—죽었으되 죽지 않은 자, 경계에 선 자의 그것처럼 낯익고도 낯선 것—이 아니라, 죽었으되 살아난 자의 그것이기 때문에 외설적이다. 마치 〈박하사탕〉에서 필름이 거꾸로 돌아가면서, 바닥에 떨어졌던 벚꽃잎이 다시 가지로 올라가 붙는 것과 같이, 가장 초보적인 영화 테크놀로지가 갖는 급진적인 힘에 의해, 죽은 자는 영화에 의해 살아났다. 이 지점은 영화에 대한 이창동의 생각이 가장 극명하게 드러나는 곳처럼 보인다. 어쩌면 그에게는 문학보다는 영화가 더 신의 영역에 가까운 매체인지도 모르겠다. 죽은 것에 개별성과 육체성을 부여하고 그것을 감각적으로 제시할 수 있는 매체. 가시성을 만들어 낼 수 있고 그것의 외설성을 극단화할 수 있는 매체. 그리고 또 이 지점은 이창동이 니힐리즘으로부터 거리를 취한다는 자기고백적 선언의 순간처럼 보인다. 니힐리즘은 필연성에 승복하는 것이고 인간을 죽을 수밖에 없는 자, 그리하여 역설적으로 필연성 속에서 행복을 추구하는 자로 간주한다. 반면 죽은 자를 감각적으로 가시화하는/해야 한다는 관념은 필연성의 시스템에서는 보이지 않는 것을 구상해 내려는 태도에서 나온다. 바디우Alain Badiou는 이것을 정립적인positive 태도라 부르고 여기에 드러나는 인간상을 '불사不死의 존재로서의 인간'을 사고하는 것이라 말한다. 필연성에 승복하는 인간 동물human animal이 아니라 그것과 단절할 것을 꿈꾸는 불사의 존재로서의 인간.[16] 이것은 이창동이 〈시〉의 첫 장면에서 엎어져 있던 시체를 되살려 내어 마지막 장면에서 기어코 카메라를 향해 얼굴을 돌리도록 만든 태도이다. 따라서 이 얼굴의 외설성이란 인간 동물과는 조금도 유사하지 않은 불사의 인간을 소망하는 가차없음 때문에 생겨난 것일 지도 모른다.

그런데, 소녀의 얼굴과 목소리를 되살려 낸 것은 또한 양미자의 '시'이기도 하다. 영화 〈시〉는 양미자의 시가 탄생하는 과정을 이 얼굴이 가리워진 시체가 살아나 카메라 앞에 얼굴을 들이밀게 되고 자신의 목소리로 관객에게 말을 거는 과정과 등치시키고 있다. 즉 시의 탄생과 소녀의 부활이 정확히 동궤를 그리고 있다.

이때 마침내 미자가 써낸 시는 단순히 박희진의 죽음 '에 대해' 다룬 것이 아니다. 그녀는 사과도 꽃도 아닌 그 죽은 소녀를 시재詩材로 선택했을 뿐만 아니라 그녀에 '대한' 시가 아니라 그녀 '의' 시를 쓰게 된다(양미자가 지은 시의 제목은 "아네스에게 바치는 노래"가 아니라 "아네스의 노래"이다). 영화의 마지막을 장식하는 "아네스의 노래"의 나레이션은 시인 김용탁의 목소리로 시작되어 미자와 소녀의 목소리로 이어지고, 미자의 눈은 소녀의 눈과 일체가되어 자신들이 머물던 일상의 공간을 배회하며 작별을 고한다. 그리고 마침내 미자는 사라지고 소녀가 죽음에서 살아 나와 카메라 앞에 선다. 미자는 자신을 소녀와 일체화시킴으로써 그리고 소녀를 자신의 안에 맞아들임으로써 소녀 '의' 목소리와 눈으로 시를 쓸 수 있게 된 것이다. 그런데 이 일체화는 미자가 소녀에게 다가간 것인 동시에 미자가 소녀로 하여금 자신의 내부에 들어오도록 만듦으로써 자신 내부의 어떤 것을 풀어 놓아 날아오르게끔 만든 것이기도 하다. 따라서 여기에서 미자의 시는, 레비나스식으로 말하자면, 동일자를 앞세우는 윤리가 아니라 본질적 비동일성, 근본적인 타자성을 맞아들이는 윤리라고 말할 수 있을 것이다. 언제나 나와 너무나 닮은 타자, 나 자신의 이미지를 복제하는 것에 불과한 타자로 접근하는 것이 아니라, 유한한 경험을 초월하도록 나를 바치고 예속시키는 타자성의 원리에 의해 지지되는 행위인 것이다.

그리고 미자의 시는 박희진의 죽음과 '단절' 하려는 다른 산 자들의 시도, 즉 피해자와 가해자 가족간의 '합의' 를 '대리 보충' 하고 있음을 기억하자. 미자 역시 가해자인 손주의 가족으로서 이 '합의'의 시스템에 가담하지만, 그녀는 합의금만 낸 것이 아니라 손주를 경찰에 인도하고 죽은 소녀 '의' 시를 쓰기도 한다. 즉 가해자 가족의 '사죄'와 피해자 가족의 '용서'가 3천만 원이라는 '합의금'으로 조우하는 데 참여하지만, 그러한 제도화된 화해로 환원되지 않는 것들을 실행에 옮긴다. 이 합의에 의해 '용서'되었으되 그 자신 용서를 빌지 않았고 '처벌'되지도 않았던 손주를 '처벌' 받게 하고, 이 합의와 처벌의 자리에 부재한 죽은 자에게 육체(목소리와 얼굴)를 돌려주는 것이다. 그런데, 미자는 누구이며 그녀의 시는 어떻게 해서 이런 '영웅'적인 행위를 할 수 있게 되는가.

〈시〉에서 죽은 자를 되살려 내는 영화의 권능은 미자의 '시'의 힘을 빌지 않고서는 실현될 수 없는 것이었다. 막 치매 증상을 드러내기 시작한 65세의 이 할머니는 '시를 쓴다'고 하는 능동적인 창작 행위와는 가장 멀리 떨어진 존재처럼 보인다. 더욱이, 그녀는 스스로 "제일 중요"하다고 생각하는 '명사'를 망각하고 있는 중이다. 단어와 기억이 소멸되는 것을 경험하고 있는 자가 시를 단지 읽는 게 아니라 '쓴다'는 것이 가능한가. 그러나 이것은 시쓰기를 일반적인 노동 행위와 마찬가지로 측량할 수 있고 가시화될 수 있는 능력의 소산으로 간주할 때 생기는 의문일 뿐이다. 문화센터에서 시를 가르치는 김용탁 시인은 시를 쓰는 데 있어서 "보는 것"이 가장 중요하며, 시를 쓰는 것이 어려운 게 아니라 시를 쓰겠다는 "마음"을 갖는 것이 어렵다고 말한다. 이 말을 따른다면 미자는 시 쓰기에 가장 적합한 자질을 갖고 있는 사람이었다. 그녀는 시 강좌를 듣기 이전부터 '잘 보는 자'였으며, 손주와 뇌성마비 노인을 '돌보는 자'였다. 어쩌면 '돌보는 자'였기 때문에 '잘 보는 자'였을지도 모른다. 타인들에게 먹을 것을 챙겨 주고, 집안을 청소해 주고, 몸을 씻겨 주는 자는 타인의 필요와 욕구와 고통에 민감하고 그것을 살피기 때문에, 마음으로 보는 자이다. 미자는 딸을 잃고 몸부림치는 엄마를 보고, 박희진의 장례미사에 참석하여 박희진의 사진을 보고, 손주와 뇌성마비 노인의 눈을 본다. 따라서 〈시〉가 마침내 박희진 '의' 시를 써 내는 '영웅'을 '치매'에 걸린 미자로 설정한 것은, 시란 단어와 기억의 소유자가 만들어 내는 것이 아니라는 점을 강조하기에 효과적인 전략이었다.

여기에서 문화센터의 시 강좌는 이중의 상반되는 역할을 한다고 할 수 있다. 이미 '마음으로 보는 자'였던 미자는 그러나 시 강좌를 듣지 않았더라면 "아네스의 노래"를 쓰지 않았을 것이지만, 그럼에도 불구하고 시 강좌에서 배운 시 개념 때문에 미자는 그녀의 '보는 눈'과 '마음'을 방해받았기 때문이다. 첫 시간에 김용탁 시인은 수강생들에게 사과를 내밀며 "여러분들은 지금까지 이 사과를 몇 번이나 봤어요? 천 번? 만 번? 백만 번? 틀렸어요. 여러분들은 지금까지 이 사과를 한 번도 본 적이 없어요. 한 번도. 지금까지 여러분들은 사과를 진짜로 본 게 아니에요"라고 단적으로 말한다. '시인'이라는 직업을 갖고 있는 전문가로서 그는 수강생들이 "정말 알고 싶어서, 관심을 갖고, 이해하고 싶어서, 대화하고 싶어서" 사과를 본 적이 한 번도 없다고 단언하며 앞으로 일상의 사물들을 마음으로 볼 것을 종용하고 한 달 뒤 그 결과물로서 시를 제출하라고 지시한다. 선생으로부터 '보지 않는 자'라는 판결을 받은 수강생 미자는 그때부터 사과로, 설거지통으로, 꽃과 나무로 시선을 돌리게 되지만, 그것은 이미 '잘 보는 자'였던 스스로를 부인 혹은 망각하는 대가를 치르는 것이었다. 미자가 배워야 한다고 생각했던 '시'는 박희진의 엄마를 만나러 가는 도중 미자의 시선을 아름다운 풍광과 살구로 돌리게 만들어 그 만남의 이유조차 망각하게 만든다. 이는 미자가 선생의 본의를 오해하거나 곡해한 열등생이어서가 아니라, '시'의 비밀을 알고 있는 자(시인=선생)와 모르는 자(일반인=학생)를 구별하고 후자를 '한 번도 보지 않은 자', 즉 무지한 자로 위치짓는 위계시스템이 낳은 결과이다. 랑시에르[17]가 말하듯 여기에서 선생은 무지한 학생과 자신의 지적인 거리를 '폐기'하는 역할을 맡지만, 그 거리를 끊임없이 생산함으로써만 그 거리를 줄일 수 있다는 역설 속에서 그렇게 한다. 따라서 선생이 학생에게 가르치는 최초의 것은 학생이 아무것도 모른다는 것, 자신이 모르고 있다는 것을 모른다는 것, 즉 학생의 무능력이다. 학생은 단지 선생보다 덜 아는 자가 아니라 지식과는 반대되는 위치, '무지'의 위치에 자리매김된다. 김용탁 시인이 수강생들은 사과를 "한 번도 본 적이 없"다고 단언하는 것은 이러한 '바보로 만들기stultification' 행위이며, 선생과 학생을 아는 자 / 무지한 자, 진실을 아는 자 / 표피만 보는 자, 능동적인 자 / 수동적인 자라는 위계질서 속에 놓는, 감각적인 것의 분배 행위이다. 랑시에르는 이렇게 근본적인 '거리'를 상정하는 것, 역할을 배분하는 것(선생 / 학생), 영역간의 경계(이 경우 시인 / 일반인)를 만드는 것이 구조의 문제라고 보고, '해방'이란 이 구조에 도전하는 것이라 말한다. 이는 학생이나 일반인을 선생과 시인으로 변화시키자는 것이 아니라, 학생이나 일반인 역시 보고 느끼고 이해하고 기호들을 다른 기호들로 번역하고 비교하며, 자기 앞에 놓인 시들을 재료로 하여 자기자신의 시를 쓴다는 것을 인식하자는 것이다.

따라서 미자가 "아네스의 노래"를 쓰는 데 있어서 시 강좌로 대표되는 미적인 (교육)시스템은, 한편으로는 그녀로 하여금 '본다는 것'과 '마음'의 중요성을 깨닫게 만들어 주기도 했지만("아네스의 노래"는 선생의 목소리로 낭독되기 시작한다), 다른 한편으로는 ('바보로 만들기'에 의해) 그녀로 하여금 자신이 이미 마음으로 보고 있는 것을 망각 혹은 부정하고 다른 것으로 주의를 돌리게끔 만들었다고 할 수 있다.

그러나 마침내 미자가 생산한 "아네스의 노래"는 그녀가 자기자신이 보아온 것, 마음으로 대해 온 것이 '곧' 시를 쓰는 행위와 다른 것이 아니었음을 깨달았다는 증거이다. 여기에서 우리는 "아네스의 노래"가 미자가 나무와 꽃에서 찾으려고 했던 '아름다움'보다는 미자가 혐오했던 '음담패설'에 더 가깝다는 점을 지적해야 할 것이다. 학생이나 일반인, 혹은 미자처럼 단어와 기억을 상실해 가는 존재라 할지라도 언제나 마음으로 보면서 만들고 있는 '시'는, 마치 시낭송회에서 동호인들이 기성시인의 시를 낭독한 후 뜬금없이 덧붙이는 음담패설—가담항설처럼, '아름다움'을 모독하는 것으로 보일 수도 있는 것이다. 뒷풀이 자리에서 술취한 황병승 시인이 내뱉는 "시 같은 건 죽어도 싸!"라는 말은, 시인—선생만이 알고 있다고 상정되는 '아름다움'이라는 것이 실은 실체 없는 것, 텅빈 것이라는 고백처럼 들리기도 한다. 죽은 소녀의 어머니 앞에서 "살구는 스스로 땅에 몸을 던진다. 깨여지고 밟힌다. 다음 생을 위해"라는 장광설이 되어 버리는 시스템으로서의 시는 실은 이미 죽은 것이라는 선언. "아네스의 노래"는 아름다운 시가 아니라 "당신"을, 박희진의 목소리로 호명되고 박희진의 시선을 받아야 하는 관객으로서 "당신"을 향해 있는 노래이기 때문이다.

6. '용서'하는 시스템, '미친' 채 살아가는 자들

이렇게 '용서' 삼부작은 되돌이킬 수 없는 것을 치유하여 '정상'적인 삶을 이어나가야 한다는, 단절로서의 '용서', '화해'를 거부하는 자들의 이야기로 이루어졌다. 2000년대 한국 영화를 수놓은 일련의 '복수' 이야기들도 이런 사이비 용서와 단절을 거부하는 것이었고, 복수담의 전통이 특히 취약한 한국 문화의 상황을 염두에 둘 때, 이는 어떤 거대한 징후인 것처럼 보이기도 한다. 그러나 사면과 애도와 치유를 통해 과거를 끊임없이 덮으며 미래로 진행하는 것이 지옥인 것처럼, 무한 반복의 원한에 갇히는 것 역시 지옥일 것이다. 이창동의 '용서 삼부작'은 이 지옥을 구원하려면 죽은 자, '절대적 희생자'에게 얼굴과 목소리를 부여해야 하고 그들로 하여금 '노래'하게 해야 한다고 결론 내린다.

개인적으로는, 〈밀양〉의 신애가 앞으로 어떻게 살아갈지 궁금하다. 이 '용서' 삼부작에서 죽지도, 사라지지도 않고 '미친' 채 살아 있는 인물은 신애 뿐이기 때문이다. 그리고, 이창동은 영화를 계속 만들 것이기 때문이다. "아네스의 노래"가 '용서' 삼부작의 논리적 '결론'일 수는 있으나, 여전히 수많은 "당신"들은 죽은 자와 더불어 살아가는 '미친' 자여야 하기 때문이다. 영화는 박희진을 살려 냈지만, 정신병원에서 퇴원한 신애가 맞닥뜨린 것은 살인자의 딸의 얼굴이다. 신애에게 용서를 빌지도 않았고 처벌받을 이유도 없으되 신애를 보고 황망해하며 눈물짓는 또 다른 '미친' 자의 얼굴. 신애는 그녀와 더불어 어떻게 살아갈 것인가. 그리고, 단 한 순간도 신애를 이해하지 못했으나 그녀를 사랑하는 종찬도 있다. 그는 결코 영호나 신애, 미자와 같은 '영웅'이 되지는 못할 터이지만, '미친' 신애 옆에 계속 머물 것이다. 신애는 또 그를 어떻게 사랑할 것인가.

1 Jacques Derrida, "On Forgiveness", *On Cosmopolitanism and Forgiveness,* Mark Dooley et al.(trans.), Routledge, 2001, p.44.

2 한나 아렌트, 《인간의 조건》, 이진우 외 옮김, 한길사, 1996, 301~305쪽.

3 한나 아렌트, 앞의 책, 305~306쪽.

4 Jacques Derrida, *ibid.*, pp. 27~51.

5 한나 아렌트, 앞의 책, 304쪽.

6 Jacques Derrida, *ibid.*, p. 50.

7 영화 〈박하사탕〉 중.

8 사카이 나오키酒井直樹, 〈내전의 폭력과 민주주의: 〈박하사탕〉을 해석한다〉, 연세대학교 미디어아트연구소 편, 《박하사탕》, 삼인, 2003, 90~127쪽.

9 사카이 나오키, 앞의 글, 103쪽.

10 〈박하사탕〉의 기억과 시간 구조에 대해서는 백문임, 〈미래의 먼지가 덮인 기차. 또는, 떨어진 벚꽃잎의 불가역성에 대한 고찰〉(연세대 미디어아트연구소 편, 앞의 책, 148~173쪽) 참조.

11 영화 〈밀양〉 중.

12 Rey Chow, ""I Insist on the Christian Dimension": On Forgiveness······ and the Outside of the Human", *Differences: A Journal of Feminist Cultural Studies,* vol. 20, Nr. 2 and 3, 2009, pp. 224~249.

13 영화 〈밀양〉의 영어 제목은 "Secret Sunshine"이다.

14 Jacques Derrida, *ibid.*, pp. 27~32.

15 영화 〈시〉 중.

16 알랭 바디우, 《윤리학》, 이종영 역, 동문선, 2001년, 17~25쪽.

17 Jacques Rancière, "The Emancipated Spectator", *The Emancipated Spectator*, Gregory Elliott(trans.), Verso, 2009, pp. 1~25.

괴물시대를 사유하는
서사의 윤리

서영채

괴물시대를 사유하는
서사의 윤리

1 '부자 되기'의 외설성

배우 김정은 씨가 BC카드 광고에 나와 "여러분, 부자 되세요"라고 사람들에게 덕담을 건넸던 것은 2001년 12월이었다. 한국 경제가 단군 이래 최대의 위기였다고 지칭되었던 1997년 말의 외환 위기와 뒤이은 'IMF 관리체제'의 가혹한 시간들을 넘기고 난 직후의 일이었다. '정리해고'나 '구조 조정', '고통 분담' 같은 생소했던 말들에 어느덧 익숙해져 있는 사람들에게, 산타클로스를 연상시키는 붉은 스웨터 차림의 젊고 예쁜 여성이, 하얀 눈밭 위에서 방긋방긋 웃으며 부자가 되라는 덕담을 건넸다. 많은 사람이 힘들어했던 어느 겨울, TV에서 난데없이 튀어나온 이 무차별적 덕담이 사양하거나 거절하기 힘든 것으로 다가왔다면, 그것은 단지 젊고 예쁜 여성이 건넸기 때문만은 아니었을 것이다.

김정은 씨의 이 덕담은 많은 사람들의 시선을 사로잡았다는 점에서 성공적인 광고였다. 하지만 그 성패와 무관하게, 신용카드회사의 이 특별한 광고 문안이 사람들에게 야기한 불편함이 있었다. 광고를 접한 사람만이 아니라 광고를 제작한 사람들에게도 그런 불편함은 예외가 아니었다.[1] 그것은 단지 부자 되라는 덕담의 내용으로부터 기인하는 것만은 아니었다. '부자 되기' 라는 말이 특정한 상황에서 덕담으로 오가는 것이 문제가 될 수는 없다. 사업가인 친구에게 돈 많이 벌라는 덕담은 당연하다. 하지만 그 덕담이 "여러분"을 향해 무차별적으로 쏟아지는 것이라면 경우가 다르다. 특수자의 영역에 있던 '부자 되기' 가 보편자의 위치로 이동하는 것이기 때문이다. 이러한 위상의 변화가 이루어지는 순간 '부자 되기' 라는 말은 어떤 물신주의적 전도의 효과들을 만들어 낸다. 즉 무차별적 덕담의 형식을 통해 보편자의 위치로 진입하는 순간 그 기표는, 의미와 가치가 스스로 자명해지는 주인기표master-signifier의 위상을 지니게 된다. 일단 주인기표의 자리를 차지하고 나면, 그 다음엔 어떤 '부자 되기' 인지를 문제 삼을 수는 있어도 그 존재 자체에 대해 문제를 제기하기는 어려워진다.

사람들이 그 덕담 광고를 접하면서 느꼈던 당혹감이나 불편함이란 일차적으로, 아직은 공식적인 주인기표가 될 수 없는 어떤 것이 난데없이 그 자리를 점거해 버린 사태에 대한 정서적 반응이라고 해도 좋겠다. 물론 '부자 되기' 라는 말이 보편적 덕담의 자리를 차지하는 것에 대해, 배금주의적 천박함이나 표현 자체의 노골성 그리고 폭력성(사람들이 지니고 있는 꿈의 다양성과 희원의 복수성을 '부자 되기' 라는 말로 단순화해 버리는)을 지적하는 것은 어려운 일이 아니다. 단지 이것만이라면 그 덕담에 대한 반응은 불편함이 아니라 개탄이나 분노 같은 것이어야 했을 것이다. 하지만 문제가 되는 것은, 다른 것도 아니고 모두들 부자 되시라는 축복의 말이었다. 그것도 경제 위기로 인해 상처 받은 마음들을 향해서 말이다. 요컨대 문제는 사람들에게 그것이, 전적으로 동의할 수는 없지만 그렇다고 단호하게 거부하기도 힘든 어떤 것으로 다가왔다는 점, 공식적으로는 자기만을 예외로 한다면 누구에게도 건네주고 싶은 것의 형태로, 좀 은밀하게는 내가 원한다는 사실을 다른 사람들은 물론 나 자신조차 눈치 채게 하고 싶지 않다는 형태로, 그 덕담을 건넨 여배우의 미소와 어조와 몸짓처럼 매력적이거나 친근하게 느껴질 수도 있는 것으로 다가왔다는 점이다. 게다가 부자 되시라는 말에는, 덕담의 형식 자체가 지니고 있는 가식성이나 속물성을 타격하는 냉소적 통쾌함까지 덧붙여져 있다. 그러니 그것을 물리치기란 누구에게든 쉬운 것은 아니었겠다. 이런 이중성으로 인해 생겨난 마음의 진퇴양난이 불편함의 일차적 원인이라 해도 좋겠다.

하지만 여기에서 한 발 더 나아간다면, 이 덕담이 지니고 있는 어떤 근본적인 외설성에 대해 지적할 수 있다. 익히 그 존재를 알고 있고 또한 그중 일부는 삶의 기본조건으로서 불가피한 것으로 인정하고 있지만, 그럼에도 공중의 시선으로부터 차단된 곳에 존재해야 하는 어떤 대상들이 있다. 알몸이나 사생활, 제도화된 아부, 스스로 관례임을 주장하는 뇌물 같은 것들. 그것들은 공사의 구분이나 친소관계의 위계에 따라 노출의 범위와 한계가 정해져 있다. 그런데 그 한계선을 가로지르는 시선이 있다면, 그리고 그로 인해 대상을 감싸고 있었던 옷이 벗겨진다면, 그것은 외설적이다. 이때 외설성이 초래하는 불편함은 노출된 알몸에서 비롯되는 것이 아니라, 그 알몸의 출현으로 인해 돌파되어 버린 사회적 범절의 네트워크로 인한 것이다. 그 영역 밖에 있는 사람들에게는 어이없는 것일 수도 있겠으나, 그 네트워크 속에 몸을 담고 있었던 사람들에게 그런 장면은 당혹스러운 불편함으로, 외설성으로, 언제나 정면으로 응시하지 않았기에 차마 마주볼 수 없는 대상의 어떤 민망함으로 다가오는 것이다.

이런 뜻에서 외설성이란, 그 자체가 외설적 대상과 그것을 바라보는 주체의 상호반영성을 증명하는, 곧 어떤 대상을 외설적으로 만드는 인지의 틀 자체를 주체가 소유하고 있음을 증명하는 것이기도 하다. 어떤 대상을 외설적으로 느낀다면 이미 그 자체가 주체의 무죄하지 않음을, 즉 그 자신의 상징적 거세 상태를 증거하고 있는 것이다.

이 신용카드 회사 광고의 경우, 사람들에게 불편하게 다가온 외설적 대상은 '부자 되기'라는 기표였다. 덕담의 형식을 지닌 '부자 되기'는 그 자체가 화폐 물신의 존재를 이미 자명한 것으로 전제하고 있다. 물신으로서의 화폐는 자기 목적이 되어 버린 화폐, 자폐증에 빠져 버린 부, 증여의 기억으로부터 유리된 채 자기 흐름을 차단당한 교환과도 같다. 그것은 마치 개명한 시대의 악령이나 부적과도 같은 존재이며, 그것에게 어울리는 자리는 우리에게 가까우면서도 잘 드러나지 않는, 어떤 어두운 곳이다. 그런 곳이라면 사람들의 마음속보다 더 나은 곳은 없을 것이다.

그렇다면 그곳에 숨어 있던 괴물들을 김정은 씨의 덕담이 풀어 놓았다는 것인가. 그렇게 말할 수는 없다. 한 젊고 예쁜 여배우는 신용카드 회사를 대신해 덕담을 건넸을 뿐이다. 문제가 있다면, 난데없이 나타난 알몸을 향해, 분노도 고마움도 아닌 불편함을 느꼈던 사람들 자신에게 있는 것이다. 좀 더 정확하게는, 그 외설성의 등장으로 인해 사람들은 비로소 괴물이 그들 앞을 활보하고 있었음을, 그리고 그 괴물은 바로 자기 자신으로부터 빠져 나간 것들임을 확인하게 되었던 것이며, 그것이 문제라는 것이다.

2. 상인과 전사

그런데 대체 괴물성이란 무엇인가. 우리의 통제 영역 밖에서 우리의 삶과 주체성을 위협하고 있는 거대한 힘을 괴물이라고 한다면, 우리는 얼마든지 그런 힘들을 지목할 수 있다. 전지구적 경제 위기를 생산해 내고 있는 글로벌 거대금융자본에서부터, 우리가 지켜야 할 덕목들을 위협하는 여러 형태의 정치적 힘들, 그리고 문화적 현상으로 출현하고 있는 다양한 모습의 섬뜩한 것들에 이르기까지, 현실과 상상 속의 다양한 위력들을 적시할 수 있다. 하지만 그것의 본성으로서의 괴물성에 대해, 그것들의 유래와 속성에 대해 말하는 것은 쉽지 않은 일이다.

근대적 일상인으로서의 우리에게 익숙한 것은 괴물성이 아니라 속물성이다. 자신의 삶을 들여다보며 자기 자신의 속물성을 간취해 내는 것은 보통 사람들에게 그다지 어려운 일은 아니다.

근대적 주체가 교환자-경제인을 원형으로 하고 있으며 그 핵심 적인 모럴이 주체의 자기 보존(스피노자)이라는 사실이 부정되지 않는 한, 속물성은 주체 형성의 내적 조건을 이루며, 그 자체로 근대성의 윤리의 한계지점에 해당되는 것이기 때문이다. 이기심 과 가식을 기본 특징으로 하는 그것은 무엇보다도 내부와 외부의 분리로 드러나며, 그러한 이중성은 그 자체가 주체의 내부에 존 재하는 통제 불가능한 영역들을 전제하고 있다.

　물론 주체 내부에 존재하는 타자성의 문제일 뿐이라면, 도덕적 의식 일반이 지니고 있는 문제 설정에 해당되는 것이기에 그것의 근대성 여부를 논하는 것은 적절치 않다. 주체 내부에 존재하는 통제 불가능한 힘에 대해 특정한 금지 명령을 설정하는 문제는, 시대를 막론하고 도덕적 의식의 핵심에 해당되는 것이기 때문이 다. 바디우가 윤리의 구성력을 인간 내부의 동물성을 뛰어넘는 어떤 부가적인 잉여로서 규정하고 그것에 사건이라는 이름을 붙 여 주었을 때, 그리고 그 사건과의 만남과 그 만남에 대한 충실성 을 통해 윤리적 주체를 구성하고자 했을 때[2]에도 논리의 기본 골 격은 고대의 도덕률과 크게 다르지 않다. 그러한 금지 설정과 배 제의 기틀 위에서, 특정한 윤리의식이 견출해 내고자 하는 구체 적 악덕들의 체계가 다양한 형태로 세워질 수 있다. 인간의 유적 한계 때문에 생겨나는, 천부적이라 할 수밖에 없는 근본적인 악 에서부터 개인의 나약함에서 비롯되는 병리적인pathological 악에 이르기까지. 그런데 왜 우리는 하필 속물성을 특칭하고 그것을 우리 시대의 윤리적 매듭으로 말해야 하는가. 칸트가 안출해 낸 논리가 이에 대한 한 대답이 될 수 있겠다.

《판단력 비판》에서 칸트는, 숭고에 대해 논하면서 정치가와 장군을 비교했다. 미감적 판단에서 볼 때 어느 쪽이 우월한지, 어느 쪽이 더 월등한 존경을 받을 수 있는지는 분명하다고 했다. 칸트에게 그것은 더 이상의 설명이 필요 없는 일이었다. 전쟁을 수행하는 존재로서의 장군의 우위가 그에게는 너무나 자명한 것이었기 때문이라 해야 할 것이다. 그리고 뒤이어 이렇게 썼다.

> 전쟁조차도, 만일 그것이 질서 있게 그리고 시민의 권리를 가지고 수행된다면, 그 자체에 있어서 어떤 숭고한 것을 가지는 것이며, 또 동시에 그와 같이 전쟁을 수행하는 국민이 보다 많은 위험에 처했었고 그 위험 하에서 용감하게 견디어 낼 수 있었다면, 그럴수록 전쟁은 그 국민의 심적 자세를 한층 더 숭고하게 하는 것이다. 그에 반해서 장구한 평화는 한갓된 상인기질만을 왕성케 하고, 그와 아울러 천박한 이기심과 비겁과 문약을 만연시켜, 국민의 심적 자세를 저열하게 만드는 것이 보통이다.[3]

물론 여기에서 칸트가 강조하고자 하는 것이 전쟁이나 전사에 대한 예찬은 아니다. 그는 단지 숭고의 속성에 대해 기술하고 있을 뿐이다. 하지만 이런 맥락을 고려하더라도 여기에서 두드러지는 것은, 숭고의 반대편에 그가 위치시킨 악덕들이며 그것의 대표자로 상인기질이 소환되고 있다는 사실이다. 숭고를 기준으로 하는 미감적 판단의 위계를 만들어 보자면, 가장 높은 곳에 장군이 있고 그 다음에 정치가가 그리고 가장 밑바닥에 상인이 있는 셈이다. 그리고 상인기질은 천박한 이기심 및 비겁함, 나약함 등의 악덕과 나란히 놓여 있다. 이런 악덕들이 그의 진술 속에서 상인기질과 정확하게 겹쳐지는 것은 아니지만, 그들은 모두 함께 가족유사성을 지니고 있다. 정치가가 장군보다 하위인 것도 그 속에 포함되어 있는 상인기질의 상대적인 양 때문이다.

칸트의 생각 속에서 드러나는 이런 위계는, 물론 그들이 하는 일의 차이 때문은 아니다. 중요한 것은 무슨 일을 하느냐가 아니라 어떻게 하느냐의 문제다. 그래서 군인들 속에서도 정치가와 상인을 발견할 수 있고, 거꾸로 상인들 속에서도 정치가나 군인을 발견할 수도 있다. 칸트가 상인이라는 말 뒤에 기질이라는 단어를 덧붙인 것은 그 때문일 것이다. 이기심과 비겁함을 타기시하는 그의 이런 생각은, 《실천이성비판》에서 그가 도출해 낸 도덕법칙의 엄격함 속에도 고스란히 반영되어 있다. 오로지 정언명령이 상징하는 절대적 의무와 그것에 대한 무조건적 복종이라는 구도, 그리고 도덕적 행위의 숭고함에 바칠 수 있는 것은 오직 존경뿐이라는 언사들 속에서 확인할 수 있는 덕성에 대한 그의 감수성은, 합리적인 교환자로서의 상인보다는 목숨을 걸고 대의에 뛰어드는 전사의 것에 훨씬 가깝다.

칸트의 이런 윤리적 감수성은 역설적이다. 거칠게 말하자면 그는 상인의 세계에 살고 있는 사람들에게 전사의 태도를 요구하고 있는 것이다. 그가 살고 있는 논리의 세계는 《순수이성비판》이 보여 주듯 계몽된 근대 세계다. 거기에는 그 어떤 초자연적 위력도 초월적 절대성도 존재할 수 없다. 절대적인 것이 존재한다면 오로지 초월론적traszendental으로만 그럴 수 있을 뿐임을 추론해 낸 사람은 그 자신이다. 또한 그 세계는 근대 부르주아의 현실 세계, 경제외적 강제로부터의 자유를 핵심으로 형성되는 침해될 수 없는 권리들의 체계를 바탕으로 하고 있음은 강조할 필요가 없다. 계산하는 이성과 이해관계에 대한 예민한 감수성의 세계에서, 자기 이익을 침해당하지 않을 권리와 거래의 공정함과 차별 없음의 정의관에 입각해 살고 있는 세계에서, 칸트는 양심에 목숨 건 태도의 거룩함에 대해 말하고 있는 것이다.[4] 그래서 상인기질에 대해 비판하는 칸트의 모습은 흡사 고대인의 시선으로 근대성의 모럴을 비판하고 있는 것처럼 다가온다. 이런 칸트의 역설을 어떻게 이해해야 하는가.

3. 해방된 속물로서의 괴물

프랑스혁명과 종교개혁, 산업혁명 같은 근대성의 기원적 사건을 고려한다면, 근대성의 모럴에 대해 주인 담론의 쇠퇴를 그 주요한 특징으로 간주하는 라캉의 논리는 참고할 만한 가치가 있다.[5] 주인 담론의 윤리적 강령은, '삶보다 중요한 것은 살아야 할 이유다'라는 것이다. 그것은 대의나 명분의 절대성을 지칭하는 것이거니와, 이와 반대로 근대성의 모럴은 삶과 대의의 관계가 역전되는 지점에서 발원한다. 살아 있음 자체야말로 다른 어떤 대의에도 양보될 수 없는 최고의 가치다. 사람을 수단이 아니라 목적으로 대해야 한다는 칸트의 강령은 역설적이게도 이러한 근대성의 모럴을 상징하는 대표적인 강령이다. 물론 여기에서 칸트가 규정했던 목적적 가치로서의 사람은 인격성Persönlichkeit을 뜻했지만,[6] 그것의 현상 형태는 생명이라 해야 하겠다(코마 상태에 빠진 사람의 존엄성과 인격은 홀로 숨 쉬며 작동하는 신체를 통해 표현된다. 이 경우 생명에 대한 존중이 곧 존엄한 것으로서의 인격에 대한 존중이 된다). 그 어떤 것도 계량화할 수 있고 시장으로 끌어올 수 있는 시대에도, 살아 있는 목숨만은 등가교환이라는 시장의 저울대 위에 올라설 수 없는, 값을 매길 수 없는 것이다. 목숨에 대한 값이 치러진다면 오로지 그것이 사라진 다음에 그 빈자리에 대한 대가로서 그러할 뿐이다.

생명을 우선시하는 이런 윤리관의 한계는 주인 담론을 그 곁에 세워두면 스스로 명백해진다. 주인 담론은 대의를 위해 죽음을 불사하는 전사들의 영혼을 바탕에 두고 있으며, 신성한 목적을 위해서라면 인간(의 목숨)도 얼마든지 수단과 도구가 될 수 있다. 각국의 역사 속에 위대한 사례로 등장하는, 대의를 위해 목숨을 내던진 수많은 사람들의 행위가 그 실례들이다. 목숨이 가볍기로는 자기 것뿐 아니라 다른 사람의 것도 마찬가지였다. 내가 대의를 위해 죽을 수 있기 때문에 다른 사람에게도 거리낌 없이 죽기를 요구할 수도 있다. 이런 전사-주체의 시선으로 보자면, 목숨 자체를 목적적 가치로 내세우는 근대성의 윤리란, 가치의 절대성을 모르는 비천한 자들의 것이거나 죽음을 두려워하는 겁쟁이와 노예들의 것에 불과하다. 그런 윤리란 무엇보다 삶의 일회성과 한시성에 토대하고 있어, 영원한 삶의 고귀함과 절대성의 거룩함과 아름다움을 모르는 저열한 것이다.

주인 담론이 지니고 있는 위력은 그것이 입각해 있는 세계관의 굳건함으로부터 비롯되는 것이다. 신이든 조상의 얼이든 가문의 명예든 간에, 어떤 초월적이거나 절대적인 세계에 대한 믿음이 없다면, 목숨을 초개처럼 버리는 전사의 윤리는 성립되기 어렵다. 이와는 반대로 근대성의 윤리는 그런 세계의 강력함이 붕괴하는 시점에서 시작된다. 우주 공간은 제한없이 열려 버렸고 그 무제약성으로 인해 진리의 어떤 절대성도 수용할 수 없게 된 지적 지반의 연약성, 세계와 마음의 중심이 사라지고 아름다운 동심원은 파괴되어 어떤 덕도 자신의 절대성을 주장할 수 없게 되어 버린 윤리의 무정부 상태가 근대성의 윤리적 배경이 된다.

칸트의 도덕철학이 그것을 대표하는 이유도, 그의 시도가, 초월적 절대성이 사라진 시대에서 행해지는, 신의 보증 없는 도덕법칙의 절대성을 향한 추구였기 때문이다. 칸트는 도덕률에서 내용을 제거하고 그 자체를 순수 형식으로 만들어 놓음으로써, 절대자의 보증 없이도 보편적 도덕 법칙을 수립할 수 있었다. 그가 내세운 유일한 도덕법칙—"네 의지의 준칙이 항상 동시에 보편적 법칙 수립의 원칙으로서 타당할 수 있도록 행위하라"[7]—은 라캉의 대상a가 그렇듯 요구의 순수 형식일 뿐이다. 삼강오륜이건 십계명이건 간에 어떤 구체적 내용도 그 자리를 차지할 수는 없다. 어떤 것이건 구체적인 내용이 들어선다면 시공간적으로 무제약적인 것으로서의 도덕법칙이 지녀야 할 보편성이 흔들려 버리기 때문이다. 이런 점에서, 칸트의 도덕률이 지니고 있는 태도의 엄격함은 그의 도덕법칙이 지니고 있는 내용 없음에 대한 반면이라 할 수도 있다. 그것은 곧 사라져 버린 절대성의 빈자리, 그 형식 자체를 고수하고자 하는 엄격함일 것이다.

칸트가 실천이성의 원리를 추론하고 난 다음, 그 원리를 변증하는 단계에서 가장 힘을 기울였던 것은 도덕적 선과 쾌락(행복)을 분리하는 일이었다. 그것은 근대 세계가 실천해 왔고 실천해 갈 것이며 장차 논리화하게 될 공리주의에 대한 비판이었다. 그가 국민의 심성으로부터 상인기질을 배제하고자 했던 것도 같은 맥락이거니와, 이런 점들은 그가 어떤 자리에 서 있는지를 보여 준다. 칸트는 사라져 가는 주인 담론의 자리에서 자기 세계의 연약성과 주체의 저열함을 바라보고 있는 셈이다. 그렇다면 칸트가 자신의 윤리적 입지를 위해 선택한 그 자리, 주인 담론의 자리는, 거꾸로 칸트라는 근대적 시선에 의해 창안된 것이라고 해야 하지 않을까. 대의를 위해 목숨을 아끼지 않는 거룩하면서도 기이한 세계는 근대의 시선에 의해 만들어진 환상이라 해야 하지 않을까. 대의를 위해 목숨을 버렸던 사람들의 존재는 사실일지라도, 그것을 맥락화하는 것은 또 다른 차원의 것이다. 주인 담론의 환상성을 지적한다면 그것은 사실성이 아니라 맥락화의 차원에 대한 것이다.

이를테면 모리 오가이의 단편소설 〈아베 일족〉(1913)이나 〈사카이 사건〉(1914)이 포착해 내는 봉건적 도덕의 그로테스크함이 그러하다. 거기에는 대의를 위해 거리낌 없이 자신의 가족들을 죽이고 자기 자신을 죽이는 사람들의 모습이 희비극의 기이한 모습으로 그려져 있다. 그들의 모습에서 우리가 숭고함의 아이러니를 발견한다면, 그것은 그 희생 제의와 죽음의 카니발을 포착해 내는 시선이 근대의 것이기 때문일 것이다. 무엇보다도 그 사태를 냉정하게 묘사해 내는 모리 오가이의 20세기적 시선이 곧 그것이다. 요컨대 주인 담론이란 근대성이 자기관계적 부정성으로서 창안해 낸 환상 대상이 아닌가 하는 것이다.

속물성에 대해서도 마찬가지 이야기가 가능하다. 속물성이 자기 자신을 바라보기 위해서는 먼저 스스로를 주인 담론의 자리에 위치시켜야 하며, 이를 위해서는 자기의 부정태로서 주인 담론의 자리를 만들어야 한다. 하지만 논리가 여기에 이르면 문제가 생겨난다. 속물성은 그 자체가 반영적 자기규정으로서, 스스로를 속물이라고 간주하는 순간에만 발생하는 환상 대상인 셈인데, 그것이 자기 자신만을 위한 환상임을 깨달아 버린 속물이라면 어떨까. 그것은 이제 아무것도 아닌 것이 되어 버린 것이 아닌가. 아무것도 아니므로 아무런 방해도 받지 않은 채 뚫고 지나가 버리면 되는 것이 아닌가.

예를 들어, 칸트는 《실천이성비판》의 첫머리(정리 2와 계, 주석 2)에서 사람이 지닐 수밖에 없는 것으로서의 자기애와 저급한 욕망을 지칭했거니와 그것은 곧 이기심과 탐욕에 다름아니다(이기심과 탐욕 없이, 자기애와 욕망은 발현될 수 없다). 인간 내부의 이 동물성을 우리는 어떻게 처리해야 하는가. 칸트는 도덕법칙에 대해

괴물시대를 사유하는 서사의 윤리

바칠 수 있는 것은 오직 존경뿐이라고 했다. 그렇다면 반대로 주체 내부의 동물성은 오직 경멸의 대상이어야 하는가. 이에 대해, 속물의 자기 규정이 환상임을 알아 버린 속물이라면 이렇게 반박할 것이다. 그것이 육체를 지닌 인간으로서 없앨 수 없는 것이라면 우리가 왜 그것에 대해 부끄러워해야 하는가. 어떤 존재 조건이나 자명한 것으로 인정해야 하는 것이 아닌가. 오히려 그것을 부끄러워하고 감추는 순간, 속물이 되는 것이 아닌가. 속물성은 주인 담론의 위치에서 보는 순간에만 포착될 수 있는데 그 주인 담론이 속물의 환상 대상이라면, 속물은 자기 스스로 만든 감옥에 갇혀 있는 셈이 되는 것이다. 이 사실을 알게 된 속물은 반문할 것이다. 그렇다면 왜 나는 자기가 만든 감옥에 갇혀 있어야 하는가.

이런 자각은 속물성이 스스로를 해방하는 순간 이루어질 것이다. 이제는 칸트의 도덕법칙이 나선다고 하더라도 이 해방된 속물을 제어하기는 어렵다. 속물은 본능과 자연을 내세우며 자신의 필연성과 보편성을 당당하게 주장할 것이기 때문이다. 칸트에게 도덕적인 것은, 자신의 신념이 보편적이라는 확신을 가지고 그것을 실천하고 또한 그 행위에 책임을 지는 것으로서 구현되기 때문이다. 그것의 도덕성은 오로지 결과를 통해서, 모든 사태가 종결된 이후에만 스스로의 정당성을 증명할 수 있다. 이런 결과는 칸트에 의해 도덕의 영역에서 추방당한 행복주의 윤리의 복수라 해야 할 것이다.

자신이 괴물이 아닌 척하는 괴물, 자신의 괴물성을 부인하는 괴물을 우리가 속물이라 부른다면, 이제 그런 자기 제한으로부터 해방된 속물, 더 이상 자신을 부끄러워하지 않는 속물, 당당하면서도 냉소적인 쾌락주의, 그것을 우리는 괴물이라 부를 수 있겠다. 문제는 그 괴물을 통제할 수 있는 논리적 힘이 칸트의 내부에는 존재하지 않는다는 것, 게다가 칸트의 성찰이 근대성의 윤리가 도달한 한 정점을 이루고 있다는 사실이다.

4. 그리스도와 금융자본의 괴물성

인간의 본성에 대한 억압과 통제가 문명의 시발점을 이룬다는 생각을 널리 알린 사람이 프로이트임은 주지의 사실이다. 그는 성충동의 억압을 문명의 발생과 연관시켰으며, 근친상간의 금지와 같은 문명 발생의 기초를 이루는 억압을 통상적인 정신 기제로서의 억압과는 별개로 근원억압primal repression이라 불렀다. 프로이트의 이런 진술은 《토템과 터부》나 《모세와 일신교》와 같은, 인류 문명의 발생이라는 인류학적 상상도를 토대로 한 것이지만, 좀 더 구체적으로는 19세기 빅토리아 시대 영국의 도덕적 엄격성이라는 현실적 배경이 존재하고 있는 것 또한 사실이다.

프로이트의 억압 가설에 대한 표준적인 반응은, 마르쿠제의 경우처럼 억압 없는 문명의 가능성에 대한 질문과 모색이다. 물론 그 질문은 프로이트 자신의 것이기도 했지만, 마르쿠제는 억압을 보편적인 것으로서의 기본억압basic repression과 역사적이고 특수한 것으로서의 과잉억압surplus repression을 구분하고 후자에 대한 저항을 통해 현실적 억압에 대한 해방적 에너지를 고양하고자 했다.[8] 그러므로 그것은, 근친상간의 금지와 연관되어 있는 억압가설 자체는 다치지 않게 한 채, 현실에 대한 비판적 잠재력을 열어 놓고자 했던 의지의 산물이다. 근친상간과 연관된 근원억압이라는 자물쇠가 풀려 버린다면 감당하기 어려운 현실이 전개될 것이기 때문이다.

이와 다른 방식의 문제제기는 억압가설 자체의 타당성에 대한 질문으로부터 시작된다. 푸코는 억압이 존재하고 있다는 사실이 아니라 억압에 대해 말하고 있다는 사실, 곧 성충동의 억압에 관해서가 아니라 억압과 금지의 담론에 대해 지적했다.[9] 억압은 담론으로 현실화되지만 오히려 억압에 관한 담론이 섹슈얼리티를 보존하는 틀이 된다는 것이다. 이런 푸코의 논리 속에서 프로이트와 라캉의 목소리를 듣는 것은 어려운 일이 아니다. 무의식의 차원에서 중요한 것은 어떻게 말하는지가 아니라 무엇을 말하는지의 문제다. 진술의 대상으로 등장한 문장 속에서 문제가 되는 것은 술어가 아니라 주어라는 것이다. 금지나 억압의 타당성을 만들어 주는 술어들, 예를 들면 저속하다, 나쁘다, 비인간적이다, 동물적이다, 부도덕하다 등은 무의식의 차원에서는 어떤 중요성도 갖지 못한다. 중요한 것은 그 술어의 주어로 등장해 있는 대상, 곧 성충동이고, 주체가 그것에 대해 말을 하고 있다는 사실이다. 이 경우 금지에 대한 담론으로서의 억압은 오히려 금지되고 있는 것을 부양하는 매체가 된다. 여기에서 한발 더 나아가면, 금

한국인의 가치, 해체에서 재구성으로

지(성충동에 대한 억압)는 불가능한 것(근친상간)에 대한 접근을 차단함으로써 욕망을 자유롭게 한다는 라캉의 논리가 가능해진다. 근친상간에 대한 진짜 욕망은 불가능한 것이며, 그에 대한 현실적인 욕망이 존재한다면 그것은 엄마가 아닌 여자 혹은 아버지가 아닌 남자에 대한 것으로서만 그럴 수 있을 뿐이다.

억압은 그 밑의 위험한 힘으로부터 주체를 보호하는 것이기도 하지만 동시에 그 힘 자체가 일시적 분출로 소진되어 버리는 것, 그리고 실재의 맨얼굴이 전면으로 드러나는 것을 막아 주는 역할을 한다. 억압된 힘들은 증상을 통해 존재하며 억압 너머로 스스로를 드러낸다. 억압된 것들의 귀환이 섬뜩함Unheimliches 속에서 이루어지는 것은, 그것들이 일그러진 모습으로, 곧 왜상anamorphosis으로 드러나기 때문이다. 그것은 괴물성이 지니고 있는 이물감과 같은 차원에 있다. 외설적이고 기이하고 숭고한 것들, 미와 추 사이의 긴장으로 팽팽하게 당겨져 있는 상태의 존재들.

기독교 교리의 독특성을 논하는 자리에서 지적은, 그리스도의 괴물성Ungeheures에 대한 헤겔의 언급을 끌어왔다.[10] 기독성에 대한 헤겔의 기본 질문은, 왜 신과 인간의 화해가 직접적으로 이루어지지 못하는가, 왜 그리스도라는 매개가 필연적인가 하는 것이다. 헤겔주의자의 입장에서 지적은 정립하기positing와 전제하기presupposing의 변증법이 그 답이라고 했다. 그것은 신과 인간 사이의 상호의존성, 개념의 상호반영성을 지칭하는 것으로서, 필연과 우연의 관계에 의해 좀 더 쉽게 설명될 수 있다. 신의 자리에 놓여 있는 필연은 우연이라는 매개 없이 자신을 증명할 수 없다. 필연은 우연적인 것처럼 보였던 것들의 내적 질서가 파악되는 순간에만 자신의 실재성을 드러낼 수 있다. 곧 우연이 없다면 자신을 표현할 방법이 없는 필연은 따라서 우연에 의존적인 것이 된다. 그렇다면 우연은 어떤가. 그것은 필연의 범주 바깥에 있는 것으로서 아직 그것의 필연성이 드러나지 않은 어떤 것, 즉 잠재적 필연일 뿐이다. 필연과 우연의 이러한 관계는 신과 인간의 관계로 치환된다. 필연이 우연에게 그렇듯 신도 인간에게 의존적이다. 신은 자기 자신이기 위해 인간을 필요로 하는 것이다. 그렇다면 신이 직접 인간을 향해 다가가면 되지 않는가. 무엇 때문에 그리스도라는 매개가 필요한 것인가. 육화된 신으로서의 그리스도, 인간의 모습으로 고통 받는 신이라는 기이한 부조화와 부적절함과 모순성 자체가 그 일차적인 대답의 자리에 놓여 있다. 헤겔은 그런 그리스도의 모습을 괴물적인 것이라고 표현했다. 필연이 스스로를 증명하기 위해서는 우연의 모습을 하고 나타나야 하는데, 그 괴물성은 그런 전도의 대가라는 것이다.

지젝은 여기에서 한발 더 나아가, 고통 받는 신으로서의 그리스도의 모습 속에서 물신주의적 환영이 지니는 수행성을 지적했다. 그것은 그리스도의 괴물성이 지니고 있는 또 하나의 측면이다. 그러나 이 괴물성은 인간의 관점에서 바라볼 때가 아니라 신의 관점에서 바라볼 때, 좀 더 정확하게 말하자면 인간의 관점을 취한 신이 자기 자신을 바라볼 때 생겨나는 어떤 것이다. 지젝은 이런 사정을, "헤겔에게 그리스도의 육화란, 신이 자신을 인간에게 접근가능한 / 가시적인 것으로 만드는 움직임이 아니라, 신이

(일그러진) 인간의 관점에서 자기 자신을 바라보는 움직임이다"라고 했으며 더 나아가, "예수는 신의 '부분대상'이자 자동화된 신체 없는 기관이어서, 흡사 신이 자기 머리로부터 눈을 뽑아들고 외부로부터 자기 자신을 바라보는 것과도 같다"[11]라고 썼다. 그런 관점에서 볼 때 헤겔이 왜 그리스도의 괴물성에 대해 주장했는지를 이해할 수 있게 된다는 것이다. 절대적 초월자로서의 신이, 자기가 신이라고 주장하는 바보 같고 우스꽝스러운 인간의 모습을 하고 나타나는 것 자체에 내재해 있는 기이함은, 객관정신으로서의 신성을 파괴해 버릴 수도 있다. 그런 육화 자체가 절대자로서의 신 자신의 불완전성을 증거하는 것이기 때문이다. 그럼에도 고통 받는 신(이것은 그 자체로 이율배반이다)의 형상이 수행성을 발휘하여 사람들의 마음속에서 신성한 정신(즉 성령)으로 살아난다면(그것이 곧 절대정신의 개념이다), 신은 자기 자신을 불완전한 우연성의 자리로, 믿는 사람들의 결사에 의해 채워지기를 요구하는 공백 속으로 옮길 만한 이유를 발견한 셈이다.

이와 같은 물신주의적 환영이 지니고 있는 수행성은, 현재의 우리 앞에 거대하고 탐욕스러운 인질범으로 등장하고 있는 금융자본의 괴물성에도 동일한 방식으로 적용된다. 이번에는 신과 인간이 아니라 자본과 인간 사이의 화해에 관한 드라마다. 그것을 포착하는 시선은 신-자본의 자리에 있다. 그 자리에서만 괴물성이 드러난다.

잉여의 창출을 통한 자기 증식을 목적으로 하는 자본은, 교환과정 속에서만 자신의 본성을 실현할 수 있다. 그러므로 여기에서 상품이라는 교환의 매개는 필수적이다. 마르크스가 정식화한 '자본(G)—상품(W)—잉여(G)' 라는 자본의 변태 과정은 그대로 '성부—성자—성령' 의 삼항조에 해당하며, 여기에서 두 번째 항인 괴물—그리스도의 자리에 놓여 있는 것이 상품인 것이다. 하지만 구매자의 시선으로 보면 상품의 괴물성은 포착되지 않는다. 그것은 자본의 관점에서만 포착될 수 있다. 사람의 관점에서 본 그리스도는 죄 많은 유한자들을 구원하기 위해 신의 지위를 포기한 채 더럽고 누추한 인간의 몸을 입은 거룩한 존재다. 그와 마찬가지로 구매자의 입장에서 보자면 상품은 자기 안에 구현되어 있는 사용가치에 대한 약속이며, 그 약속의 누적이 풍요로운 삶에 대한 기대를 구현하고 있는 대상이다. 구매자들의 돈은 바로 그 기대를 위해 지불된다. 그러나 신—자본의 관점에서 볼 때는 어떠한가. 절대자인 신이 유한자의 육체를 입고 고통 받고 죽음을 당한다는 것(죽을 수 없는 신이 고통 속에서 죽는 척한다는 것)은 우스꽝스러운 광대의 짓이 아닐 수 없다. 신이 자기 자신을 바라보는 관점에서 보자면 그렇다는 것이다. 믿는 사람들의 마음속으로 성령이 임재하기 위함이라는 불가피한 이유가 있다 하더라도, 절대자에게 유한자의 육체성은 어색하고 우스꽝스러운 의장에 불과할 뿐이다. 어떤 이유를 대더라도 그 사실은 달라질 수가 없는 것이다. 상품의 경우도 마찬가지다. 자본의 눈으로 볼 때 상품은, 그것이 표현하고 있는 사용가치의 약속과는 아무 상관이 없으며, 잉여를 만들어 내기 위해 가능한 한 빨리 벗어 버려야 하는 옷에 불과하다. 그 변신의 과정이 빠르면 빠를수록 많으면 많을수록 잉여는 더 많이 축적된다. 그러므로 신-자본에게 중요한 것은, 사람들의 마음속에서 생겨날 성령-잉여의 모습으로 거듭나서 저 순결하고 투명한 신-자본의 신체로 귀환하는 일이다.

자본이 지니고 있는 이 같은 본성을 가장 직접적으로 드러내고 있는 것은 금융자본이다. 그것의 괴물성은, 자본의 이와 같은 변태 과정에서 산업자본이 제공하는 상품의 환영, 즉 사용가치라는 환영조차 생략하려 한다는 데 있다. 금융자본이 궁극적으로 원하는 것은 상품의 매개 없이 자본에서 잉여로 곧바로 나아가는 것이다. 물론 그것은 금융자본뿐 아니라 모든 자본의 희망이기도 하다. 그렇다면 여기에서 풍요라는 환영조차 사라져 버린 것인가. 금융자본이 제공하는 금융(파생)상품은 구체적 사용가치의 약속을 포함하고 있지 않다는 점에서 투명한 상품이다. 구체적 쓸모를 포함하고 있지 않다는 것은 특정한 쓸모에 한정되지 않은 채 어떤 사용가치의 약속으로도 변형될 수 있음을 뜻하며, 그런 점에서 금융(파생)상품은 육탈한 상품이자 상품의 영혼이며 상품의 진리다. 그것은 산업자본의 생산품처럼 구체적 사용가치의 생산이라는 혹은 자본의 육화라는 지저분한 변태 과정 없이 직접적인 수익률로, 신의 언어로 말을 한다. 요컨대 금융상품은 상품 일반이 지니고 있는 가식과 속물성을 거부해 버린, 교환과 잉여의 직접적인 현시의 산물인 셈이며, 그러므로 그와 같은 괴물-상품이 지니고 있는 환영은 속물-상품이 제공하는 환영보다 순도 높고 직접적이며 강렬하다. 그것은 조리나 소화 과정 없이 직접 혈관에 투입될 수 있는 약물과도 같다. 괴물-상품은 그런 점에서 어떤 가식도 이중성도 없는 순수한 상품이며, 그것이 지니고 있는 순도 높은 신체는 속물-상품의 진리에 해당된다. 그 괴물성을 통해서야 비로소 우리는 신의 나라에 도달하게 되는 것이다.

글로벌 거대금융자본의 괴물성은 이 순수 상품의 증강된 표현이다. 속물-상품의 육체 내부에 억압되어 있던 자본의 신성이 직접 증상으로 귀환했다. 억압된 것의 귀환이 뿜어 내는 엄청난 위력이 단지 환영에 불과한 것이라면 무척이나 다행스러운 일이다. 하지만 그 환영이 지닌 위력은, 화폐 자체가 지니고 있는 물신주의적 환영의 수행성을 바탕으로 한다. 문제는 그것이 단순한 허상이 아니라는 것이다. 사회적 약속으로서의 신용은 초감각적 존재이지만 그것의 작동은 매우 구체적이고 물질적이다. 등락을 지시하는 자본과 금융 시장의 그래프는 신용의 지표이면서 또한 '시장'이라는 말로 표현되는 사람들의 불안의 지표이지만, 그것은 동시에 매우 구체적인 화폐의 액수로 표현된다는 점에서 실제적이다. 신용이 결코 허깨비나 허상에 불과한 것이 아님은 2008년 금융 위기 이후의 세계가 실감하고 있는 것이다. 신용의 시장이 교란되면 시장의 신용이 무너지고 나아가 시장과 함께 공장이 무너진다. 문제가 되는 것은 유동성일 뿐 실물경제는 탄탄하다는 식의 주장이 이런 상황에서 얼마나 무력한 것인지를, 1997년의 한국 사람들은 생생하게 목격했었다. 경제는 너저분한 실물에 의해서가 아니라 신용이라는 에이도스eidos에 의해 움직인다는 것을 이제는 너무나 많은 사람들이 알아 버렸다. 21세기로 접어들면서 용출하는 글로벌 금융 위기를 바라보며, 여러 나라의 실물

경제를 위기에 빠트리는 금융자본의 놀라운 위력 속에서 우리가 어떤 괴물성을 발견하고 있다면, 그때 우리는 이미 우리 자신의 눈을 뽑아들고 외부로부터 우리 자신을 바라보고 있는 것이다.

5. 괴물성의 서사와 그 윤리적 계기

우리가 잘 알고 있으면서도 놓치곤 하는 것, 그것은 괴물성이 실체가 아니라 하나의 계기로 사유되어야 한다는 점이다. 특정한 괴물을 없앤다고 괴물성이 사라지는 것은 아니다.

현재 우리가 목도하고 있는 금융자본의 괴물성은 상품 형식과 시장 경제 자체가 지니고 있는 속성의 반영이며, 이는 위에서 언급한 바와 같다. 그러나 그 속성이란 또한 금융자본을 통한 사물화 없이는 쉽게 나타나지 않는 것이기도 하다. 그것은 마치, 신이 있어 그리스도의 괴물성이 존재할 수 있으나 반대로 그리스도의 괴물성이 없다면 신도 성령도 존재할 수 없는 것과 같다. 상품 형식이나 시장 경제가 부정되지 않는 한, 금융(파생)상품을 통해 현시되는 금융자본의 괴물성은 불가피한 것이 된다. 그 괴물성은 가장 순수한 형태의 자본주의의 모습이기 때문이다. 금융자본으로 대표되는 괴물적인 형상은, 상품 형식 자체에 내재해 있는 상반된 벡터의 힘(상품이 구현하고 있는 구체적 사용가치의 약속과 그것을 배제해 버린 증식의 순수한 매개체로서의 속성. 이 둘은 상품을 바라보는 자본가와 소비자의 상이한 시선에 의해 만들어지는 것이다. 둘의 차이는 또한 상품 속에서 구현된 욕망과 충동의 라캉적 차이로 이해될 수 있다)을 묶어 주는 매듭처럼 존재하고 있거니와, 여기에서 중요한 것은 그 괴물성을 실체가 아니라 계기로서 사유해야 한다는 점이다. 그것을 실체화하여 제거하려는 순간 우리는 신용과 자유 시장이라는 체계 자체까지 제거되는 순간을 맞아야 하기 때문이다.

괴물이 단순히 우리에게 낯설고 위협적인 어떤 외부적 실체일 수 없음은 우리 시대의 문화적 생산물들이 이미 보여 주고 있다. 여기에서 괴물의 상은 객관적인 것에서 주관적인 것으로 이행해 왔으며 마침내 주체 그 자체가 괴물로 등장한다.

다양한 서사의 형태로 등장하여 종국적으로는 할리우드 공포 영화의 주인공이 된 괴물들이 있다. 드라큘라와 미라, 프랑켄슈타인의 괴물 같은 전통적 공포의 대상들은 괴물성의 객관적 계기에 해당된다. 우리 밖에 존재하는 이런 괴물들은, 그 외부의 객관적 시선에 의해 포착될 때에만 그에 합당한 괴물성을 지닐 수 있다. 외부에서 바라보는 시선에게 괴물성이란 이해되지 않는 낯선 것, 자신을 위협할지도 모르는 어떤 거대하거나 강력해 보이는 것을 뜻한다. 따라서 그것은, 기본적으로는 유적 존재로서의 인간이 지니고 있는 자신과 다른 힘센 것에 대한 공포의 투사물이되, 상황과 맥락에 따라 구체적인 형상은 언제든 교체 가능한 것이다. 괴물이라는 말로 지칭되는 것은, 초자연적 위력들에서부터 냉전 시대의 소련이나 9.11 이후의 이슬람 세계에 이르기까지, 사회적·정치적 맥락에 따라 언제든 바뀔 수 있다. 요컨대 중요한 것은 괴물의 구체적이고 특정한 상이 아니라 그런 상을 괴물이게끔 하는 자리의 역할, 내적 공포의 외적 투사체라는 텅빈 형식의 기능이다. 그 자리가 괴물성을 만들어 내는 것이며, 그것의 구체적인 형상들은 언제나 교체 가능한 것으로 존재하고 있다.

따라서 괴물성의 자리가 사라지면 괴물들도 사라진다. 할리우드 영화 속에서 객관적 괴물들은 그렇게 사라져 갔다. 공포감의 투사체일 때에만 괴물일 수 있으므로, 괴물들을 사라지게 하는 방법은 간단하다. 괴물을 포착하는 시선을 외부에서 내부로 이동하는 것으로 족하다. 시선의 이동을 통해 사라지는 것은 객관적 규정으로서의 괴물성이다. 이를테면 악마 흡혈귀의 대명사 드라큘라를 내부의 시선으로 바라본다면 어떤 일이 벌어질까. 〈드라큘라〉(프란시스 코폴라, 1993) 같은 영화가 그 대답의 자리에 놓여 있다. 주관적 시선으로 바라본 드라큘라는 어떤 모습인가. 여기에서 드라큘라는 미지의 악마가 아니라 누구라도 그런 상황이었다면 그럴 수밖에 없었을, 감정이입이 가능한 존재로 바뀐다. 자기 자신의 시선으로 본 것이므로 그런 결과는 당연하다. 나아가 드라큘라는 낭만적 사랑의 핵심적 기율을 실천하는 멜로드라마의 감동적인 주인공이 된다. 드라큘라라는 겉모습은 동일하되 그 내용성은 정반대가 되는 것이다. 여기에서 한발 더 나아가면, 일상적인 모습으로 우리 주변에서 살아가는 21세기의 흡혈귀들의 모습이 등장한다. 〈트와일라잇〉(캐서린 하드윅, 2008)에서와 같은 21세기의 뱀파이어들은 저주받은 악령-괴물이 아니라, 특이한 용모와 개성과 삶의 방식으로 인해, 평범한 일상 속에서 매력적으로 다가오는 하이틴 로맨스의 주인공이 되어 있다. 나아가 이런 존재들의 매력적인 이질성은, 그 내면과 진정을 포착해 주는 시선에 의해 일상적 질서 속에 자리 잡는 순간, 슈렉이나 아바타처럼 순수하거나 귀엽거나 친근한 존재로 바뀌기도 한다.

공포 서사의 문법에서 보자면, 시간이 흐르면서 사라진 것은 괴물성의 객관적 계기라 해야 할 것이다. 객관적 괴물들이 사라져 갈 때 그 자리를 채우는 것은 인간의 내부로 들어와 버린 괴물성, 즉 괴물성의 주관적 계기들이다. 그와 동시에 공포는 불안으로 바뀌고, 괴물이 등장하는 영화의 장르도 공포영화에서 점차 느와르나 스릴러로 바뀌어 간다. 〈에일리언〉(리들리 스콧, 1979) 시리즈는 그런 변화의 한 분기점을 보여준다. 외계의 괴물이 인간 몸을 숙주 삼아 지구로 들어왔다. 괴물은 객관적 존재이되 그것을 배양하는 것은 사람의 몸이다. 인간의 배를 가르며 안으로부터 등장하는 괴물의 모습은 내부화된 괴물을 가장 축어적인 상태로 보여 준다. 그 다음 차례는 내부와 외부가 결합함으로써 탄생하는 괴물의 모습이다. 주체의 변태 과정을 그린 〈플라이〉(데이비드 크로넨버그, 1986)와 같은 경우가 대표적인 예다. 한 과학자가 파리와 합성됨으로써 점점 파리-인간이라는 괴물이 되어간다. 실험실에서 벌어진 실수 때문이었다. 관객의 시선은, 괴물이 되어가는 자기 자신을 고통스럽게 바라보는 주인공의 시선과 정확하게 겹쳐진다. 괴물성의 원천은 여전히 외부적인 것(실험실 안으로 들어와 버린 파리 한 마리)이되 그것이 발현되는 것은 인간과 합성 과정을 통해서다.

그리고 여기에서 한발 더 나가면, 시선의 주체 자체가 괴물이 된다. 악령에 씌워져 자기 자신이 살인자인지 모른 채 자기 자신의 행적을 추적해 가는 탐정의 모습을 그린 〈엔젤 하트〉(알란 파커, 1987) 같은 영화가 그 경계 지점을 표현하고 있다. 여기에서 괴물성은 인간 자신이지만 그 인물에 의해 표현되는 내부는 여전히 악령이라는 외부의 존재에 식민화된 것이었다. 이 외부성만 제거되면 진정한 의미의 내부적 괴물성, 괴물성의 주관적 계기는 완성된다. 편집증과 단기기억상실증, 분열증 등과 같은 다양한 정신증의 세계가 그것이다. 〈파이트 클럽〉(데이비드 핀처, 1999)과 〈메멘토〉(크리스토퍼 놀란, 2001) 등이 대표적인 예이거니와 이들은 결국 기억과 자아 정체성의 문제로 귀착된다. 불안정한 상태의 자아 정체성은 나아가 조작과 왜곡과 재생산의 대상이 되기도 한다. 〈토털리콜〉(폴 버호벤, 1990)이나 〈매트릭스〉(워쇼스키 형제, 1999)에서 볼 수 있듯이, 인공적이고 가소적인 자아 정체성은 곧바로 자아만이 아니라 세계 자체로까지 확대될 수 있다. 정신을 플라스틱하게 만들 수 있는데 세계인들 그렇게 하지 못할 것이 없는 것이다.

이런 자리에서 보자면 공포는 물론이고 불안도 존재하기 어렵다. 세계를 관통하고 있는 허망함과 그것을 관조하는 시선의 스산함이 그 세계의 근본적인 정조다. 물론 〈토털리콜〉이나 〈매트릭스〉 같은 영화들은 액션 영화가 지니고 있는 신체 움직임의 격렬함과 선악 구도의 단순성을 무기로 그런 정조가 전면화되는 것을 막아 냈다. 하지만 악의 세력이 무너지고 액션이 끝났는데도 여전히 남아 있는, 불 켜진 객석에서 잔영처럼 맴돌고 있는 세계의 조작 가능성이라는 관념은 어떻게 할 것인가. 한번 의심의 대상이 되어 버린 자아와 세계의 안정성에 관한 한, 회복은 있기 어렵다. 그것은 한번 누설되어 버린 천기와도 같다.

주관적 괴물성은 자기 자신이 괴물임을 알지 못하고 있는 괴물들의 시선을 통해 무엇보다 효과적으로 드러난다. 한 젊은 작가의 단편 〈밤의 수족관〉(백수린, 《문학동네》 2011년 겨울)은 유명한 영화배우인 남편을 기다리는 아내의 독백으로 시작된다. 여자는 아이와 함께 남편을 기다리며 수족관을 구경하다가 아이를 잃어버렸다. 당황한 여자는 아이를 찾기 위해 수족관 사무실로, 지하철 역으로, 파출소로 이동한다. 독자들이 의지할 것은 이 여성의 독백밖에 없으므로 속수무책으로 이 여자의 행로를 따라가야 한다. 그러면서 차츰 의심하게 된다. 이 여성이 정말 아이를 잃은 것인지, 아이가 정말 있기나 한 것인지, 자기 주장처럼 유명한 스타의 아내가 맞는 것인지. 마지막 경찰관의 반응을 통해 비로소 우리는 한 여성의 망상 속을 헤매고 있었음을 알게 된다. 이 단편을 흥미롭게 만드는 것이 무엇인지는 명확하다. 일인칭의 독백에 의한 반전이라는 플롯과 그에 어울리는 문체가 없었다면, 유명한 영화배우를 좋아하는 한 여성 망상자의 이야기가 독자들의 눈을 잡아두기는 쉽지 않았을 것이다.

물론 이런 식의 반전 플롯은 흔한 것이 아니냐는 반문도 있을 수 있다. 애거서 크리스티의 《애크로이드 살인 사건》(1926)까지 거슬러 올라가지 않더라도, 흥행에서 성공하여 많은 반향을 불러

일으킨 할리우드와 한국의 비교적 최근의 영화들, 〈유주얼 서스펙트〉(브라이언 싱어,1995), 〈식스 센스〉(나이스 샤말란, 1999), 〈범죄의 재구성〉(최동훈, 2004) 등이 있었던 것도 사실이다. 그러나 여기에서 문제 삼고자 하는 것은, 반전 플롯 자체의 독창성이나 새로움을 따지는 일이 아니다. 여기에서 주목해야 할 것은 반전 플롯 자체가 우리에게 야기하는 순간적인 시선 이동의 경험이다. 여기에는, 의도적이건 아니건 간에 화자가 거짓말쟁이(정신병자, 범인, 유령)로 밝혀지는 순간, 그동안 유지되어 왔던 말의 질서에 생겨나는 균열과 그 균열이 청자에게 야기하는 정서적 파장이 있다. 말의 진실성이 동요하기 시작하면 화자와 말 사이의 분리가 생겨나고, 들려오는 말에 귀를 기울이던 착한 청자였던 관객과 독자는 분석적인 자세를 갖춘 채 말의 질서 속으로 재투입되며, 우리의 기억 속에 저장되어 있던 이야기들이 하나의 전체로서 반추되는 경험을 하게 된다(대개의 반전 플롯의 영화들은 이런 역할을 친절하게 대신해 준다). 그런 경험의 순간은, 하나의 사건 혹은 생애를 전체로서 반추하고 관조하는 시선이 탄생하는 순간이기도 하다. 진짜라고 생각했던 세계와 사건의 위조 상태가 드러나는 것에 대한 경험은 주체의 시선에 대한 강력한 반영적 계기가 되어 시선 자체를 변화시킨다. 세계의 진실성에 대한 동요가 주체의 시선의 동요로 이어지는 것이다.

주체의 시선에 생긴 동요는 불안정한 자아 정체성의 반영태다. 통합될 수 없는 자아, '비-전체not-all'의 모습으로 자기에게 드러나는 주체는 근대적 주체의 전형적인 모습이다. 1830년, 스탕달은 자신을 괴물로 느꼈던 스무 살 청년의 이야기를 발표했다. 《적과 흑》의 주인공 쥘리앵 소렐은 너무 똑똑하고 잘나서 목수인 아버지에게 미움을 받는 아들이었다. 재능 있고 잘생기고 자존심 강한 청년은 자신의 성격이 지시하는 운명의 길을 따라 파리의 귀족 사회 한복판에 진출했고, 후작의 사위가 될 수 있는 위치에 도달했다. 귀족의 딸과 결혼하기 위해 그는 신분 세탁이라는 선물을 받는다. 나폴레옹 시절에 자기 동네로 추방된 한 귀족의 사생아라는 것이 그에게 주어진 새로운 신분이었고, 소렐이라는 목수 아버지의 성 대신에 새로운 성을 받았다. 그것이 사실이 아님은 쥘리앵 자신이 잘 알고 있지만, 그는 그것을 정말 그랬음직한 일로 느끼게 된다. 그가 그동안 자기가 아버지에 대해서 느끼고 있었던 증오(그것은 목수인 아버지와 형이 그에게 보인 증오에 맞서는 것이기도 했다)를 상기하며, 만약 그 목수가 자기의 친아버지가 아니라면 그를 미워했던 자기도 더 이상 괴물이 아닐 수 있다고 생각한 것이다.[12] 말하자면 지금껏 쥘리앵은 목수 집안을 나와 가정교사를 하며 파리에까지 입성한 자기 자신을 괴물로 느끼고 있었다는 것이다.

쥘리앵이 지니고 있는 괴물성은 그러나 이런 주관적 차원에 그치지 않는다. 그는 삼중의 괴물이었다. 쥘리앵은 3년이 되지 않은 시간 동안 벼락출세를 했다. 그가 비록 특출한 영혼이었다 하더라도 자신의 능력이나 자질만으로 가능한 일은 아니었다. 그의 출세의 배후에 있는 것은 나폴레옹으로 상징되는 프랑스혁명이다. 밑바닥에서 출발하여 프랑스의 황제가 된 나폴레옹은 귀족의 시선으로 보자면 세계를 뒤흔들어 버린 괴물 그 자체다. 라몰 후작의 딸 마틸드에게 쥘리앵이 매력적일 수 있는 것은 그가 그런 괴물성의 표상이었기 때문이다. 귀족의 영양에게 재능 있는 평민 쥘리앵은 혁명기의 당통처럼 보였고, 평민임에도 귀족들에게 아부하지 않고 오히려 그들을 무시하는 듯 보이는 자존심 강한 모습 속에서, 귀족들을 단두대로 보낼 수도 있을 듯한 힘을 느끼게 했다. 쥘리앵을 경계하라는 젊은 남성 귀족들의 말에 대해 마틸드는, "당신들은 언제나 웃음거리가 될까봐 두려워하는군요. 불행히도 그것은 1816년에 죽어 버린 괴물인데 말이에요"(2권, 147쪽)라고 대답했다. 여기에서 괴물이란 워털루에서의 최종적인 패전으로 붕괴한 나폴레옹 체제를 말하는 것이지만, 괴물의 죽음이 괴물성의 종식으로 이어지는 것이 아님은 물론이다. 오히려 괴물의 죽음은 괴물성 탄생의 기폭제가 되는 것이라 해야 할 것이다. 쥘리앵 소렐은 그런 점에서 나폴레옹에 의해 표상되었던 괴물성, 즉 새로운 주체성의 한 실현자다. 소설 속에서 쥘리앵이 흠모했던 인물, 그가 자기 침대에 감추어 둔 초상의 주인공이 바로 나폴레옹이기도 했다.

쥘리앵의 괴물성은 그의 특이한 죽음으로 완성된다. 그는 출세에 대한 야심이 있었고 그것을 실현할 수 있게 되었다. 그런데도 그는 그것을 거부한 채 돌연 죽음을 향해 간다. 그 과정에서 진정한 사랑과 행복을 발견하게 되었지만 그것조차 거부한 채 죽음을 향해 간 것이다. 그래서 이런 결말은 서사 전체의 흐름으로 보자면 일종의 얼룩이자 증상에 해당한다. 이런 결말에 대해서는 다양한 해석과 논란이 가능할 것이다.[13] 그러나 하나 분명한 것은 쥘리앵이 그 자신이 누릴 수 있는 어떤 것—개인적인 입신양명은 물론이고 진정한 사랑의 충족감이나 행복감—과도 바꿀 수 없는 것으로서, 자신의 죽음을 선택하고 있다는 사실 자체다. 그로 인해 쥘리앵은 자신의 죽음의 방식을 스스로 선택했던 성스러운 인물들과 동일한 차원에 존재하게 되며, 소설의 결말은 기묘한 윤리적 색채를 띠게 된다. 자기가 죽을 자리를 스스로 선택하는 것이 오로지 전사나 성자만의 일은 아닐 수 있지만, 최소한 상인의 몫은 아니다. 출세와 성공을 향해 내달리다 돌연 죽음을 향해 가는 쥘리앵의 모습이 이해하기 어렵다면, 그것은 우리가 상인의 자리에 서 있기 때문이라 해야 할 것이다. 자기가 가지고 있는 것을 모두 포기한 채 오로지 죽음을 향해 달려가는 전사의 모습은, 상인의 입장에서 보자면 절대적 외부자이자 괴물에 다름 아니다. 그것을, 근대적 주체에서 발현되는 윤리적 계기의 한 극한이라고 할 수는 없을까.

쥘리앵의 마지막 모습 속에는 두 개의 괴물성이 중첩되어 있다. 자기 목표를 향해 달려가는 능력 있는 사내의 모습은 나폴레옹이 그랬던 것처럼 귀족들에게는 괴물로 다가왔고, 그렇게 달려가고 있는 주체의 모습은 무엇보다도 자기 자신에게 괴물이었다. 죽음을 선택하는 마지막 모습 속에서도 이 두 계기는 청산되거나 해소되지 않는다. 아버지에 대한 증오는 싸늘한 냉소로 바뀌고 자신의 결정과 의지에 대한 비타협적 자세는 더 한층 강화되니, 오히려 그 반대라 해야 할 것이다.

극단화된 욕망의 윤리 속에서 쥘리앵 소렐은 무엇보다도 결연하게 죽음을 향해 가는, 불안의 극복자로 등장한다. 그런 그의 모습이, 기이하고 이해하기 어렵고 그래서 대단하면서도 일그러진 것으로, 곧 괴물 같은 것으로 다가온다면, 그때 우리는 근대적 주체성의 자리에서 우리 자신의 한 극단을, 우리 윤리의 왜상歪像 amamorphosis을, 그 순수한 잠재태를 바라보고 있는 것이다. 그것을 바라보고 있는 시선의 주체는 이미 윤리적 계기로 충만해 있다. 괴물성은 그것을 발견하는 시선의 주체에 윤리적 계기를 부여하지만, 반대로 윤리적 주체의 시선에 의해서만 그 괴물성은 포착될 수 있기 때문이다. 좀 더 정확하게 말하자면, 어떤 대상의 괴물성을 발견하는 순간은 그 시선의 주체가 윤리적이었음을 발견하는 순간이기도 하다는 것이다. 그런 점에서, 쥘리앵 소렐의 괴물 같은 모습을 그려낸 《적과 흑》의 스탕달은 소설가로 변신한 칸트라고 해도 좋을 것이다. 그들은 모두 상인들의 세계에서 전사의 윤리를 요구하고 있기 때문이다. 이들의 세계에서 괴물성은 속물들의 진리이자 윤리적 계기로서, 속물의 세계가 동요할 때면, 그래서 자기 자신과의 사이에 틈이 만들어질 때면, 언제든 자신을 드러낼 준비를 하고 있는 어떤 것이다.

6. 도덕 대 윤리, 괴물의 미메시스

문학과 예술이 만들어 내는 미메시스적 환영의 세계는 괴물성의 온상이다. 괴물성을 포착해 내는 힘은 시선의 이동에 의해 확보되는 것이어서 그 자체로 윤리적인 속성을 지니게 된다. 이때 윤리란, 인간 일반이 지켜야 할 어떤 객관적이고 실정적인 원칙이라는 의미로 사용되는 도덕과는 거리가 멀다. 윤리는 오히려 그것을 돌파함으로써 생기는 어떤 것, 고정되고 굳어져 고체 상태의 당위로서 작동하는 도덕적 힘에 맞서는 순간 생겨나는 유동하는 힘이자 계기라는 점에서, 어떤 굳어진 내용성도 거부한 채 스스로를 진정성의 형식으로 고양하는 순간에만 살아 있을 수 있다는 점에서 오히려 도덕의 반대라 해야 할 것이다. 도덕과 반도덕적인 것이 부딪치는 순간 발생하는 것이 둘 사이의 긴장이자 파열로서 윤리 혹은 괴물성이라고 한다면, 그것이야말로 미메시스의 영역과 잘 어울리는 파트너일 것이다. 좋은 예술 작품 속에서 우리는 언제나 그런 힘을 확인하거니와, 여기에서는 최근의 두 편의 한국 영화의 예를 들어보자.

이창동의 영화 〈시〉(2010)의 마지막 장면은 매우 인상적이다. 손자의 치명적인 잘못을 대신 갚으려 하는 늙은 여성 양미자(윤정희 분)의 목소리로 시가 낭송된다. 〈아네스의 노래〉라는 제목의 시다. 미자의 중학생 손자와 그 친구들의 못된 행동에 시달리다 강물에 몸을 던져 목숨을 버린 여중생의 세례명이 아네스였다. 치매 초기로 일상적인 단어를 떠올리지 못하곤 하는 늙은 미자의 눈에는 세상이 그 죽은 혼의 슬픔으로 가득 차 있는데, 그러나 누구도 그 슬픔에 대해 합당한 책임을 지려 하지 않았고 제대로 속죄하려 하지도 않았다. 미자가 원하는 속죄는 바로 그 아네스의 시선과 동화되는 것, 그것을 미메시스 하는 것, 죽은 어린 여성의 눈으로 세상을 보는 것이다. 그것이 완전히 가능하기 위해서는 미자 역시 죽어야 하지만, 죽지 않은 채로 혼령의 시선에 가까이 갈 수 있는 방법이 있었다. 미자에게 그것은 아네스의 눈을 빌려 시를 쓰는 일이었다. 그 시 한 편이 마지막 장면에서 낭독되고 있는 것이다.

그러므로 미자가 써 낸 시 〈아네스의 노래〉에는 늙은 미자와 어린 아네스, 두 여성의 시선이 겹쳐져 있다. 영화의 마지막 장면은 시를 낭송하는 목소리를 늙은 미자에서 어린 아네스로 교체해 줌으로써 그런 겹의 시선의 존재를 좀 더 분명하게 드러내 준다. 그리고 시가 흘러나오는 동안 화면에는 그 두 여성이 살았던 소도시의 일상적인 장면들이 스케치된다. 아이들이 연립주택 앞에서 훌라후프를 돌리며 깔깔거리고, 배달 오토바이와 마을버스가 지나간다. 카메라는 중학교 교실과 아네스의 집을 거쳐 버스에 오르고 마지막으로는 아네스가 몸을 던진 강물을 향해 간다. 그 카메라의 시선이 아네스에게 빙의된 미자의 시선임에는 두말할 나위가 없다. 그런 겹의 시선으로 포착될 때, 좀 더 정확하게 말하자면 그것이 겹의 시선이었음이 드러나기 시작할 때, 범상하기 짝이 없었던 일상의 풍경들은 그것이 놓여 있던 자리에서 슬쩍 떠올라 자기 자신과의 간극을 드러냄으로써 그 어떤 절대성의 색채를 띠게 된다. 어린 나이에 세상을 버릴 수밖에 없었던 혼의 시선이 지켜보고 있는 앞에서라면, 어떤 일상도 그저 단순하고 평범한 일상일 수는 없는 것이다. 한 노인이 무심히 바라보고 있는 나무도 그냥 나무가 아니고, 그 나무의 무성한 초록도 그냥 초록이 아니다. 사소한 일상의 풍경들이 더 이상 사소한 것일 수 없는, 누군가 절실하게 사랑하고 그리워하는 것일 수 있는 어떤 것으로 나타나게 되는 것이다. 그 모든 것들이, 그 일상의 세계에 마지막 작별을 고하는 혼의 시선에 의해 유일무이한 존재로 바뀌면, 우리는 비로소 깨닫게 된다. 언제든 그 특별한 평범함의 세계가 우리 것이 될 수도 있다는 것, 우리는 그런 겹의 시선의 한복판에서 살아 움직이고 있다는 것, 바로 우리 자신이 걸어다니는 절대성이라는 것을. 이런 경험을 가능케 하는 것이야말로 영화라는 매체의 힘이거니와, 한 세계가 이런 겹의 시선에 의해 존재론적으로 채색되는 것을 보기 위해, 우리는 한 여자아이의 고통과 죽음이라는 사건의 끔찍한 괴물성(사태를 서둘러 봉합하려 하는 어른들과, 책임지고 뉘우치는 법을 모르는 남자 중학생들로 표상되는)을 감내해야 했다.

홍상수의 영화 〈북촌방향〉(2011)은 괴물이 아니라 속물의 세계를 그리고 있다는 점에서 이와 반대되는 지점에 놓여 있다. 그의 다른 영화들이 자주 그랬듯이 여기에서도 속물 바람둥이의 이야기가 펼쳐진다. 여성을 유혹하고 싶어 하면서도 책임지는 것을 겁낸다는 점에서, 그러면서도 결국 유혹하고 거짓 고백하고 합당한 책임을 지지 않으려 한다는 점에서 홍상수의 주인공들은 전형적인 속물이다. 〈북촌방향〉의 주인공은 속물 바람둥이 유부남 전직 영화감독이다. 그는 서울에 도착하는 첫 장면에서, 사고를 치지 않고 얌전히 집으로 돌아가겠다고 작정했다. 그러나 결국 이

틀 걸러 두 명의 여자와 자게 되었으니 얌전한 서울행은 되지 못했다. 이 영화에서 인상적인 장면은 후반부의 클라이맥스에서 등장한다. 성공한 바람둥이의 비애가 슬쩍 흘러나오는 대목이다.

서울에 온 지 사흘째 되던 날, 바람둥이는 여자를 유혹하는 데 성공했다. 바람둥이 남자에게 어울리(지 않)는 '착한 여자'였다. 바람둥이 남자는 여자와 하룻밤을 자고 뒷마무리까지 매우 성공적으로 마쳤다. 한 번의 만남으로 끝내자고 여자와 합의했고 자기 연락처를 알려주지 않는 데에도 성공했다. 여자는 그를 찾아올 수 없지만 반대로 그는 여자를 언제든 찾아갈 수 있는 조건이 된 것이다. 그러면서도 그것이 여자를 위하는 것인 척함으로써 여자에게 좋은 인상도 남겼고, 주제 아니게 인생의 선배 노릇까지 했다. 따뜻한 성품의 착한 여자는 그 모든 그의 말들을 가감 없이 받아들여 주었고, 추억 하나를 선물해 주어 고맙다는 말까지 건네 주었다. 바람둥이로서는 더할 나위 없이 성공적인 날이었다. 휘파람을 날리며 돌아나와야 어울리는 상황이다. 그런데 혼자서 골목길을 걸어 나오던 남자가 문득 멈추어 서고, 아무도 없는 골목임을 알면서도 몸을 반쯤 돌려 자기가 걸어나온 뒤편을 돌아다본다. 그곳에는 집의 입구만이 서 있을 뿐이다. 잠시 그렇게 돌아서 있던 남자가 다시 몸을 돌려 골목을 나온다. 그 표정이 카메라를 스쳐 지나간다. 밝은 표정은 아니다. 뭔가 잘못 되었다는 표정이다. 아무도 없는 골목길이었는데 그는 왜 멈추어 서서 돌아보았던 것일까. 뒤를 돌아보고 있던 순간 그는 무슨 생각을 했던 것일까. 그가 보여 준 그 정지 상태의 몸짓과 명확하지 않은 얼굴 표정은, 그에 대한 어떤 해석도 빨아들여 버리고 또한 그에 대한 수다한 언설을 낳을 수 있다는 점에서 텍스트에 찍힌 얼룩에 해당된다.

우리도 그 얼룩에 대해 말 한 마디 보태는 예의를 첨가해 두어야 하겠다. 그 장면의 해석적 스펙트럼은, 성공한 바람둥이를 찾아 온 회감의 순간이라는 한쪽 극단과 확신에 찬 괴물 바람둥이의 비장한 결의라는 다른 한쪽 극단 사이에 펼쳐져 있다. 그러나 그런 사정이야 어찌 해도 좋으리라. 여기에서 중요한 것은 그런 얼룩이 텍스트 속에 남겨져 있다는 사실이다. 텍스트 전체를 볼 때 그 얼룩은 비록 작은 점에 불과할지도 모른다. 그러나 그것이 그 속물의 세계에 미치는 영향과 파장은 만만치가 않아 보인다. 그 얼룩은, 물처럼 유연하게 이어지는 한 속물의 가소로운 행동의 흐름을 비록 짧은 순간이나마 정지시키고, 그럼으로써 삶의 의미의 새로운 조합의 가능성을 열어 주는 지점이기 때문이다. 홍상수의 필모그라피를 놓고 볼 때 그것은, 〈오, 수정〉(2000)이나 〈생활의 발견〉(2002) 같은 영화에서 터져 나왔던 어둡고 강렬한 유머의 자리를 대체하고 있는 것으로 보인다. 그렇다면 그것은 곧 속물의 세계를 뚫고 나온 괴물성의 자리라 할 수 있지 않을까. 속물들의 세계 속에서 삐져나와 버린 괴물성이라면 우리는 그것을 홍상수식 서사의 윤리적 계기로 간주해도 좋을 것이다.

홍상수의 속물들은 자신의 속물성을 다른 사람들에게 노출시키지 않고 있다는 점에서, 곧 그것이 드러나는 것을 부끄러워하고 있다는 점에서 전형적인 속물이다. 그러나 그것은 오로지 스크린 속의 인물에게만 그러할 뿐, 객석에 있는 우리는 감독 홍상수와 더불어 속물들의 저열함을 속속들이 바라보고 있다. 그 사실을 모르는 것은 영화 속 바람둥이들일 뿐이다. 〈북촌방향〉의 속물 바람둥이가 두 번째 여자에게 했던 말과 행동을 첫 번째 여자(이 둘은 같은 배우가 일인이역을 했다)가 보고 듣는다면 어떤 일이 벌어질까. 두 번째로 나타난 보살 같은 '착한 여자'가 어쩌면 그 모든 것을 알면서도 한 속물의 가증스런 위선을 받아 준 진짜 보살이라면 어떨까. 그것은 자신의 괴물성이 폭로되는 것이니 속물로서는 모골이 송연해질 일이다. 속물들을 대상으로 한 이런 외설적인 노출의 제의를 홍상수는 대중들을 상대로 벌여 놓고 있다. 그럼으로써 그는, 속물이란 괴물성을 둘러싸고 있는 얇은 막과 같은 것임을 보여 주고 있다. 그의 세계에서 시선의 이동은 스크린의 안과 밖에서 이루어지고 있으며, 그것을 통해 우리 세계가 옷을 걸치고 걸어다니는 괴물들의 세계임, 자기 자신이 무엇인지도 모르는 척하며(혹은 자기가 알고 있다는 사실을 모르는 채) 살아가는 괴물들의 세계임을 바라보게 된다.

두 편의 영화가 서로 다른 방식으로 보여 주고 있는, 괴물성이라는 계기가 지니고 있는 윤리적 속성은 매우 분명하다. 괴물성이 포착되는 순간은 속물의 자기 인식이 이루어지는 순간이다. 속물은 언제나 타자의 시선 아래에 있는 자기 자신을 발견하는 존재다. 저 혼자의 속마음을 들여다볼 때도 사정은 마찬가지다. 괴물은 물론 타자의 시선 같은 것은 아랑곳하지 않는다. 어두운 마음속에 괴물이 갇혀 있을 때는 별문제이지만, 그 괴물이 마음 바깥으로 튀어나와 세상을 활보하며 괴물짓을 하는 것을 정면으로 바라보는 것은 괴로운 일이다. 괴물성에 대한 미메시스는 그런 형상과 장면들을 우리에게 제공해 준다. 그 외설적인 장면들을 바라보며 당황하고 있을 때 우리는 윤리적 계기의 한복판에 있는 셈이다. 하지만 그런 괴물성이 있어 미메시스가 작동된다고 말해서는 곤란한다. 제대로 된 미메시스가 괴물성을 만들어 낸다는 것, 괴물성이란 일종의 발명품이라는 사실을 지적해 두자.

7. 서사의 윤리

우리의 일상을 위협하는 괴물성에 대해서라면 그것에 대한 직접적 대답은 아렌트적인 의미에서의 행위여야 할 것이다. 그것은 생존을 위한 노동이나 세계의 유지를 위한 장인들의 작업과 구분되는 것으로서,[14] 그것의 가장 직접적 표현은 한 공동체의 대의의 실현을 위한 정치적 참여로서 나타난다. 그에 대해서라면 수많은 당위적 언설들이 있을 것이되, 우리 시대의 그 주된 과녁이, 자신의 대립자를 잃어 버린 채 무한 팽창에 돌입한 자유주의적 힘이라는 데는 별다른 이론의 여지가 없겠다. 그것에 맞서기 위해서는 네이션을 만들어 낸 우애fraternity와 공화주의를 강화해야 한다는 것, 정치가 힘을 얻기 위해 필요한 것은 공학이 아니라 그것의 윤리적 계기라는 것 역시, 이제는 강조하지 않아도 충분할 것이다.

미메시스가 그런 의미에서의 행위가 될 수 있다면, 그것은 오로지 그 자체가 지니고 있는 윤리적 계기를 통해서만 그럴 수 있다. 미메시스는 한 대상을 베껴냄으로써 그 대상이 놓여 있던 자리로부터 그것을 들어올린다. 좀 더 정확하게 말하자면, 한 대상은 예술 작품 속에서 재현(혹은 표현)되는 순간 비로소 자기 자신의 자리를 드러내기 시작한다. 한 대상의 자리가 본디 이저저러한 모습으로 있었고 그러므로 우리는 그 자리를 향해 가야 한다고 말하는 것은 도덕주의의 오류(혹은 실체론적 오류)에 빠지는 것이다. 오히려 거꾸로 말해야 한다. 한 대상이 자기 자신과의 최소 차이를 드러내는 순간 그것이 있던 자리가 비로소 생겨난다고, 간극과 결여가 생겨나는 순간 그 자리는 거듭 새롭게 생겨난다고, 그러므로 그것은 고정된 당위의 자리가 아니라 그것이 동요하는 순간 잉태되는 어떤 것이라고. 한 대상과 그것의 자리 사이의 간극, 그 미세한 불일치는, 플롯을 통해서 혹은 시선의 이동을 통해서 혹은 살아 있는 괴물성을 포착해냄으로써 혹은 텍스트 속에 남겨진 얼룩들을 통해서 등의 방법을 통해 드러나거니와, 그것이야말로 미메시스의 일이다. 남들을 보는 시선으로 우리 자신을 바라보게 되는 것, 신이 그리스도를 보는 시선으로 우리가 우리 삶을 바라보게 되는 것, 우리 안에서 알력을 빚는 상인과 전사의 힘, 속물과 괴물의 장력을 생생하게 감수하는 것, 그럼으로써 우리 자신과의 최소 차이를 확인하는 것, 그것이 미메시스의 일이라면 서사의 윤리에 대해 무슨 말을 더 보탤까. 미메시스의 일이란 그 자체가 서사의 윤리여야 할 것이다.

[1] 이 광고는 연말연시용으로 제작되어 2001년 12월과 1월, 그리고 그 이듬해 12월과 1월에만 한시적으로 방영되었다. 광고 기획 당시, 부자되라는 말이 물질욕을 자극하는 것으로 비칠 수 있다며 부정적인 의견도 있었다고 한다. 《아시아경제》 2011. 7. 2,http://www.asiae.co.kr/news/view.htm?idxno=2011070117254568423

[2] Alain Badiou, *L'éthique*, 이종영 옮김, 《윤리학》, 동문선, 2001, 54쪽.

[3] Immanuel Kant, *Kritik der Urteilskraft*, 이석윤 옮김, 《판단력비판》, 박영사, 1974/1989, 131쪽.

[3] 칸트는 자유와 도덕법의 선후관계를 논하는 대목에서, 의인을 죽이기 위해 위증하기를 요구받은 사람의 예를 들었다. 위증하지 않으면 목숨이 달아나는 상황에 있다 하더라도 자기 목숨을 건지기 위해 다른 사람을 죽음으로 몰아 넣는 선택을 하기는 쉽지 않다는 것이다. 이와는 반대로, 자신의 색정적인 애착을 만족시키기 위해 목숨을 거는 일은 누구에게나 불가능에 가까운 일이라고 했다. 이 두 예로부터 칸트는 자유의지에 대한 도덕법칙의 우선성을 주장한다. 의지의 자유가 있어 도덕법칙이 확립되는 것이 아니라, 반대로 도덕법칙의 실재성을 통해 의지의 자유를 인식하게 된다는 것이며, 이런 주장으로부터 도출되는 것이, '너는 그것을 할 수 있다. 왜냐, 해야 하니까' 라는 명제이다. 색정과 목숨을 분리시킨 칸트의 이런 논리에 대해, 지젝은 라캉의 논리를 끌어와 색정이 지니고 있는 향락의 차원을 강조했다. 교수대 앞에서도 양보할 수 없는 정념이야말로 쾌락원칙을 넘어서서 작동하는 것이며, 그것이 도덕법의 이면으로서의 외설적 초자아를 드러낸다고 했다. 이것은 칸트의 윤리성이 지니고 있는 이면에 대한 지적이거니와, 현재 우리의 맥락에서 문제가 되는 것은 사람의 목숨이다. 즉, 어떤 경우에서건 윤리적 선택의 시금석으로 등장해 있는 것이 사

람의 목숨이라는 사실이다. Immanuel Kant, *Kritik der praktischen Vernunft*, 최재희 역 《실천이성비판》 박영사, 1975/2003, 32쪽; Slavoj Zizek, *For They Know Not What They do*, 박정수 역, 《그들은 자기가 하고 있는 일을 알지 못하나이다》, 인간사랑, 2004, 467~71쪽

[5] 주인 담론에 관한 라캉의 논의는 Alenka Zupancic, *Ethics of the Real*, 이성민 옮김, 《실재의 윤리》, 도서출판b, 2004, 23~4쪽.

[6] Immanuel Kant, 《판단력비판》, 96~7 및 144쪽.

[7] 《판단력비판》, 33쪽.

[8] Herbert Marcuse, *Eros and Civilization*, 김종호 옮김, 《에로스와 문명》, 양영각, 1982/1985, 서론 및 2장.

[9] Michel Foucault, *Histoire de la sexualité*, 이규현 옮김, 《성의 역사》 1, 나남, 1990/1996, 29쪽.

[10] Slavoj Zizek & John Milbank, *The Monstrosity of Christ: paradox or dialectic?*(Cambridge, MA: MIT Press, 2009), pp. 73~82.

[11] Slavoj Zizek & John Milbank, *The Monstrosity of Christ: paradox or dialectic?*, pp.81~82.

[12] 《적과 흑》에 등장하는 괴물이라는 단어에 주목한 논의는 피터 브룩스의 책에 상세하다. 이규식의 번역본 《적과 흑》(문학동네, 2010) 2권 355쪽에는 괴물이라는 단어가 의역되어 등장하지 않는다. Peter Brooks, *Reading for the Plot*, 박혜란 역, 《플롯찾아읽기》 강, 2011, 135~136쪽

[13] 브룩스에 요령 있는 기술에 따르면, 네 가지로 정리가 가능하다. 첫째, 자신의 괴물성을 자각한 쥘리앵 소렐의 자기 처벌 행위라는 것. 둘째, 자연스러운 결말을 거부했던 스탕달의 작풍과 관련되어 있다는 것, 셋째, 소설의 모델이 되었던 실제 이야기가 소설 속으로 뛰어들어왔다는 것, 넷째, 쥘리앵이 자기 플롯을 가진 존재였기 때문이라는 것. 위책, 137~147쪽

[14] Hannah Arendt, *The Human Condition*, 이진우 외 옮김, 《인간의 조건》, 한길사, 1996/2008, 4장.

가부장적 권위의 붕괴와
한국 사회의 혼란

홍정선

가부장적 권위의 붕괴와 한국 사회의 혼란

1. 베스트셀러 소설이 보여 주는 가부장적 권위의 현주소

한 사회가 안정적으로 유지되기 위해서는 반드시 다수의 사람들이 인정하고 따르는 권위, 다시 말해 자발적으로 복종할 수 있는 권위가 필요하다. 가족 단위에서 아버지의 말과 이 말을 따르는 자식들 사이에는 권위와 복종의 관계가 성립한다. 마찬가지로 정치적 지도자가 제시하는 목표와 이 목표를 인정하고 따르는 추종자들 사이에도 권위와 복종의 관계가 성립한다.

소속집단의 구성원들에게 커다란 영향을 미치는 사회적·정치적 권위의 경우 잘못 사용되면 엄청난 해악을 낳을 수 있다. 사람들은 일정한 권위체계에 속하게 되면 잘못된 권위에도 복종하는 속성을 가지고 있으며, 그런 모습을 우리는 히틀러 체제의 독일, 사회주의 체제하의 중국과 러시아, 유신체제하의 우리나라에서 확인한 바 있다. 그렇지만 사회적·정치적 권위의 부재와 권위에 대한 불복종의 확산이 한 사회의 핵심 구조까지 위협할 때 발생하는 혼란과 희생은 잘못된 권위가 야기하는 폐해를 능가한다는 점에서 사회적·정치적 권위는 일종의 필요악적인 측면 또한 가지고 있다.

1997년에 《아버지》라는 소설이 베스트셀러가 되면서 세간의 화제거리가 된 적이 있다. 통속적인 이야기로 사람들의 누선을 자극해서 베스트셀러의 대열에 오르는 것은 어제오늘의 일이 아니거니와 이런 점에서는 췌장암에 걸린 한 가장과 그의 가족들의 관계를 다룬 멜로드라마에 불과한 《아버지》라는 소설 역시 하등 다를 바가 없다. 그러나 이 통속소설에서 한 집안의 가장이 소설의 중심에 놓인 것은 사회학적 측면에서 관심을 가져볼 만하다. 그것은 이 작품에 대한 세간의 야단법석이 작품의 예술적 완성도에서 비롯된 것이 아니라 급격한 변화를 거듭해 온 우리 사회와 관련된 까닭이다. 이 소설의 상업적 성공은 지금 우리 사회에 번지고 있는, '아버지'의 위치와 역할에 대해 지나치게 책임과 의무만 강조하고 이해와 사랑을 주지 않았다는 동정적 여론의 확산과 분명히 밀접한 관계가 있다.

필자가 보기에 《아버지》라는 소설이 베스트셀러가 된 것은 한국의 가부장적 가족제도가 붕괴되는 과정이 만들어 낸 필연적 결과다. 이는 과거에 적어도 표면적으로, 제도적이고 관습적인 차원에서는 무소불위의 권력자였던 가장의 위치가 이제는 한 집안의 불쌍하기 짝이 없는 하인 위치로 전락해 버렸다는 세간의 인식과 관련되어 있다. 직장에서 시달리고 가정에서 소외받으면서도 묵묵히 가장의 역할을 수행하는 한국의 가장들을 더 이상 구박하지 말라. 그들은 과거와 같은 절대자가 아니라 희생양이다. 그러니 그들의 어깨에 다시 힘이 들어갈 수 있게 가정에서부터 감싸 주어야 한다. 이런 의식이 《아버지》라는 이 어눌한 소설의 통속적 사건과 문체에 흐르고 있으며 그것이 사람들의 관심을 끈 것이다. 다시 말해 이 소설의 판매고를 올리는 데에는 가부장의 권위가 붕괴되는 과정에서 필연적으로 제기되기 마련인 과거의 가장에 대한 향수와 현재의 가장에 대한 연민과 동정의 시선이 작용하고 있는 것이다.

따라서 우리는 《아버지》와 같은 소설에 공감의 눈물을 흘리며 나 역시 한심한 가장의 한 사람이라는 감상주의에 잠길 필요도, 현재보다는 과거가 역시 좋았다는 식의 복고주의에 잠길 필요도 없다. 그렇게 한다고 해서 다시 과거처럼 가장의 절대적 권위를 안락하게 보장받던 봉건적인 가족제도의 형태로 돌아갈 수 없을 뿐만 아니라 또 반드시 그렇게 되돌아가는 것이 바람직하다고 할 수도 없기 때문이다. 우리 사회에서는 아직도 전통적인 가족제도가 만들어 낸 관념들이라 할 수 있는 남성우월주의와 혈연, 지연, 학연 중심의 당파성, 그에 따른 공적인 권력과 지위의 사유화 등이 여러 가지로 심각한 부작용을 낳고 있으며 그것들을 제거하고 합리적인 의식을 바탕으로 한 가족과 사회를 건설하는 것이 훨씬 더 타당한 목표라고 할 수 있는 까닭이다.

과거 우리의 가족제도를 지배해 온 원리는 무엇이며 그것이 뒷받침 하던 가장들의 권위가 왜 어떤 이유에서 지금과 같은 왜소한 모습으로 추락했는지를 우리 문학 속에서 이해하는 일은 단순하게 문학작품을 이해하는 차원에만 머무르는 것이 아니다. 그것은 곧 현재 우리 자신의 모습을 올바르게 이해하고 바람직한 나아갈 방향을 가늠해 보는 행위이기도 하다. 그렇지 못할 때 우리는 가끔 변화를 부작용으로 이해하거나 부작용을 변화로 착각하는 오류를 저지르는데, 《아버지》라는 소설에 한때 우리나라 사람들이 보인 지나친 관심 역시 이런 점과 관계가 있다.

한국 사회는 오랫동안 가부장적 권위를 가족과 사회를 유지하는 중요한 가치로 인정해 왔다. 한 가족에서 아버지라는 존재가 가진 의미로 상징되는 가부장적 권위는 사회적인 관계에서도 동일한 형태로 나타났으며 우리는 그런 가부장적 권위의 여러 모습을 염상섭, 이상, 채만식, 김원일 등의 작품에서 읽을 수 있다. 이들 작가들의 작품에서 우리는 전통적인 가부장적 권위가 도전받고 의심받으면서도 그 효력을 여전히 유지하고 있는 모습을 읽을 수 있는 것이다. 반면에 김영하를 비롯한 최근 젊은 작가들의 작품에서는 가부장적 권위가 아예 실종되거나 붕괴되어 있는데, 이 같은 작품들의 출현은 새로운 권위로 전화하지 못한 채 효력을 상실해 가고 있는 가부장적 권위의 현주소를 말해 주고 있다. 필자는 앞으로 한국 문학에 나타난 가부장적 권위가 겪는 이 같은 변화를 통시적으로 간략히 살펴 볼 것이다.

2. 가부장의 권위에 대한 순응과 도전

우리 한국 소설은 고전소설로부터 현대소설에 이르기까지 가족 문제를 자주 소설의 중심 소재로 삼아 왔다. 그러나 이 같은 소설사적 맥락에서 주목할 점은 우리 소설들이 처첩간의 갈등, 고부간의 갈등 등은 자주 다루면서도 부자간의 첨예한 갈등은 오랫동안 거의 다루지 않았었다는 사실이다. 그것은 아마도 한국의 가족제도가 부자 중심이며, 이 제도를 지배하는 유교 이념에서 가장 중요한 덕목이 효孝 사상이었기 때문일 것이다.

그러나 염상섭의 《삼대三代》(1931)는 다르다. 1930년대를 대표하는 소설, 한국의 가족사 소설을 대표하는 소설인 《삼대》에는 부자간의 갈등이 상당히 노골적으로 드러나 있다. 이런 점에서 이 소설은 부자관계를 중심으로 하는 전통적인 가족제도의 붕괴를 알려 주는 한 징후라고도 할 수 있다. 그러나 동시에 이 소설은 아직은 가장 중심의 가족제도를 붕괴시키려는 힘보다는 지속, 재건하려는 힘이 훨씬 더 강하다는 사실 역시 확실하게 보여 준다. 작가가 이 소설을 통해 말하려는 것은 가족제도의 균열과 해체가 아니라 닥쳐 오는 그러한 징후에도 가부장적인 전통적 가족제도는 유지되어야 한다는 주장이다. 이 사실은 《삼대》를 주의깊게 읽은 독자들이라면 누구나 틀림없이 주목했을, 다음과 같은 아주 인상적인 장면에서 분명하게 드러난다. 임종을 앞둔 조부 조의관趙議官이 손자 조덕기趙德基에게 집안의 모든 권리를 물려주는 다음 장면을 보자.

공부가 중하냐? 집안 일이 중하냐? 그것도 네가 없어도 상관없는 일이면 모르겠지만 나만 눈감으면 이 집 속이 어떻게 될지 너도 아무리 어린애다만 생각해 봐라. 졸업이고 무엇이고 다 단념하고 그 열쇠를 맡아야 한다. 그 열쇠 하나에 네 평생의 운명이 달렸고 이 집안 가운이 달렸다. 너는 그 열쇠를 붙들고 사당을 지켜야 한다. 네게 맡기고 가는 것은 사당과 그 열쇠—두 가지뿐이다. 그 외에는 유언이고 뭐고 다 쓸데없다. 이때까지 공부를 시킨 것도 그 두 가지를 잘 모시고 지키게 하자는 것이니까 그 두 가지를 버리고도 공부를 한다면 그것은 송장 내놓고 장사지내는 것이다. 또 공부도 그만쯤 했으면 지금 세상에 행세도 넉넉히 할 게 아니냐.[1]

조부의 이러한 인상적인 발언 가운데서도 특히 인상적인 대목은 가장의 역할을 강조하는, "너는 그 열쇠를 붙들고 사당을 지켜야 한다"는 말이다. 가족사 소설 《삼대》의 핵심을 드러내는 이 말에서 열쇠를 붙들라는 것은 한 집안의 가장으로서 재산을 도맡아서 관리하라는 의미이고, 사당을 지키라는 것은 한 가문의 대표로서 족보族譜와 봉제사奉祭祀로 상징되는 일족의 융성과 번창을 책임지라는 의미이다. 그 막중한 가장家長의 책임을 조부는 장손인 덕기에게 모두 인계하는 셈이고 덕기는 그 책임을 별다른 반발 없이 묵묵히 이어받는다. 조의관이 막대한 돈을 들여 벼슬을 사고 족보를 꾸며 가며 일궈 놓은 조씨 가문을 이끌어갈 책임을 무책임한 아들이 아니라 책임 의식이 있는 손자가 이어받는 것이다. 그것은 그렇게 해야 할 정도로 가장의 위치가 중요한 자리임을 말해 준다.

《삼대》가 보여 주는 이 장면에서 우리는, 여기에 전통적인 한국 가족제도의 원리들이 작용하고 있다는 사실을 분명히 알 수 있다.

한국의 전통적인 가족제도에서 가장이 이끄는 집[家]은 개인보다 훨씬 중요한 의미를 지닌다. 위에서 조의관이 "공부가 중하냐? 집안 일이 중하냐?"고 손자를 야단치는 장면이 그 사실을 웅변한다. 집은 손자인 덕기 개인의 공부 문제를 넘어서서 한 가문의 시조로부터 시작해서 현재의 나를 거쳐 미래의 자손에 이르기까지 반드시 영속되어야 할 절대적 가치였다. 즉 집은 시조에서 후손으로 반드시 친자관계에 의해 무한한, 이어져 나가야 할 절대적 가치였던 것이다. 중간에 망하거나 끊어져서는 절대로 안 되는 것이다. "열쇠를 붙들고 사당을 지켜"라는 조부의 유언적 명령에는 그런 의미가 생생하게 들어 있다. 또한 집의 가치가 개인에 우선하기 때문에 조의관은 제사를 거부하고 가정을 돌보지 않는 아들을 건너뛰어 곧장 손자에게 일가를 다스리고 이끌어갈 가장의 권리를 넘겨 주는 것이다.

《삼대》라는 가족사 소설에서 알 수 있듯이 한국의 가족제도에는 몇 가지 특징이 있다. 그 첫째는 부부관계에 우선하는 부자관계이다. 영속되어야 할 집의 정신은 부자관계를 다른 관계들, 이를테면 부부관계 같은 것보다 우위에 놓도록 만든다. 둘째는 집의 통솔자로서 가장의 위치이다. 조상으로부터 이어받은 집을 자손들에게 올바르게 물려주기 위해서는 집의 구성원들 내부에 가장을 중심으로 한 위계질서가 확립될 필요가 있었던 것이다. 우리의 전통적인 가족제도에서는 반드시 제사를 주재하고 가산을 관리하며 가족들을 이끌어 나갈 대표자로서 가장이 필요했으며, 이 역할은 장남에게 부여되었다. 그리고 가족 구성원들은 가장을 중심으로 위계질서를 형성했던 것이다. 그 셋째는 개인은 독립된 인격체로서 평등한 인간이라는 생각이 아니라 초개인적인 집에 속해 있는 불평등한 인간이라는 생각이다. 지금은 많이 달라지긴 했지만, 우리는 6,70년대까지도 박봉과 열악한 근로조건에 시달리는 여공女工들이 악착같이 돈을 모아 고향으로 송금하던 모습을 많이 보아 왔다. 결혼까지 늦추면서 말이다. 가족을 위해 자신은 희생하더라도, 남동생을 공부시켜 집안을 일으키겠다는 생각이 자신을 희생하게 만들었으며, 또 개인의 그 같은 행위는 사회적으로 칭송의 대상이 되었던 것이다.

그렇지만 《삼대》는 이와 같은 전통적인 가족제도의 원리들을 충실하게 반영하고 있는 동시에 그러한 원리들이 새로운 서구적 제도와 문화의 유입 앞에서 미세한 균열을 일으키고 있다는 징후 또한 드러내 보이고 있다. 이 사실은 가문에 대한 할아버지의 집착이 아버지인 조상훈에게는 빈정거림의 대상이며, 그러한 아버지에 대한 할아버지의 증오가 주인공인 조덕기에게는 반드시 공감할 수 있는 것만은 아니라는 사실에서 알 수 있다. 조덕기는 기독교인이 되어 봉제사를 거부하면서 다른 한편으로는 가출해서 축첩 행위를 하고 집에 손을 내미는 무능한 아버지의 입장보다는 인색하고 고집불통인 할아버지 편에 가깝지만, 그가 맡을 가장의 역할은 할아버지와는 다를 것이라는 사실을 분명하게 예고하고 있기 때문이다. 그는 가장의 역할을 떠맡으라는 명령이나 다름없는 조부의 요구 앞에서 그 자리를 자신이 불가피하게 감당해야 할 역할로 받아들이지만, 그의 개인적인 생각과 욕망은 할아버지식의 재산관리와 가족관리를 의심하고 넘어서려는 모습을 보여 주는 것이다. 이를테면 그가 사회주의자를 친구로 두고 가난한 노동자 모녀에게 연민의 정을 보이는 등의 행동은 새로운 시대에 그가 맡을 가장의 역할도 달라질 것이라는 사실을 암시한다.

1930년대에 씌어진 이상의 몇몇 작품들은 당시의 관념에서 볼 때 우리의 전통적인 가부장적 가족제도에 대한 혁명적 반란이었다. 그는 가문과 가족이라는 울타리를 개인의 자유로운 성장을 가로막는, 이미 시효를 상실한 봉건적 질서로 생각하고 가문 중심주의적인 윤리와 도덕으로부터 벗어난 새로운 인간이 되려 했다. 그는 그러한 질서를 "19세기적인" 것이라고 규정하고 자신은 20세기적인 인간이 되려는 몸부림을 여러 가지 방식으로 시도했다. 그렇지만 그의 그 같은 시도는 그 나름대로 철저했으나 결국은 거대한 풍속의 힘 앞에서 좌절될 수밖에 없었다. 그가 벌이는 일종의 자기기만적인 야릇한 장난과 제스처들은 이길 수 없는 싸움 앞에서, 자신의 날카로운 의식을 잠시나마 둔감하게 만들려는 시도들이었다. 이 사실을 이상의 시 〈문벌門閥〉이 여실히 보여 준다.

墳塚에계신白骨까지가내게血淸의原價償還을强請하고있다.天下에달이밝아서나는오들오들떨면서到處에서들킨다.당신의印鑑이이미實效된지오랜줄은꿈에도생각하지않으시나요─하고나는의젓이대꾸를해야겠는데나는이렇게싫은決算의函數를내圖章처럼쉽사리끌러버릴수가참없었다(이상의 〈문벌門閥〉 전문).[2]

위의 시는 전통적인 가부장적 가족제도에 대한 격렬한 공격과 부정이다. 살아 있는 가족들은 물론 무덤 속에서 백골로 누워 있는 조상들까지 온갖 예의를 갖춰 모시고 살아야 하는 당시의 풍속을 그는 "혈청血淸의원가상환原價償還을강청强請하고있다"고 비난한다. 그러면서 그 같은 풍속은 이미 지킬 가치가 없는 것이라는 사실을 "당신의인간印鑑이이미실효實效된지오랜줄은꿈에도생각하지않으시나요"라는 말로 선언한다. 이 같은 이상의 말투는 관혼상제를 비롯한 전통의식들에 대한 야유이며, 가문과 가족에 대해 무한 책임을 요구하는 당대인들의 사고방식에 대한 부정이다. 한 개인, 특히 가장이 짊어져야 하는 그러한 책임은 이상에 의하면 실효된 인감과 같아서 효력이 없는 것이며 "쉽사리 끌러" 팽개쳐 버려야 할 것이다.

그렇지만 이 같은 생각은 이상 혼자의 생각이었지 당대 사람들의 일반적 생각은 아니었다. 그래서 이상의 말투는 비록 과격하고 용감했지만 행동은 세상 앞에서 자꾸만 위축당했다. 그는 "천하天下에달이밝아서도처到處에서오들오들떨면서들킬"뿐만아니라, "이렇게싫은경산決算의함수函數를내도장처럼" 그렇게 "쉽사리끌러버릴수가" 도저히 없다. 당대의 가부장적 가족제도에 대한 이상의 공격과 투쟁이 그 과격한 말투에도 공세적이 아니라 수세적으로 느껴지는 것은 바로 이 때문이다. 그가 아무리 용감하고 의젓하게 선언을 하고 가문과 가족에 대해 무책임해지려고 해도 세상의 관념과 시선 앞에서 그는 의젓하게 무책임해질 수가, 당당하게 무책임해질 수가 없다. 이런 점에서 그는 당대의 가부장적 가족제도를 부정하면서도 자신이 바로 그가 부정하는 가부장적 가족제도의 포로임을 인정할 수밖에 없는 박제된 반항아였다. 그렇기 때문에 가난한 가족들에 대한 책임감과 면면한 애정이 깃든 〈가정家庭〉이라는 제목의 다음 시는 무능력한 가장이 가족들을 향해 하소연하는 아름답고 슬픈 참회록이 되고 있다.

門을암만잡아다녀도안열리는것은안에生活이모자라는까닭이다.밤이 사나운꾸지람으로나를좋른다.나는우리집내門牌앞에서여간성가신게 아니다.나는밤속에들어서제웅처럼자꾸만減해간다.食口야封한窓戶어 데라도한구석터놓아다고내가收入되어들어가야하지않나.지붕에서리 가나리고뾰족한데는鍼처럼月光이묻었다.우리집이앓나보다그리고누 가힘에겨운도장을찍나보다.壽命을헐어서典當잡히나보다.나는그냥門 고리에쇠사슬늘어지듯매어달렸다.門을열려고안열리는門을열려고(이 상의 〈가정家庭〉 전문).³

이상은 염상섭에 비해 훨씬 과격하게 당대의 가족제도와 윤리 규범을 거부한 사람이다. 그의 실제 삶은 어떤 측면에서는 당대의 풍속에서 볼 때 파격적으로 가장의 책임을 떨쳐 버린 반윤리적인 삶이었다. 그의 생활은 존경받고 품위있는 가장의 역할과는 거리가 멀었으며, 가족들을 성실하게 돌보는 생활과도 거리가 멀었다. 그렇지만 위의 시에서 볼 때, 이상은 누구보다 당대의 풍속이 요구하는 가장의 역할과 책임으로부터 의식적으로 해방되려고 노력한 사람이다. 그러나 실제로는 한 발자욱도 온전하게 도망가지 못

한 사람이다. 가족의 울타리 안에 필사적으로 끼어들려고 "문們을
열려고안열리는문們을열려고" 하는 시도에서 우리는 그 사실을
읽을 수 있다. 실제로 문이 안 열리는 것이 아니라 가족 앞에 당당
하게 나설 수가 없는 가장의 모습, 가족들을 가난에 방치한 죄책
감에 시달리는 가장의 모습을 우리는 그 시에서 너무나 절실하게
느낄 수가 있는 것이다(위의 시에서 화자인 '나'는 가장이다. '나'가
가장이라는 사실은 문패에 내 이름이 붙어 있다는 사실로 알 수 있다).
그뿐만이 아니다. "제웅처럼자꾸만감減해간다"는 말에는 가족에
대한 가장의 한없는 죄의식이 들어 있으며, "우리집이앓나보다"
라는 말에는 가족에 대한 깊은 연민과 사랑이 들어 있다. 가족의
울타리를 부수고 자유스러운 근대적 개인으로 홀로 서려 한 이상
의 시도는 일시적 관념이었지 결코 생활에서 실천할 수 없는 생각
이었던 것이다. 이렇듯 염상섭과 이상은 당대의 가족제도로부터
자유롭지 못했다. 그들의 작품에 그려진 가장의 모습은 그들이 상
이한 개성과 생각을 가진 사람들이었음에도 큰 차이가 없다. 그것
은 그들이 살았던 시대가 요구하는 가장의 모습에서 그들 역시 벗
어날 수가 없었다는 사실을 말해 주는 것이다.

3. 가부장적 권위의 해체, 붕괴 그리고 실종

이와 같은 한국의 초개인적인 가족·가문의식이 만들어 낸 가
부장적 가족질서를 크게 흔들어 놓은 사건은 1950년의 한국전쟁

이다. 한국전쟁은 이데올로기 선택, 인명의 살상, 피난민 생활 등을 통해 가장이 부재하는 가정과 경제력을 상실한 가장을 양산했으며 이를 통해 가부장의 권위는 심각하게 훼손되었다. 전후 소설에 자주 등장하는 이념 문제 때문에 아버지를 원수처럼 생각하며 자라나는 아들, 무능한 아버지를 한심하게 생각하는 가족, 가장의 역할을 떠맡아 힘겹게 자식을 키우는 어머니의 모습 등은 모두 가부장적 권위가 훼손되는 현실과 일정한 관련이 있다. 김원일의 《마당 깊은 집》(1988)은 이러한 문제들이 복합적으로 얽혀 있는 소설이다.

> 나는 일 환 한 장 없이 비어 있는 바지주머니에 두 손을 꽂고 약전골목 쪽이 아닌, 종로통 쪽 어두운 긴 골목길을 천천히 빠져 나갔다. 이제부터 나는 부모도 형제도 없는 고아라고 나 자신을 마음으로 매질했고, 한편 격려했다. 이제 어머니도 누나도 아우들도 영원히 찾지 않으리라. 길바닥에 얼어죽든 굶어죽든 내 발로 걸어 집에 들어가지는 않으리라. 어금니를 옹동 물고 이렇게 결심을 새기자 어느 사이 눈물이 흘러 내렸다. 주먹으로 눈물을 닦았다.[4]

《마당 깊은 집》에서 어머니는 이데올로기 문제로 사라진 아버지를 대신하고 있다. 그리고 장자인 '나'는 아버지를 대신하여 자식들을 무섭게 매질하며 키우는 어머니 아래에서 자라면서 고아라는 생각을 떨쳐 버리지 못하고 있다. 눈 앞에서는 사라졌지만 이념 문제로 가족들을 지긋지긋할 정도로 괴롭히는 아버지도, 끝

이 없는 매질로 자식을 다스리는 어머니도 '나'의 마음 한편에서
는 부모로 인정하고 싶지 않은 것이다.

　한국전쟁이 뒤흔들어 놓은 가부장적 가족질서를 근저에서부터
붕괴시키는 결정적 사건은 1960년대 중반부터 가속화된, 경제개
발로 대변되는 근대화와 기독교로 대변되는 외래문화의 유입이
다. 주지하다시피 한국의 집의식과 가족생활은 농촌 취락 사회와
밀접한 관련이 있었다. 가족단위로 자급자족 생활을 영위하며, 그
닫힌 울타리 안에서 효율적으로 노동력을 동원해야 했던 농촌 경
제체제와 뗄 수 없는 관계에 있었던 것이다. 그러나 상공업 중심
의 근대화와 도시화, 여기에 필수적으로 요청되는 인구의 이동과
개인주의 이데올로기의 확산은 종래의 집의식을 약화시키고 공동
체적인 가족생활을 붕괴시켰다. 또한 한국의 집의식과 가족생활
은 유교 문화와 깊은 관계가 있었다. 그렇지만 기독교로 대표되는
외래문화는 20세기에 들어와 급속하게 세력을 확대하기 시작하
면서 사람과 사람, 남자와 여자 사이의 관계를 바꾸고 전통적인
관혼상제冠婚喪祭의 방식을 파괴하거나 변형해 결과적으로 집 중
심의 가족질서를 해체하는 역할을 했다. 《삼대》에서 조의관이 얼
치기 개화주의자가 된 아들 조상훈을 미워하는 가장 큰 이유나,
다음에 이야기할 김원우의 〈추도追悼〉(1978)에서 가족들과 시집
온 며느리들 사이에 일어나는 미묘한 갈등도 바로 제례의식을 거
부하는 기독교 때문에 야기되고 있다.

　김원우의 〈추도〉는 한 가족의 제례의식을 통해 흔들리는 집의
식과 가부장적 가족제도를 여실하게 보여 주는 뛰어난 작품이다.

이 작품에 등장하는 가족 역시 앞서 염상섭의 소설처럼 삼대가 함께 사는 대가족이다. 그렇지만 앞의 경우와는 사정이 아주 다르다. 그것은 이 집에 권위를 지닌 가장이 없기 때문이다. 이 집에는 할아버지 세대와 아버지 세대라고는 오로지 여자들만 있다. 남자들은 손자 세대들뿐이다. 한 집의 중심이 되어 질서를 바로잡고 제례의식을 주도해 나가야 할 가장이 부재하는 집인 것이다. 그 빈 자리를 채워 주는 사람이 바로 할머니다. 젊어서 죽은 할아버지와 한국전쟁 때 행방불명이 되어 버린 아버지의 자리를 할머니가 채우면서 나이 어린 제주祭主들을 이끌고 제례의식을 주도해 왔던 것이다. 이 사실을 소설은 이렇게 말한다.

촛불을 밝히고부터 할머니는 제상祭床 앞을 떠나지 않고 내가 나르는 제기祭器들이 놓일 자리를 손수 선별하고 있었다. 어동육서魚東肉西나 동두서미東頭西尾쯤은 우리 형제가 다 알고 있는데도 당신은 제상의 양쪽 귀를 앉은 걸음으로 왔다갔다 하는 것이 제례祭禮를 두량斗量하는 것으로 간주하는 모양이었다.[5]

제례의식에서 할머니가 보여 주는 이 같은 버릇은 가장이 부재하는 자리를 오랫동안 대신해 온 사람만이 가질 수 있는 것이다. 이 점은 〈추도〉에서 다른 무엇보다 제례의식에 관여하는 방식에서 드러난다. 할머니는 제상을 차리는 법도에만 관여하는 것이 아니라, 여자들에게 허용된 범위를 넘어서 남자들의 일인 제례의식 자체에도 깊숙이 관여하고 있다. "한숨을 길게 내쉰 할머니가 수

저를 밥그릇 가운데 꽂았다. 그리고 나물 위에 얹힌 젓가락을 구운 고기 위에 놓으려다가 사슬 산적 위에 놓았다"라는 말이 그 같은 사실을 말해 준다. 가장이 정상적으로 제 역할을 해 온 집안이라면 여자들은 기껏해야 뒤늦게 뒷자리에서 절이나 몇 번 했을 것이다. 그런데 할머니가 제상의 앞머리에 나서서 이처럼 제례의식 자체에 끼어들고 있는 것은 노망기 때문이 아니라 가장이 부재하는 자리를 오랫동안 메워 왔기 때문일 것이다.

그러나 김원우의 〈추도〉에서 의사가장擬似家長으로서의 할머니의 위치는 《삼대》에서처럼 확고하지 못하다. 박씨 가문의 가족들은 할머니라는 상징적 가장을 모시고 일정한 위계질서를 형성하지 못하고 있는 것이다. 사정은 오히려 그 반대이다. 할머니의 위치는 제사 때마다 입버릇처럼 되뇌는 "이 상床이 마지막 상인가 싶구마는"이란 말처럼 위태롭기 짝이 없으며 조만간 역사 속으로 사라질 상태에 있다. 이렇게 된 데에는 물론 시대의 변화라든가, 박씨 가문의 남자들이 유약해서 집안의 질서를 잡지 못하고 마누라 눈치나 보는 사람이라든가 하는 이유도 작용했겠지만 소설에서 말하는 좀 더 근본적인 이유는 기독교이다. 제례를 주도하려는 할머니의 위치와 권위는 독실한 기독교 신자인 형수와 여기에 은근히 가세하고 있는 어머니와 아내에 의해 심하게 망가뜨려지고 훼손당하고 있는 것이다. 그 결과 이 집안의 제례의식에서는 할머니가 주도하는 유교적 의식과 형수가 주도하는 기독교적 의식이 내밀한 충돌을 일으키며, 전통적인 가부장적 질서하에 있는 집안에서는 감히 상상도 못할 풍경이 벌어지고 있다.

연신 입에서 웅얼웅얼하는 소리를 읊조리는 할머니가 제기의 자리를 바꿔 놓는 동작을 끝내자 손을 깍지 낀 형수가 기도를 하기 시작했고, 그 기도 소리는 할머니의 웅얼거리는 음성에 비해 너무나 크고 당당했고 또똑한 음향이었다. 뒤이어 찬송가도 두 곡씩이나 형수가 낭랑하게 선창을 했으므로 형 이하 우리 형제는 큰절을 못 하고 말았다.[6]

전통적인 제례를 고수하는 할머니와 기독교적인 간소한 의식으로 제례를 치르려는 형수 사이의 갈등이 여기에서 명백하게 드러난다. 그리고 이 갈등은 개인의 기질이나 성격이 일으키는 마찰이나 갈등이라기보다는 서로 다른 두 개의 문화가 충돌하며 빚어 내는 마찰과 갈등이며, 집의식의 붕괴와 가장의 권위 상실에 따른 마찰과 갈등이다. 그렇지만 〈추도〉에서 이 마찰과 갈등이 해결되는 방향은 명백하다. 그 방향은 형수의 기도 소리가 "할머니의 웅얼거리는 음성에 비해 너무나 크고 당당했"다는 말에 확실하게 나타나 있다. 할머니와 할머니로 대표되는 전통적인 가족의식은 이제 웅얼거리면서 역사 속으로 스러져 가는 모습을 하고 있는 반면, 형수로 대표되는 새로운 가족의식은 당당하게 그 목소리를 드러내고 있기 때문이다.

그런데 우리가 이 소설에서 가장 주목해야 할 것이 바로 이 부분이다. 역사 속으로 사라져 가는 할머니의 음성과 현실 속에서 울려 퍼지는 형수의 음성이 이루는 이 분명한 대비, 이 대비를 느끼며 소설의 화자는 대단히 쓸쓸해하고 있다는 사실이다. 할머니의 웅얼거리는 소리가 이승에서 사라질 때, 그때는 화자 집안의 제례 풍경도 형수가 주도하는 기독교적인 추도의 방식으로 완전히 바뀔 것이다. 이 사실은 마땅히 가장의 역할을 맡아서 가족을 통솔해야 할 형이 여자들 앞에 주눅이 들어서 "지방도 못 부치고 절도 없으니 제사가 이상하긴 이상하네"라는 무기력한 태도를 보여 주는 데에서도 분명하다. 그렇지만 이 소설의 화자는 필연적으로 닥칠 이 변화, 시대의 걷잡을 수 없는 변화를 충분히 예감하면서도 몹시 쓸쓸해하고 있다. 그러면서 소설의 마지막에서 "…… 우리 집안의 제례 풍습이 더욱 쓸쓸해질 것이라는 생각이 들었다. 역시 우리네 생활에는 늙은이가 당연히 필요할지도 모른다는 생각을 나는 동생 방에서 오래도록 되씹어 보았다"라고 말한다. 그러므로 〈추도〉는 이야기상 동생의 죽음을 애도하는 '추도'이지만 사실상 사라져 가는 우리의 전통적인 집의식과 가부장적 가족제도에 대한 소설가의 '추도'이며 만가輓歌인 셈이다.

김향숙의 〈비어 있는 방〉(1992) 역시 가족 사이에서 일어나는 문제를 다루고 있지만 김원우의 〈추도〉와는 뚜렷하게 구별된다. 〈추도〉의 화자를 사로잡고 있는 쓸쓸함이 할머니로 대변되는 전통적인 집의식과 가장의 권위 부재로부터 오는 것이라면 김향숙 소설의 여주인공을 사로잡고 있는 쓸쓸함은 남편과 자식들 그리고 자신에 대한 문제들로부터 야기되는 것이다. 이 사실은 먼저 가족 구성에서부터 뚜렷하게 드러난다. 〈비어 있는 방〉에서의 가족 구성은 〈추도〉처럼 대가족이 아니라 핵가족이다. 따라서 이 소설에는 전통적인 집의식 같은 문제는 이미 존재하지 않는다. 영속해야 할 집의 개념 같은 것은 가족 누구에게서도 찾아볼 수 없는 것이다. 〈비어 있는 방〉의 주인공 경윤을 사로잡고 있는 문제는 그런 것이 아니라 가족 상호간의 이해와 신뢰 문제이며, 실존적인 문제일 따름이다. "남편이나 딸 생각으로부터 놓여날 수 있다면 얼마나 좋을까" 하는 것이 경윤을 지배하는 생각인 것이다.

이런 점에서 〈비어 있는 방〉에서 생기는 갈등은 대가족을 전제하는 '집家'이라는 범주에서의 갈등이 아니라 핵가족을 전제하는 '방房'이라는 범주에서의 갈등, 그것도 부모와 자식이 이루는 좁은 개념의 가족 테두리 안에서 일어나는 갈등이라고 할 수 있다. 그러므로 여기에는 결혼해서 한 가족이 된 며느리들과 시집 사람들 사이의 갈등 같은 것은 애초부터 일어날 소지가 없다. 또 부모와 자식이 이루는 가족이기 때문에 이해관계에 얽힌 갈등이 끼어들 소지도 그다지 많지 않다. 이러한 김향숙의 소설에도 물론 전통적인 집의식이 만들어 낸 가치관이나 사고방식의 그림자가 전혀 없는 것은 아니다. 소설가 자신이 의식하고 있었건 없었건 간에, 이를테면 남편이 보여 주는 권위주의와 명령투의 말 속에 그러한 그림자를 찾을 수 있다.

나는 지금까지 내 몸을 돌보지 않으면서 일해왔어. 그런데…… 당신이나 자식들은 나한테 감사해하기는커녕 나로부터 멀어지려고만 하지. 내가 퇴직했다고 해서 가장의 자리에서도 물러나야 할 수가 없는 일 아니겠어?[7]

이와 같은 남편의 말투와 의식은 경윤이 한국의 가부장제에 깊이 물들어 있는 전형적인 가장이라는 사실을 여실히 보여 준다. 일반적으로 한국의 남자들은 집안에서 가장이 절대적 권위를 지니고 매사를 처리하는 것을 당연하게 여겨 왔다. 경제적인 능력이 미흡한 경우 아내에게 주도권을 뺏기는 일도 간혹 있지만 그런 일은 그다지 많지 않았을 뿐더러 있어도 드러내기 부끄러운 일이었다. 바깥사람인 가장은 밖에 나가 돈을 벌어오는 것이 당연한 일인 반면 안사람인 여자는 집에서 가정을 돌보며 남편을 얌전히 기다리는 것이 아름다운 일로 간주되었다. 따라서 경윤의 남편이 내뱉은 말은 한국의 가장이라면 누구나 할 수 있는 말인 셈이다. 그리고 남편이 경윤이 밖에서 혼자 돌아다니는 것을 노골적으로 힐난하는 "혼자 커피점에 갈 수 있으면 다음번에는 어디로 가고 싶어지는지 당신이 나보다 잘 알겠지"라는 말 역시 같은 맥락에서 이해할 수 있다. 집은 친자에 의해 무한히 이어져야 하며, 그러기 위해서는 남자의 방종한 행동에는 제약이 없지만 여자의 품행은 반드시 방정해야 한다는 것이 과거의 일반적 관념이었다. 이런 점에서 경윤의 남편 역시 가부장제에 물든 한국 남자들이 가지고 있는 일반적긴 생각, 여자와 옹기그릇은 밖으로 나돌면 깨어지기 마련이라는 생각으로부터 자유롭지 못한 것이다.

　　그러나 〈비어 있는 방〉에서 말하는 본질적인 문제는 한국의 집 의식이 만들어 낸 가부장제가 아니다. 가족 구성원들이 가장을 정점으로 만들어진 위계질서에 순응하며 사는 모습을 이야기하려는 게 아니다. 그런 단계를 뛰어넘어 김향숙 소설은 남편이 지닌 가장으로서의 권위의식이나, 여자에 대한 생각을 이제 개인이 가진 성격과 품성의 차원으로 이해하려는 작품이다. 다시 말해 가족간의 불화를 불만이 있어도 따라야 하는 제례의식과 같은 제도적 차원의 문제로 접근하는 것이 아닌 개인이 지닌 품성의 차원으로 접근하는 것이다. 김향숙의 소설이 한 집안의 가장을 참을 수 없는 남편, 참을 수 없는 아버지로 보여 주는 것이 그 사실을 말해 준다. 아내의 입장에서, 자식의 입장에서 참을 수 없는 남편, 참을 수 없는 아버지를 이야기하고 있는 것이다.

〈비어 있는 방〉의 주인공 경윤이 겪는 갈등과 외로움은 여기에서 생겨난다. 가족들을 수직적 위계질서가 아닌 동등한 인격체로 놓았을 때 남편의 행태는 참을 수 없으며 자신은 전혀 이해받지 못하는 외로운 존재라는 생각이 드는 것이다. 퇴직하기 전에는 직접 피부로 느끼지 못했던 남편의 의심, 단호한 말투와 차가운 눈빛, 사고방식 등을 곁에서 감내하기가 힘든 것이다. 그 결과 경윤은 "남편과의 생활에 아무런 변화가 생겨 주지 않는다면……"이란 고민을 거듭하고, 딸은 "아버지를 참을 수 없다며 집을 나가 하숙생활을 시작"한다. 김향숙의 소설은 이와 같은 점에서 볼 때 새로운 의식과 질서로 재편되어야 할 가족관계를, 아니 지금 진행되고 있는 가장의 역할과 의미의 변화를 우리 앞에 보여 주고 있는 셈이다.

김영하의 《오빠가 돌아왔다》는 과장된 코믹스러움을 가지고 있는 작품이란 것을 감안하더라도 대단히 충격적인 작품이다. 이 소설이 보여 주는 가부장적 질서의 붕괴는 유교적인 관념과 풍속이 아직도 그 잔재를 남기고 있는 현실에서 지금까지의 어떤 소설에서도 볼 수 없었던 경악할 만한 풍경으로 우리 앞에 다가온다.

오빠가 돌아왔다. 옆에 못생긴 여자애를 하나 달고서였다. ……아빠는
어처구니가 없다는 듯 둘을 바라보다가, 내 이 연놈들을 그냥, 하면서
방에서 야구방망이를 들고 뛰쳐나와 오빠에게 달려들었다. 오빠의 허
벅지를 노린 일격은 성공이었다. ……그러나 계속 당하고 있을 오빠는
아니었다. 아빠가 방망이를 다시 치켜드는 사이 오빠는 그레코로만형
레슬링 선수처럼 아빠의 허리를 태클해 중심을 무너뜨렸다. 그리고는
방망이를 빼앗아 사정없이 아빠를 내리쳤다. 아빠는 등짝과 엉덩이,
허벅지를 두들겨 맞으며 엉금엉금 기어 간신히 자기 방으로 도망쳐 문
을 잠갔다. 나쁜 자식, 지 애비를 패? 에라이, 호로자식아. 이런 소리가
안방에서 흘러나왔지만 오빠는 못들은 채 하고는 여자애를 끌고 건넌
방으로 들어가 버렸다. 물론 야구방망이는 그대로 든 채였다.[8]

한국 문학에서 좀처럼 마주치기 어려운 장면이다. 자신의 아버
지를 피 한방울 섞이지 않은 타인처럼 두들겨 패는 장면은 아마도
《무정》(1917)을 발표한 춘원 이광수를 가리켜 패륜아라고 공격하
던 시절의 사람들에게는 상상조차 할 수 없는 풍경일 것이다. 이
렇듯 지난 100여 년의 세월 동안에 한국 문학에 등장하는 아버지
의 모습은 많이 바뀌었다. 문학이 바뀐 것이 아니라 문학이 그리
는 한국 사회의 풍속과 인간관계가 무섭게 바뀌었는데, 그러한 변
모의 하나가 가부장적 권위의 붕괴라고 할 수 있다.

4. 무질서를 넘어서는 새로운 가족질서를 만들기 위해

필자는 앞에서 한국의 가부장적 권위가 점차 흔들리고 붕괴되는 모습을 몇 개의 작품을 예로 살펴 보았다. 한국 사회의 이 같은 변화는 1990년대 이후 더욱 가속화했는데, 그것은 아마도 사람들이 민주화에 대한 정치적 강박관념으로부터 벗어나게 된 것과 과거의 윤리와 질서가 무너진 자리에서 가장 큰 위력을 발휘하는 것은 돈이라는 현실과도 상관이 있을 것이다. 그렇다면 우리는 무엇을 해야 하는가? 우리가 지금의 현실에서 해야 하는 것은 《아버지》와 같은 소설에 대해 공감하며 나 역시 권위를 상실한 가장의 하나라는 감상주의에 잠기는 것도, 현재보다는 과거가 역시 좋았다는 식의 복고주의에 잠기는 것도 아니다. 그렇게 한다고 해서 다시 과거처럼 가장의 절대적 권위를 안락하게 보장받던 봉건적 가족제도를 재건할 수 없을 뿐만 아니라 또 그것이 바람직하다고도 할 수 없다. 우리 사회에는 아직도 전통적인 가족제도가 만들어 낸 관념들이라 할 수 있는 남성우월주의와 혈연, 지연, 학연 중심의 당파성, 그에 따른 공적인 권력과 지위의 사유화 등이 여러 가지로 심각한 부작용을 낳고 있으며 그것들을 제거하고 합리적인 의식을 바탕으로 한 가족과 사회를 건설하는 일이 훨씬 더 타당한 목표라고 할 수 있는 까닭이다.

지금 우리가 살고 있는 한국 사회에서는 집과 가족과 개인에 대한 전통적인 관념들이 새로운 관념들로 하루가 다르게 바뀌어 가고 있다. 특히 최근 30년 동안에 일어난 변화는 엄청나게 크다. 그렇지만 아직도 한국 사회는 가족제도에서 대체로 성불변性不變 동성불혼同性不婚, 이성불양異性不養의 원칙을 지키고 있다. 다시 말해 남성 중심의 혈통 계승과 재산 상속을 당연시하고 있다. 이 같은 가부장적 전통이 존속되고 있는 다른 한편에서는 그러나 어디에도 튼튼하게 소속되어 있다는 생각을 가지지 못한 고립되고 외로운 개인의식이 무서운 속도로 번지고 있다. 이와 같은 변화는 앞으로 한국 사회와 한국 문학에서 우리가 지금까지 보아 왔던 가장상과는 또 다른 모습의 가장상을 만들어 낼 것이다. 아니 가장상을 만들어 내는 것이 아니라 소멸시킬 가능성이 농후하다. 그렇다면 《아버지》라는 소설에 나타난 '가장'의 위기가 '아버지'라는 존재의 무의미함과 소멸에 대한 단계로까지 나아갈 것인가? 이 문제는 가족의 해체라는 화두가 심각한 현실로 대두될 21세기에는 아마도 우리 모두가 직면해야 할 가장 중요한 문제가 될지도 모른다.

2011년 11월 26일자 《조선일보》는 생계수단이 없는 70세 이상 노인들이 부양 능력이 있는 자식을 상대로 생계비 지급을 요구하는 소송이 8년 사이에 3배나 증가했다는 기사를 싣고 있다. 소송을 제기한 203명의 노인들은 고혈압, 당뇨, 암 등 각종 질환에 시달리고 있지만 부양 능력이 있는 자식이 있기 때문에 기초생활 수급대상자에서도 제외되어 먹고 살 길이 없다는 것이다. 그러면서 《조선일보》는 이 같은 세태에 대해 "서울가정법원의 한 판사는 노인 인구가 급증함에 따라 불효자들로부터 외면당하는 노인들을 위한 국가적·제도적 지원책을 마련할 필요가 있다고 지적했다"

는 말을 덧붙이고 있다. 이 보도의 표면적 메시지는 불효자의 숫자가 빠르게 늘어나고 있다는 것이지만 이면적인 메시지는 자식들이 아버지를 아버지로 인정하고 모시는 태도가 점차 희박해지고 있다는 것이다. 다시 말해 이전과는 달리 '아버지'라는 존재의 가치와 의미를 필수적인 것으로 인식하지 않는 사람들이 늘어나고 있다는 사실이다.

따라서 우리는 가부장적 권위가 붕괴된 자리에서 일어나고 있는 이와 같은 형태의 무질서를 새로운 권위의 창출을 통해 극복해야 하는 어려운 시점에 서 있다. 그 권위가 구체적으로 무엇인지에 대해 예단하는 것은 쉽지 않지만 새로 창출되는 권위가 어떤 것이 되어야 하는가에 대한 추측은 가능하다. 예컨대 그 모습의 하나로 필자는 이청준의 《당신들의 천국》 마지막에 나오는 다음과 같은 대화를 들고 싶다.

"자생적인 운명의 일부분으로서 선택되어져야 할 힘의 근거라는 말의 뜻은, 그 원장이나 원장의 권능이 섬사람들 자신의 의사에 의해 그들 가운데서 선택되어져야 한다는 뜻입니까……"

"물론이지요. 그렇지 못한 힘은 언제나 그 힘 자체의 욕망을 충족시킬 지극히도 이기적인 명분을 지어내기 마련이니까요. 명분은 언제나 힘에 대한 봉사만을 일삼아 왔으니까요. 그리고 그게 이 섬을 실패시키고 있는 가장 깊은 원인이겠지요." [9]

이청준 소설에 나오는 말처럼 새롭게 형성되는 권위는 구성원의 자발적 의지의 귀결이어야 하며 자유와 사랑의 관계에 기초하고 있어야 한다. 밖에서 강요된 것이 아니라, 같은 운명을 살아가는 사람들의 이해와 공감에 기초하고 있는 권위, 자유와 사랑에서 형성된 권위만이 그 신성성과 지속성을 오랫동안 보장받을 수 있을 것이기 때문이다.

주석

1 염상섭, 《삼대》, 《한국문학전집》 3, 문학과지성사, 2004, 422~423쪽.
2 이승훈 편, 《이상문학전집》 1, 문학사상사, 1998, 83쪽.
3 같은 책, 59쪽.
4 김원일, 《마당깊은 집》, 문학과지성사, 148~149쪽.
5 김원우, 《무기질 청년》, 책세상, 2007, 11쪽.
6 같은 책, 16~17쪽.
7 김향숙, 《그림자 도시都市》, 문학과지성사, 1992, 80쪽.
8 김영하, 《오빠가 돌아왔다》, 창비, 2004, 43~44쪽.
9 이청준, 《당신들의 천국》, 문학과지성사, 1995, 416~417쪽.

가족의 재구성:
가부장제와 근대주의를 넘어서

한기욱

가족의 재구성:
가부장제와 근대주의를 넘어서

1. 근대화와 가족 서사: 신경숙

가족 서사는 근현대 한국 문학에서 큰 비중을 점하면서 중심적인 흐름을 형성해 왔다. 근대의 여러 사회집단 가운데 가족은 기초 단위이자 학교와 더불어 사회성원들이 그 사회의 주요한 가치를 전수하고 훈련받는 교육의 장이기도 하다. 그런데 유교적 가부장의 권위와 혈연적 유대가 유별나게 강했던 한국 사회에서는 서구에서라면 정부와 기업, 시민사회가 수행할 법한 일의 상당부분을 가족이 떠맡기도 했다. 가령 근대화 과정에서 산업화에 필요한 싼 값의 노동력 제공뿐 아니라 육아와 가사, 노령인구 돌보기의 책임까지 도맡은 것이 가족이었다. 국가가 별다른 보상이나 지원 없이 '근대화의 산업역군'을 요청했을 때 그에 부응한 쪽은 기업이나 시민사회가 아니라 가족이었다고 해도 과언이 아니다. 세계사에 유례없을 정도로 급격하고 복합적인 '압축적 근대성'을 달성한 주된 동력으로 강력한 가족주의의 전통이 꼽히는 것도 이 때문일 것이다.*

그러나 놀라운 '압축적 근대성'의 성취를 가능케 한 요인들 가운데 한국전쟁 이후 한반도에 구축된 분단체제의 구조적 영향력을 빼놓을 수 없다. 분단국이 아니었다면 남북의 위정자들이 그토록 격렬하게 체제 경쟁에 열 올리지 않았을 것이며, 그토록 속전속결의 급속한 근대화로 내달을 이유도 없었을 것이다. 사실인즉, 각각 미국과 중국·소련의 지원을 등에 업은 남북한의 집권 세력이 허약한 정통성을 보완하는 체제 옹호 이데올로기로서 근대적 개발주의를 내세움으로써 사회의 문화적·정치적 지형이 심각하게 왜곡되기도 했다. 가령 유럽의 경우와는 달리 남한에서 좌우파간의 이념적 대립은 더 나은 체제를 위한 사회적 공론과 다원적 민주주의로 발전하지 못했고, 남한 정부는 독재에 반대하는 개인과 가족을 빨갱이로 몰고 종종 국가폭력을 동원한 가혹한 탄압을 하기도 했으니, 이는 분단체제의 위력이 작동한 탓이 크다. 이런 이념적 기형성과 국가폭력의 기원을 성찰하는 가족 서사는 한국 근대문학의 수작들을 낳았는데, 그중에서 황석영의 〈한씨연대기〉(1972), 현기영의 〈순이 삼촌〉(1978) 그리고 박완서의 〈엄마의 말뚝 2〉(1981), 《그 많던 싱아는 누가 다 먹었을까》(1992)와 《그 산이 정

---

* 장경섭은 '압축적 근대성'의 개념을 중심으로 한국 사회의 근대화를 분석하면서 "세계사에도 유례가 없는 급격한 경제적, 정치적, 사회적, 문화적 변화를 겪어 온 한국 사회는 그 압축적 변화의 이면에 가족주의 질서가 꾸준히 강화되는 독특한 모습을 보였다. 한국인들은 가족주의에 기초한 '압축적 근대성compressed modernity'을 일구어 왔다고 할 수 있다"고 주장한다. 장경섭, 《가족·생애·정치경제: 압축적 근대성의 미시적 기초》, 창비, 2009, 15쪽 참조.

말 거기 있었을까》(1995) 등을 우선 꼽을 수 있겠다.

압축적 근대화는 특히 농촌 가족이 분해되어 도시로 이동하는 이농 현상을 통해서 급속하게 추진되었다. 가령 신경숙의 《외딴 방》(1995)이 실감나게 보여 주듯, 1960, 1970년대의 전형적인 농가는 자식들을 도시로 내보냄으로써 광범위한 영역에서 도시화와 산업화를 동반하는 본격적인 근대화의 적극적인 참여자가 되었다.* 근대화에 참여하는 길은 교육과 노동이라는 두 경로인데, 대다수 농촌가정에는 빠듯한 자원밖에 없었으므로 도시에서 누가 공부를 계속할지 누가 공장에 취직할지 선택해야만 했다. 당시에는 가족의 재생산 문제의 경우 가부장제적 질서에 따라 거의 예외 없이 아들에게 우선권이 주어졌다. 대학교육을 받은 사람이 정부나 기업의 요직에 앉게 되면 '근대화의 산업역군'을 지휘하는 엘리트 계층이 되므로, 가부장제는 근대화 과정에서 남녀차별을 구조적으로 온존하고 강화한 측면이 있다.** 고향에 남아서 가족성

---

* 한국사에서 '근대화modernization'의 시점을 언제로 잡을 것인가에 관해서도 논의가 분분하다. 여기서는 서양의 근대 문물이 유입되기 시작하는 조선시대 말의 개항이나 수탈과 군사기지화를 겨냥한 일제시대의 부분적인 산업화를 근대화의 중요한 계기로 인정하되, 전 국토를 대상으로 개발주의 정책이 추진되어 광범위한 산업화와 도시화가 이뤄지는 박정희 시대(1960~1986)를 본격적인 근대화의 시기로 파악하고 이를 주로 지칭한다.

** 이 글에서 '가부장제patriarchy'는 가장인 아버지가 가족성원에 대해 강력한 권한을 가지고 가족을 지배 통솔하는 봉건적 가족 형태에 국한되지 않고 성인 남자가 권력을 쥐고 여성과 아이는 종속적 위치를 차지하는 근대적인 가족 및 사회제도 일반을 지칭한다. 이 용어에 대한 좀 더 상세한 설명은 Lorraine Code, ed., *Encyclopedia of Feminist Theories*, London and New York: Routledge, 2000, pp. 378~379 참조.

가족의 재구성: 가부장제와 근대주의를 넘어서

원을 뒷바라지하는 부모 역시 근대화의 숨은 참여자였다. 직접적으로는 새마을운동과 같은 농촌지역의 근대화 바람을 피할 수 없었거니와 도시에서 '근대화의 역군'으로 나선 자식들의 아낌없는 지원자 역할을 했기 때문이다.

본격적인 근대화가 시작된 지 한 세대가 지난 1990~2000년대에 이르러 한국 사회는 눈부신 성장을 이룩하고 G20에 참여하는 경제대국이 되었으니, 실로 '압축적 근대화'를 완수했다고 할 만하다. 그 짧은 시기에 근대화의 주체랄 수 있는 가족의 변모 역시 아찔할 만큼 급격했다. 신경숙의 《엄마를 부탁해》(2008)는 핵가족 형태로 바쁘게 살아가는 도시의 자식들이 고향을 지키는 부모의 존재를 거의 잊고 있음을 환기시킨다. 낯선 서울의 지하철역에서 아버지가 엄마를 잃어 버리는 순간은 대단히 사실적으로 그려져 있지만, 전통적인 가족과 가부장제의 종언을 예고하는 '상징적' 장면에 다름아니다. 그 시대의 아버지들이 엄마의 존재를 배려하지 않고 앞서서 걸어갔듯이 아버지는 습성대로 먼저 전동차에 올라타는 바람에 엄마를 잃어 버린 것이다. 이 사건에서 특별한 것은 엄마가 다시는 자식들에게 연락을 취하지 않는다는 것인데, 아버지와 헤어진 바로 그 순간에 엄마의 치매가 시작됐을 수 있다는 설정 자체가 아주 의미심장하다. 이 대목에서 치매는 무엇보다 엄마가 가부장제적 가치의 연계망에서 훌쩍 벗어나 그런 가치로 유지되는 가족의 품으로 귀환할 수 없는 상태임을 뜻한다.* 실종 이후 여러 화자의 기억이 차례대로 소환되면서 우리는 엄마와 아내의 빈자리에 선 자식과 남편이 가부장제로 말미암아 엄마가 여태

떠안았던 고통의 시간을 복원하고 그 의미를 스스로 성찰하는 과
정을 목도하게 된다. 하지만 죽어서 새가 된 엄마의 넋은 이미 가
부장제의 경계를 벗어나 있는 듯하다. 압축적 근대화의 추동력이
었던 가부장제적 가족, 그리고 그 가족의 사실상의 중심이었던 엄
마는 이제 임무를 완수한 것이고, 그와 동시에 가부장제는 치매와
같이 원상회복이 불가능한 상태에 이른 것이다.**

　이 글은 가부장제가 더 이상 유용하게 작동할 수 없는 이 지점

---

* 치매가 실제로 나타나는 순간은 이창동 감독의 〈시〉에 절묘하게 포착되어 있다. 주
인공 미자가 자기 손자가 강간한 여학생의 엄마를 설득하러 찾아갔으나 방문 목적
을 까맣게 잊어 버렸다가 돌아오는 길에서야 자신의 치매를 깨닫고 섬뜩하게 놀란
다. 미자는 이 사건을 계기로 자식들의 죄를 돈으로 감추려는 아버지들의 공모—
가족주의와 금권주의의 공모—에서 벗어난다. 영화는 미자의 이 벗어남이 이런 공
모를 도덕적으로 비판하는 차원에서가 아니라 미자가 사태의 진실을 구하는 차원,
이를테면 '시란 무엇인가'를 묻는 것과 통하는 차원에서 일어난 것임을 분명히 한
다. 요컨대 치매는 가부장제적 가족주의와 금권주의로부터의 탈각을 은유하는 사
건이며, 치매의 각성은 미자가 가족 바깥의 타자인 그 여학생에게로 나아가는 계기
가 된다.
** 적잖은 평자들이 《엄마를 부탁해》를 모성을 이상화함으로써 가부장제적 가치를 부
추기는 소설로 비판하지만, 그것은 일면적인 해석이 아닐 수 없다. 박소녀라는 존
재는 가부장제적인 억압에 화가 나서 접시를 깨뜨리기도 했으며 가부장제의 가치
관으로는 용납할 수 없는, 친구인지 애인인지 모를 남자와 애매한 관계를 맺기도
했다. 이런 반발과 위반이 가부장제에 대해 얼마나 유효한 비판이 될지는 따로 따
져 봐야겠지만, 적어도 이 작품에는 모성성의 이상화 못지않게 모성성의 구속에서
벗어나려는 충동도 분명히 존재한다. 자식을 기르는 일이 소중하지만 그 때문에 여
성으로서의 요구가 은폐되고 억눌리고 있다는 엄마의 자각과, 가족을 위해 자신의
개인적 가능성을 제대로 꽃피우지 못한 엄마의 생애를 안타까워하는 딸의 마음이
곡진하게 그려져 있는 것이다.

에서 향후 인간 / 가족관계를 모색하면서 최근 여성작가들의 몇몇 주목할 만한 소설들을 살펴보고자 한다. 이런 모색과 관련하여 이들의 소설은 요긴한 생각거리를 제공하며 중요한 예술적 작업을 하고 있다고 판단하기 때문이다. 가부장제가 종언을 맞이했다고 해서 가부장제적 가치나 이데올로기가 사라졌다는 뜻은 아니다. 가부장제의 종언이 시작되었을 뿐 그 종언의 끝이 언제 도래할지는 미지수인 것이다. 지금은 기존의 가부장제가 더 이상 유효하게 작동하지 않지만 그것을 대체할 새로운 가족제도가 도래하지는 않은 혼란과 위기의 국면이다. 이 이행기에는 가부장제적 가치나 발상이 변칙적으로 더 고약한 위세를 부릴 소지가 있다. 가령 전통적인 가족 형태에서 핵가족으로 이행했고 작금에는 가족의 해체 혹은 '탈가족화'의 경향까지 보이자 사회 일각에서는 오히려 가부장제의 가치를 되살리려는 반동적인 움직임도 일어난다. 또한 가족제도의 위기가 심화될수록 가부장제의 온갖 변모된 형태들에 꺼둘리기 쉽다. 그렇기에 우리는 압축적 근대화를 가능하게 한 가부장제적 가족주의를 넘어서는 새로운 인간관계와 가족관계를 찾아야 하는데, 이 일은 가부장제를 지탱하는 중요한 기둥인 근대적 개발주의를 극복하는 일과 분리될 수 없다.

2. 가부장제 몰락의 현장: 권여선

90년대 이래 젊은 여성작가들은 가부장제적 전통이나 가치를 다양한 방식으로 비판하는 가족 서사를 선보였다. 신경숙, 공선옥과 연배이되 가부장제에 대한 비판에서 전혀 다른 감수성과 서사 방식을 보여 주는 예로 권여선을 꼽을 수 있다. 우선 그의 소설에 등장하는 어머니들은 《엄마를 부탁해》의 엄마인 박소녀와는 사뭇 다르다. 그들은 도시적 감수성을 지닌 인물로서 자기 주도로 가족의 장래를 설계하려는 경향이 강하다. 그들은 무능력한 남편에게는 형식적인 가장의 자리마저 용인하지 않으며 종종 자신의 정체에 대해서 강한 허위의식을 지니고 있다.

〈K가의 사람들〉에서 'K의 아내'가 좋은 본보기이다. 이 특이한 인물의 행적을 살펴보면 가부장제적 질서의 변형과 와해가 어떻게 도래하는지 실감할 수 있다. "가족이라는 테두리 안에 몸담아 본 적 없는 극단적으로 분방한 영혼"[1]인 K와 "남녀차별이 심한 완고한 대가족 층층시하에서 자란 탓에 일찍부터 복종의 관계를 간파하는 데 민첩했고 사람을 제대로 부리는 법을 알았"(158쪽)던 K의 아내는 딸 셋을 낳아 5인 가족을 구성하게 된다. K의 아내가 딸들을 교육하는 방식은 신경숙 소설의 엄마의 방식과는 판이하지만 가부장제적 훈육의 일종이란 점에서 양자는 상통한다. 가령 "맏이는 태어나는 것이 아니라 양육되는 것"(161쪽)이라는 믿음에 따라 K의 아내는 맏딸을 혹독하게 다잡아서 "장차 태어날 동생들에게 본이 되며 부모의 영을 받들어 세우"(161쪽)게 하는 데 성공한다. 자녀 교육뿐 아니라 특수한 부녀관계를 구축해 내는 것도 K의 아내의 일이다. 한때 호방했으나 "국민 교육의 효과"(156쪽) 때문에 겁이 많아진 K와 딸들의 관계는 엄마의 중재와 조정의 결과 전통적인 가족의 경우와 달리 권력관계와 성 역할에 과도하게 집착하게 된다. 가령 "K의 큰딸이 어머니로부터 지배의 권능을 배우고자 했다면, K의 둘째딸은 언젠가 되찾게 될 친어머니의 환상을 통해 현재의 노예상태를 인내하고자 했다. 그리고 나, K의 막내딸은 어머니로부터 서비스권을, 즉 K를 시중들 독점적 자격을 조금이나마 나눠받고자 했다. 간단히 말해 K의 큰딸이 K의 아내가 되고자 했다면, K의 둘째딸은 K 아닌 다른 남자의 아내가 되려 했고, 나는 K의 첩이 되고자 했다"(172쪽).

이쯤 되면 가족의 우두머리는 K가 아니라 K의 아내인 것이 분명해진다. 그녀는 "권력에 대해 극히 예민한 촉수를 지니고 있었다. 그녀는 집안을 움직이는 중심이며 모든 구성원을 매개하는 고리였고 자신이 원하는 연기를 요구하는 엄격한 연출자였다. K의 세 딸은 물론이거니와 일 년에 한두 달 정도밖에는 집에 머무르지 못하는 K도 아내를 중심으로 도는 행성에 불과했다"(173쪽). K의 가족은 신경숙 소설의 전통적인 가족과는 달리 도시 핵가족의 형태에 가까운데, 이런 형태에서는 우연한 하나의 계기로도 가부장제의 가치질서가 내부로부터 붕괴될 수 있다. 예상보다 이른 K의 실직으로 자신의 장래 계획이 망가지자 "K의 아내는 천상 꼭대기에 올려 놓고 추앙하던 K를 지하 깊은 곳으로 끌어내리기 시작"하여 결국 "세 딸들이 늙고 무능한 K를 혐오하도록 만드는 데 성공했다. 그러나 그녀가 권력학개론에서 깜빡 잊은 게 하나 있었다. 격하되는 대상이 가진 전염력이었다. K가 격하되면 그의 아내 또한 격하될 수밖에 없었다"(176쪽). 그렇게 하여 가부장제적 질서와 부모에 대한 존중심은 붕괴되고 가족성원간의 유대도 끊어지면서, 서구적인 의미의 개인이 탄생한다.

권여선의 가족 서사가 매혹적인 까닭은 '권력에 대해 극히 예민한 촉수'로 인물간의 관계를 파고들면서 가부장제의 와해 과정을 정밀하게 탐사하기 때문이다. 냉철한 인식과 섬세한 감각, 신랄한 냉소와 재기 넘치는 발상 등 그의 가족 서사를 매력적으로 만드는 미덕들이 많지만, 개성적인 인물의 형상화는 특별히 눈여겨 볼 필요가 있다. 다른 무엇보다 인물의 고유한 성격이 결정적인 변수로 작용하기 때문이다. K의 아내는 실직한 남편의 처지를 배려하고 그의 형식적인 권위를 지켜줄 수도 있었지만 자기 성질을 못 이겨, "신경질적이고 완벽주의적인 파티시에처럼 ……남은 케이크에 만족하는 대신 케이크를 모조리 뭉개 버리는 쪽을 택했"(176쪽)던 것이다. 요컨대 K의 아내는 신경숙의 엄마와 달리 가부장제의 '엄마 대행체제'를 뭉개 버리고 K의 "가족 개개인을 남김없이 파괴하는 길을 갔다"(176쪽)고 할 수 있다.

권여선은 집안의 권력을 차지한 중산층 여성의 허위의식을 파헤치는 데도 남다른 솜씨가 있다. 〈은반지〉에서 작가는 오여사의 인식과 사고방식이 딸들이나 친구이자 가정부였던 심여사의 그것과 괴리가 있음을 보여줌으로써 오여사가 자기중심적 선입견을 지녔음을 암시한다. 하지만 동시에 딸들이나 심여사 역시 뭔가에 단단히 사로잡혀 심적인 불균형 상태에 있음을 보여줌으로써 어느 쪽이 옳은지를 쉽게 가릴 수 없는 '애매한' 상황을 제시한다. 이 애매함은 중의적 표현을 통해 한층 더 부각된다. 가령 작은딸이 전화 통화에서 실직한 남편 때문에 안달하자 오여사가 점잖게 타이르는 장면이 그렇다.

"걱정하지 말고 조금만 더 기다려봐라. 공연히 마음 끓이면 몸만 상하지."

"몸은 상한 지 한참 됐어요. 몸무게가 오킬로나 빠졌고, 머리카락도 얼마나 빠지는지 이러다 대머리 되겠어요."

"윤서방이?"

"아뇨. 제가요. 하루하루 사는 게 지옥 같아요. 차라리 죽어버렸으면 좋겠어요."

"얘가, 쓸데없는 소릴!"

오여사는 어안이 벙벙한 와중에도, 차라리 죽어버렸으면 좋겠다는 사람이 작은딸인지 윤서방인지 궁금했다. 만일 윤서방을 말하는 것이라면 큰딸 말대로 작은딸은 이미 망가지기 시작한 것이다. 그러자 문득 죽어버렸으면 좋겠다는 그 존재가 오여사 자신은 아닐까 하는 의혹마저 들었다.[2]

오여사는 '대머리 되겠어요'와 '죽어버렸으면 좋겠어요' 같은 문장의 주어가 작은딸이 아닐 가능성에 민감하게 반응한다. 후자의 경우는 작은딸 대신 윤서방, 심지어 오여사 자신일 경우까지 상상하는데, 가능성이 희박하기는 해도 일리가 있다는 것이 꺼림칙하다. 오여사는 강퍅해진 딸에게 돈을 빼앗길까 봐 신경을 곤두세울 뿐 약골인 딸을 진심으로 걱정하지는 않는다. 그녀의 날선 발언에서 의외의 중의성을 찾아 내는 것도 딸에 대한 깊은 애정의 결여 때문일 것이다. 한편 작은딸도 무척 히스테릭한 반응을 하여 정말 '망가진' 것이 아닐까 하는 의혹을 자아 낸다. 가령 죽어 버렸으면 좋겠다는 극언으로도 엄마한테 사업자금을 얻지 못할 듯 하자 앙칼진 목소리로 "엄마가 저를 이렇게 약골로 낳아 놓는 바람에 전 공부도 제대로 못했고 좋은 놈도 못 만났고, 한평생 비루 먹은 말처럼 고생만 하다 엄마보다 먼저 죽게 된다는 걸"(51쪽) 알라고 악담을 퍼붓고 전화를 끊어 버리는 것이다. 이런 막돼먹은 딸보다 점잖게 타이르는 엄마 쪽이 그래도 멀쩡한 편이라고 여겨지지만, 모녀의 판이한 경제적 처지를 감안하면 꼭 그렇지만도 않다. 딸은 필사적으로 들이댈 이유가 있고 엄마는 딸의 그런 필사적인 태도를 가라앉힐 이유가 있으니, 이 '막장 드라마' 같은 상황에서 어느 쪽의 입장이 더 타당한지, 아니 덜 부조리한지 판단하기가 쉽지 않다. 분명한 것은 가족성원간 믿음의 유대는 끊어졌고 그 단절의 지점에서 애매한 상황과 중의성이 생겨나고 있다는 사실이다.

소설의 본격적인 탐구 대상인 심여사와 오여사의 관계의 밑바탕에도 애매함이 내재해 있다. 오여사는 남편의 교통사고 후 오년간 함께 지내던 심여사가 육개월 전에 왜 갑자기 일본의 딸네 집으로 떠났는지, 그리고 삼개월 전에 일본에서 돌아와서도 왜 자기 집으로 돌아오지 않고 요양소로 가 버렸는지 이해할 수 없다. 오여사는 요양소를 찾아가 심여사와 오랜만에 상봉하는데, 두 사람의 껄끄러운 대화를 통해 드러나는 것은 그들은 한때 은반지를 함께 맞추어 낄 만큼 절친한 친구나 연인처럼 살았지만 줄곧 상대방과 자신의 정체에 대한 인식은 어긋나 있었다는 점이다. 가령 오여사는 심여사와의 동거에 대체로 만족하고 심여사도 불만이 없으리라고 생각했지만 심여사는 오여사 집에 얹혀 사는 탓에 가사와 요리를 도맡고 오여사의 비위까지 맞춰야 했고 그런 굴욕적인 삶에서 벗어나고 싶어했음이 드러난다. 그런데 어느 쪽의 인식이 타당한지 확정할 만한 결정적인 단서는 없다. 가령 오여사를 대하는 심여사의 행동이 변덕스럽고 광신적인 데가 있어 심여사의 판단을 신뢰하기가 힘들다. 외부와의 연락을 통제하며 통성기도를 일상화하는 요양원의 폐쇄적 분위기도 불신과 의혹을 가중시킨다. 그렇다고 오여사를 신뢰하기도 힘든데, 그것은 심여사와의 대화를 통해, 그리고 내면 독백을 통해 오여사의 허위의식이 점점 확연해지기 때문이다.

오여사는 치매는 아니지만 노망기 같은 것이 있다. 〈시〉의 미자와는 달리 자신의 병증을 깨닫지 못해 자기중심적 허위의식에 갇혀 있는 형국이다. 심여사의 예기치 못한 반응에 오여사의 심경이 흔들리고 은폐된 허위의식이 언뜻언뜻 드러나면서 양자의 관계 속에 내재된 애매한 요소들이 풍부한 암시를 얻는다. 가령 심여사가 "오여사가 한밤중에 무슨 짓을 했는지 내가 모를 것 같아요?"(72쪽)라든지 "오여사가 해준 그 더러운 은반지를 내가 왜 갖고 있어야 되는데, 왜?"(73쪽) 하는 힐난에 대해 오여사는 숨이 막힐 듯이 놀라면서도 자기가 한밤중에 무슨 짓을 했는지 그리고 자기가 해준 은반지가 왜 심여사에게 '더러운' 것인지를 명료하게 짚어 내지 못한다. 이런 혼란스러운 반응은 노인들끼리 부둥켜안고 키스하는 광경을 추잡하다고 여기는 오여사의 의식 이면에 자신과 심여사간의 내밀한 관계가 은폐되어 있을 가능성을 암시한다.

오여사는 자식에게 애틋하되 자신에게는 엄격했던 박소녀와는 전혀 다른 인물로서, 한국의 전형적인 어머니상에 부합하지 않는 듯하다. 하지만 핵가족 시대의 가족 내 권력관계와 자식에 대한 어머니의 이중적인 태도를 고려하면 오여사야말로 중산층 어머니의 한 '전형'이라 할 만하다. 게다가 노령화 시대 여성의 독립적인 삶에 초점을 맞추면 이 작품의 여운은 한층 깊어진다. 오여사나 심여사에게는 자식들과의 관계보다 함께 살 동거인과의 관계가 더 중요한데, 한국 가족사에 새로 등장한 이런 상황은 기존의 가족 형태로는 충족하기 어렵다. 이 단편은 가족간의 유대가 단절되고 개인주의적 삶의 방식이 늘어나는 과정에서 맞닥뜨릴 수밖에 없는 노년 여성의 문제를 깊이 있게 파헤친 수작이다. 특히 중산층 노년 여성의 허위의식 속에 도사린 애매한 지점들을 음식, 성, 돈과 같은 욕망의 매개물을 통해 섬세하게 짚어 낸 점이 돋보인다.

권여선의 가족 서사에서는 전통적인 의미의 부모에 대한 존경심이라든지 모성성의 이상화 같은 것은 거의 남아 있지 않다. 대신 〈K가의 사람들〉이 보여 주듯, 가족 내 권력 다툼의 과정에서 지위가 격하된 외롭고 딱한 부모에 대한 연민은 존재한다. 특히 아버지에 대한 연민이 뚜렷하다. 《푸르른 틈새》에서 아내와 딸들, 그리고 친가와 처가의 여자들이 자신을 무시하는 것에 대해 "이년

가족의 재구성: 가부장제와 근대주의를 넘어서

들, 이 나쁜 년들! 나 손재우 아직 안 죽었다!"[3]고 중얼거리듯 절규하는 아버지에 대한 막내딸의 은근한 연민이 인상적이다. 연애에 실패한 막내딸과 실직한 아버지가 한 상에 앉아 따로 끓인 라면을 안주 삼아 각자의 방식으로 소주를 마시는 장면이 잊히지 않는 것은 가부장제 질서의 와해와 함께 집안 내에서 지위를 잃은 아버지에 대한 속깊은 연민이 배어 있기 때문일 것이다. 어쩌면 그것은 가부장제 바깥의 아버지, 즉 그냥 자신의 아버지에 대한 공감의 표현일 수 있다. 말미에서 화자가 아버지의 어법을 따라 "이년들아! 이년들아! 이년들아! 나, 손미옥이, 아직 안 죽었다!"(279쪽)라고 신나게 외쳐 대는 대목은 가부장제의 종언을 받아들이는 동시에 자신이 아버지의 딸임을 선포하는 듯하다.

3. 가부장제를 향한 분한憤恨: 김이설

숱한 여성작가들이 가부장제를 비판하지만, 김이설만큼 가부장제에 대한 반감이 절절하고 그에 대한 비판을 세게 밀어붙이는 작가는 드물 것이다. 그의 가족 서사가 강렬한 데는 여성들 가운데서도 가장 밑바닥 계층의 인물을 형상화하고 그 형상화 방식에 있어 유머나 기발한 발상, 장식이나 수사를 전혀 사용하지 않기 때문이다. 기층 여성이 온갖 비루하고 속된 현실을 겪을 때의 먹먹한 느낌을 그 질감 그대로 되살려 놓는 데는 형용사나 부사가 거의 없는 메마르고 짧은 문체가 효과적이다. 가령 김이설의 두번째 장편 《환영》에서 공무원시험 준비를 하는 남편을 뒷바라지하고 갓난아이를 키우기 위해 서윤영이 왕백숙 집에서 감수해야 하는 노동과 매춘의 사례들은 너무 비속하지만 그녀의 심경을 토로하는 발언은 최소한으로 절제됨으로써 윤영의 헐벗은 삶이 선연하게 제시된다.

한 평자가 "김이설의 《환영》에는 대상에 대한 미적 묘사를 찾을 수 없다. 한 편의 소설은 오래된 흑백다큐멘터리를 보는 것처럼 차갑고 단조롭다"[4]고 평하는가 하면, 다른 평자는 "김이설의 소설에는 대타자나 이데올로기와 같은 말이 들어갈 여지가 별로 없는 것이, 그런 체제의 인정을 계산하기 이전에 생존의 문제가 불확실하게 던져져 있기 때문이다"[5]고 주장한 것도 바로 이런 특성 때문일 것이다. 《환영》이 종종 김애란의 《두근두근 내 인생》(2011)과 대비되면서, 비루하고 암담한 현실을 미화하지 않은 작품으로 조명되는 것도 이 때문일 것이다. 그런데 간과해서는 안 될 것은 '생존의 문제' 혹은 생존주의는 그 절박한 이름에서 풍기는 인상과는 달리 이데올로기가 둥지를 틀기에 적합한 터이기도 하며, 미적 묘사를 생략하는 것도 하나의 미학적 선택이라는 사실이다. 《환영》이 문제적인 것은 바로 이 지점이다. 우선 이 작품을 통틀어 가장 강력한 이데올로기로 작동하는 것이 '돈이 지배하는 세상'이라는 명제임을 직시할 필요가 있다. 가령 왕백숙 집에 갓 들어온 조선족 여인 용선이 화자인 윤영과 나누는 대화를 보자.

"저기, 돈은 많이 법니까?"

나는 용선을 빤히 쳐다봤다. 쟁반을 들고 있는 용선의 손이 바들바들 떨렸다. 손톱 끝이 뭉툭했다.

"왜 이렇게까지 돈을 벌려고? 결혼도 안 했으니, 남편도 없고, 애도 없을 거 아냐. 부모나 형제자매가 속 썩여?"

"사람대접 받고 싶습니다."

"그럼 많이 벌어야겠다."

"네."[6]

사람대접을 받으려면 돈을 많이 벌어야 한다는 것에 대해 이 소설은 어떤 시비도 하지 않는다. 이 소설이 문제삼는 것은 오히려 돈이 없어도 사람대접을 받을 수 있는 체 하는 위선이다. 돈 이외에 독립적인 가치로 설정된 것은 모성이 거의 유일하다. 그런데 가부장제 가족은 돈과 시장의 지배에 대한 방파제로서 모성을 지키는 역할을 일부 수행했지만, 김이설의 소설에서 가족은 그런 역할을 하지 못한다. 남편이 가족의 경제를 책임지는 가장의 구실을 전혀 못하기 때문에 윤영은 임신한 상태에서도 매춘에 나선다. "어느 인간이 뿌린지도 모르는 것이 배 속에 있다. 그런데도 나는 두 눈을 똑바로 뜬 채 낯선 남자에게 또 그 구멍을 열었다"(150쪽). 이 대목이 불편한 것은 "매춘과 출산이 결국 하나의 구멍에서 이루어진다는 사실"[7]이 함축되어 있기 때문이다. 윤영의 몸은 아이와 모성이 태어나는 거룩한 장소인 동시에 여성에 대한 돈의 지배가 '기입inscription' 되는 장소이기도 하다.

가족이 돈의 지배로부터 모성을 지키지 못하는 만큼 돈을 벌어오는 사람이 집안의 권력자가 된다. 윤영의 가족에서 종래의 남편과 아내의 역할이 뒤바뀌면서 윤영이 남편을 대하는 방식도 가부장적인 남편의 언행을 닮아 있다.

새벽에 들어오는 날이면 나는 남편의 책을 꺼내 한 뭉텅이씩 찢어버렸다. 그리고 그날 번 지폐를 책상 위에 던졌다. 다시 나갈 차비를 하는 동안 남편이 일어나 아침상을 차렸다. 나는 이제 밥이나 빨래, 청소를 하지 않았다. 책상 위의 돈을 챙기며 남편이 조금만 더 달라고 했다. 요즘 채소값이 ······아껴 써! 나는 한마디만 던지고 일을 하러 나갔다. 남편은 문 앞에서 나를 배웅했다. (126쪽)

김이설의 가족 서사에서 가장 특징적인 것은 응어리진 분노이다. 그런데 그 분노가 향하고 있는 지점은 돈이 지배하는 세상이라기보다, 그런 세상에서 여자(여성과 모성)를 지켜 주지 못하고 오히려 여자의 몸을 짓밟고 쾌락을 취하는 남자와 그런 남자에게 가장 행세를 용인하는 가부장제이다. 그 분노에는 남자와 가부장제를 응징하고자 하는 충동까지 느껴진다. 문제는 그 분노의 응어리 속에서 어느 만큼이 정당하고 어느 만큼이 '분한憤恨'에 가까운 것인지를 판별하는 일이다. 분한에 내포된 응징에의 욕망과 있을 법한 독선은 가부장제를 비롯한 여성 억압의 기제를 벗어나는 데 도움이 되지 않겠기 때문이다. 더 심각한 문제는 돈의 지배를 가능하게 하는 근대 자본주의와 남성의 지배를 구조화하는 가부장제간의 공모관계가 주목받지 못하고 분노의 표적 바깥에 놓임으로써 여성 / 모성의 수난과 착취가 반복될 수밖에 없는 숙명처럼 비친다는 점이다. 그렇기에 윤영이 자발적으로 노동과 매춘의 현장인 왕백숙 집으로 돌아가는 결말에서 '윤리적 경건함'을 찾아내는 독법[8]은 작가의 의도를 사주는 것인지는 모르나 비평적 공감을 얻기는 힘들다.

하지만 〈부고〉의 결말에서 '윤리적 경건함'을 읽어 낸다면 일리가 있을 것이다. 이 단편에서 화자 은희가 감내해 온 깊은 고통은 마치 한꺼번에 발설하기 힘든 듯 메마른 간결체를 통해 분절되어 표출된다. 트라우마로 남은 상처들과 응어리진 분노는 그 가해자들의 부고를 받고서야 진정의 기미를 보인다. 첫 번째 부고는 은희의 생모의 죽음을 알리는 것인데, 그것을 전한 이는 그녀를 키워준 의붓엄마였다. 은희는 자신이 어릴 적에 집을 나갔다가 이태 전에 다시 돌아와 당뇨를 앓다가 죽은 생모에 대해 "남편을 떠나고 어린 나와 오빠를 버린 사람"[9]이라고 정리하며 "아버지의 외도 때문에 떠난 엄마였지만, 나를 버린 사람이라는 것을 용서할 수 없었다. 어릴 적 내가 불쌍해서라도 용서하고 싶지 않았다"(127쪽)면서 애도는커녕 용서도 하지 않는다.

생모에 대한 태도가 매정함이라면 아버지에 대한 태도는 절절한 적대감과 분노이다. 거기에는 그럴 만한 이유가 있었다. 은희는 열일곱살 때 배다른 오빠와 그 패거리한테 강간을 당하는데, 강간 사건 자체보다 그 사건을 처리하는 아버지의 태도에 더 치명적인 상처를 입었다. "숨기는 게 은희에게 더 큰 상처가 될 거예요"(124쪽)라는 의붓엄마의 항변에 대해 아버지는 "가만두면 조용해질 일이야. ……왜 긁어 부스럼을 만들어?"(124쪽)라고 타박하면서 "내 새끼가 내 새끼를 해쳤다고 고발하라고? 나는 못해. 차마 그렇겐 못하겠다"(125쪽)고 강간 사건을 없던 일로 덮어 버린 것이다. 이런 아버지에 대해 은희는 "나의 불운을 만든 건 바로 아버지"(135쪽)라고 생각하면서 아버지가 그 사건을 "잊어라"라고 하자 "아버지가 살아 있는 동안은 잊을 수 없어요"라고 맞받아친다(136쪽).

은희의 주장대로 아버지는 은희의 인생을 망친 책임을 면할 수 없다. 결말에서 은희는 의붓엄마로부터 두 번째 부고, 즉 아버지가 스스로 생을 놓았다는 부고를 받고 "어쩐지 놀랄 일도 아닌 것 같았다. 마치 오래 준비해 왔던 소식처럼 들리기까지 했다"(137쪽)고 담담하게 반응한다. 아버지가 자살로 인생을 마감한 것은 자기 책임을 시인하는 한 방식이고 그로써 아버지에 대한 은희의 분노도 사위어 가는 듯하다. 이 작품은 가부장제가 야기한 상처와 죄를 야무지게 추궁하는 한편 은희, 아버지, 의붓엄마, 상준 같은 인물들의 됨됨이를 실감나게 살려 냄으로써 팽팽한 긴장감을 유지한다. 또 하나 주목할 것은 의붓엄마에 대한 은희의 공감과 연대이다. 가부장제에서 상처받는 여성들간의 유대는 김이설 가족 서사에 지배적인 죽음과 폭력의 흐름을 뚫고 삶과 돌봄의 기운을 끌어들인다.* 은희에게 진정한 가족이란 혈연적 가부장제의 틀 속에서 자식을 버리거나 강압하는 생부모가 아니라 의붓자식을 자식처럼 돌보고 배려하는 의붓엄마 같은 존재이다. 〈부고〉가 혈연적 가부장제의 죽음을 알리는 '부고' 처럼 읽히는 데는 충분한 이유가 있다.

4. 타자로서의 가족: 김애란

김애란의 《두근두근 내 인생》에 대해서는 평단의 견해가 극명하게 갈린다. 부정적인 견해는 첫째, 그것이 현실성이 약하고 타자의 삶의 고통을 너무 가볍게 다루거나 미화해서 좋은 소설이 못된다는 것이고, 둘째, 장편소설 감으로는 미흡하고 단편으로 족하다는 주장으로 요약될 수 있다. 첫째 경우의 예는 가령 김애란이 비극적 소재를 다루면서 "약간의 눈물과 적절하게 감상할 수 있는 애잔함, 그리고 키치적 아름다움으로 이를 순화시켜 제시한다"[10]는 주장이다. 둘째 경우 "장편이라면, 최소한 인물들이 있고 그들은 확고한 역사, 사회 공간의 실체여야 하고, 각자 자기의 내력을 가지기 마련이며 그래서 그의 궤적이 그대로 사상(주제)이 될 수밖에 없는 것이니까. 이러한 통념에서 벗어날 때의 장편도 장편이라할 수 있을까"[11]라고 반문하는 입장이 대표적이다. 이런 견해에대해 일일이 논평할 계제는 아니지만, 이 작품에 대한 필자의 견

---

[*] 이런 돌봄의 여성적 연대가 김이설 소설에서 얼마나 중요한 요소로 자리 잡을지는 미지수이다. 〈부고〉 이후의 〈미끼〉(《자음과모음》 2011년 겨울호)는 이런 연대의 가능성 없이 오로지 가부장제적 폭력이 난무하고 대물림되는 핏빛 현장으로 되돌아간다.

해가 잘못 알려진 바도 있기에 이 기회에 분명한 입장을 밝힌다.*
필자는 이 작품이 언어와 타자성에 대한 성찰을 통해 타자의 고통
과 가족관계를 새롭게 인식하고 형상화한 성공적인 소설일뿐더
러, 장편의 '통념'에는 부합되지 않으나 주목할 만한 예술적 쇄신
을 보여 준 독창적인 장편소설이라고 보는 입장이다.

　김애란의 소설집 《달려라, 아비》(2005)와 《침이 고인다》(2007)에
수록된 단편들이 장편 《두근두근 내 인생》을 지향해 왔음은 분명
하다. 하지만 그렇다고 해서 이 장편에 대해 "이즈음 다른 젊은 작
가들의 장편과 마찬가지로 그 발상이나 방법에서 기존 단편세계
의 총합에 불과하다"[12]고 평하는 것은 성급하다. '기존 단편세계
의 총합'에 그치는 것이 아니라 김애란 문학의 필수 요소들이 무
르익고 발효되어 세계와 사람을 대하는 새로운 관점과 방식이 비
로소 완전하게 구현되었기 때문이다. 그의 단편들 속에 산재했던
요소들, 가령 사실적 세부를 성실히 제시하되 실증적 사실주의에

---

* 《경향신문》 2011년 8월 7일자 〈김애란 '두근두근 내 인생'에 엇갈린 시선〉에서 한
윤정 기자는 이 작품을 옹호하는 한 예로 필자의 발언("전통적인 장편소설의 관점
에서 볼 때 인물이나 서사에서 결격 사유가 있는 건 사실이지만, 그런 결점을 뛰어
넘는 쇄신을 시도했기 때문에 뛰어난 소설이라고 본다")을 소개했지만 그 발언이
김윤식의 견해에 대한 반론임을 일러 주는 문맥이 잘려나가는 바람에 오해의 소지
가 생겼다. 발언의 취지를 살리자면 '(김윤식처럼) 전통적인 장편소설의 관점에서
볼 때'라는 조건절의 문맥이 선명하게 전달되었어야 했다. 그 후 이 발언마저 거두
절미하여 필자가 "서사에 결격 사유가 있다"고 작품을 비판한 것으로 보도한 사례
도 있었다. 《서울신문》 2011년 8월 24일자 〈"소설이다" "아니다" 논란 속 문예지
'김애란 조명' 잇따라〉 참조.

매몰되지 않고 언어와 존재의 근본을 묻는 특유의 서술방식, 돈
이 지배하는 세상을 송두리째 거부하지 않되 자본주의의 물신화
와 가부장제에 승복하지 않는 태도, 그리고 부모자식간의 관계를
비롯한 인간관계를 전혀 새롭게 보려는 시도 등이 장편에 와서야
서로 유기적으로 결합되면서 온전한 모습을 드러낸 것이다. 장편
으로서 특별히 주목할 것은 언어와 존재의 근원에 대한 물음이
사람들의 '관계'를 탐구하는 이야기로 이어지는 흐름이다. 소설
의 첫머리에서 화자가 말들의 경이로움을 언급하는 것은 우연이
아니다.

> 바람이 불면, 내 속 낱말카드가 조그맣게 회오리친다. 해풍에 오래 마
> 른 생선처럼, 제 몸의 부피를 줄여가며 바깥의 둘레를 넓힌 말들이다.
> 어릴 적 처음으로 발음한 사물의 이름을 그려본다. 이것은 눈[雪], 저
> 것은 밤[夜], 저쪽에 나무, 발밑엔 땅, 당신은 당신 ……소리로 먼저 익
> 히고 철자로 자꾸 베껴쓴 내 주위의 모든 것, 지금도 가끔, 내가 그런
> 것들의 이름을 안다는 게 놀랍다.[13]

'내 속 낱말카드가 조그맣게 회오리' 치는 모습은 〈종이 물고기〉
에서 방의 네 벽과 천장을 도배한 포스트잇들의 파르르 떠는 광
경을 연상하게 한다. '바람'이라는 생명의 기운과 함께 화자 내
부의 말들이 회오리치고 파르르 떨리면서 의식적인 삶이 시작되
는 것이다.* 이런 말들의 움직임 없이는 화자도 (현실이라 불리
는) 화자의 세계도 유의미하게 구성될 수 없다. "제 몸의 부피를

줄여가며 바깥의 둘레를 넓힌 말들"은 화자에게 세계의 경계가 된다. "내가 '그것' 하고 발음하면 '그것⋯⋯' 하고 퍼지는 동심원의 너비. 가끔은 그게 내 세계의 크기처럼 느껴졌다"(11쪽). 말을 줍고 다니던 어린 시절이 끝나고 살아가는 데 필요한 말을 거의 다 아는 사춘기에 접어들면 "중요한 건 그 말이 몸피를 줄여가며 만든 바깥의 넓이를 가늠하는 일"(11쪽)이다. 이제 "당신을 부를 때, 눈 덮인 크레바스처럼 깊이를 은닉한 편평함을 헤아리는 것"(11쪽)이 필요하다. 당신은 속내를 짐작할 수 없는 타자이기 때문이다.

존재와 언어에 관한 이런 특이한 서술은 화자인 한아름의 소설 쓰기와 이메일 쓰기로 연결된다. 조로증에 걸려 십 년 이상 병원을 들락거리면서 책읽기를 낙으로 삼아 온 아름은 중환자실에서 사경을 헤맨 후에 "본격적으로 진짜 '이야기'를 써보겠다"(56쪽)

---

[*] 김애란을 '네오 셔먼' 적인 작가로 보는 임우기는 "김애란의 언어의식의 뿌리는 '아버지'로 상징되는 '태초'의 신화성이다. 그런데 중요한 사실은 그 '태초'의 신화성은 '바람'으로 표현되고 따라서 작가의 언어의식의 뿌리는 '바람' 그 자체라는 점이다"라고 주장한다. 임우기, 《길 위의 글: 네오 셔먼으로서의 작가》, 솔, 2010, 254쪽 참조. 신화적 해석의 타당성은 따로 살펴봐야겠지만, 김애란 소설에서 '바람'의 이미지가 매우 강렬하고 지속적이며 아버지 존재와 관련되어 있음은 분명하다. 가령 부자관계를 다루는 〈누가 해변에서 함부로 불꽃놀이를 하는가〉의 한 대목을 보라. '바람이 잘 새는 어느 집. 졸고 있는 한 아이를 본다. 좁은 등압선을 가진 바람이 몰고 오는 이야기에 귀기울이고 있는 저 아이를. 아버지의 목소리가 들리지 않기 때문에 이제 아이는 스스로 이야기하려 한다. 아버지가 어머니를 만나는 이야기를"(《달려라, 아비》, 창비, 2005, 190쪽).

고 마음먹는다. 이후 소설 속 현실의 이야기와 아름이 쓰는 소설 (진짜 '이야기')이 불가피하게 얽혀 든다. 아버지와 어머니가 어느 여름날 우연찮게 만나서 사랑을 나누기까지를 다루는 아름의 이야기는 한 번 지워지지만 다시 쓰여져 '두근두근 그 여름'이라는 표제로 소설의 말미에 덧붙여진다. 화자인 한아름이 '이야기'를 쓰는 과정에 대해 서술하고 성찰하는 부분들이 소설의 핵심적인 일부가 되기 때문에 이 작품은 이른바 '메타픽션'적인 면도 지니게 된다.

가족 서사로서 우선 주목을 끄는 것은 '부모보다 먼저 늙어죽는 자식'이라는 일견 터무니없는 발상이다. 김애란의 비범함은 그런 발상을 조로증이라는 희귀병에 착안하여 긴박감 넘치는 현실의 이야기로 바꿔 놓은 데 있다. 조로라는 특이한 고통과 외로움으로 말미암아 아름은 제 몸이 늙는 만큼 빠른 속도로 성숙해져서 어쩌면 '부모보다 더 성숙한 자식'이 된다. 오랜 고통의 담금질 속에서 피어난 아름의 각성과 성숙은 이 소설에서 필수불가결한 효소이다. 가령 희귀병에 걸려 죽어 가는 아이가 자기를 고통스럽게 지켜 보는 부모를 오히려 위로하는 구도가 통하는 것도 아름의 각성과 성숙 덕분이다. 조로증이라는 희귀병 환자의 삶을 다루는 사실적인 이야기가 미래에 대한 희망을 잃고 조로하는 젊은 세대와 그 세대를 안타깝게 지켜 봐야 하는 부모 세대의 관계를 성찰하는 이야기로 읽힐 수 있는 것도 그 덕분이다. 그렇기에 "이것은 가장 어린 부모와 가장 늙은 자식의 이야기"(7쪽)라는 역설도 성립하는데, '프롤로그'의 다음 부분은 아름의 각성과 성숙이 어떤 성격인지를 일러준다.

아버지가 묻는다.

다시 태어난다면 무엇이 되고 싶으냐고.

나는 큰 소리로 답한다.

아버지, 나는 아버지가 되고 싶어요.

아버지가 묻는다.

더 나은 것이 많은데, 왜 당신이냐고.

나는 수줍어 조그맣게 말한다.

아버지, 나는 아버지로 태어나, 다시 나를 낳은 뒤

아버지의 마음을 알고 싶어요.

아버지가 운다(7쪽).

이 대목에서 아들 한아름과 아버지 한대수는 세상에서 더없이 가까운 사이인 것처럼 보인다. 하지만 그것은 가부장제의 '부자유친'처럼 혈육을 전제로 맺어지고 천륜이라는 당위성이 부여된 전통적인 부자관계와는 다른 느낌이다. 그것은 이를테면 '타인이여, 나는 당신으로 태어나, 다시 나를 만난 뒤, 당신의 마음을 알고 싶어요'라고 말하는 느낌에 가깝다. 메타픽션적인 구성으로 말미암아 이 소설은 그 내부에 한아름이 아버지 한대수와 어머니 최미라가 사랑하고 그 사랑으로 자신이 잉태되는 소설('두근두근 그 여름')을 쓰는 과정과 그 결실이 포함되어 있다. 맞물려 있는 두 소설을 이어서 읽으면 '이것은 타자성의 바탕에서 다시 쓰여진 부모와 자식의 이야기'로 다가온다. 그렇기에 이 소설은 기존의 부자관계의 소중함을 확인시키는 이야기가 아니라 새로운 부자관계를 찾아가는 이야기이다. "엄마, 나는…… 엄마가 나한테서 도망치려 했다는 걸 알아서, 그 사랑이 진짜인 걸 알아요"(143쪽)라는 아름의 말에도 타자성의 바탕에서 부모의 마음을 헤아리려는 노력이 배어 있다.

아름이 병원비를 감당하기 위해 〈이웃에게 희망을〉이라는 TV 방송에 출연하는 일화는 '돈이 지배하는 세상'이라는 이데올로기에 대한 한아름 가족의 태도를 보여 준다.

아버지는 녹화 내내 내가 상처받지 않을지 염려하는 듯했다. 밤새 미남이고 어쩌고 하던 호방함은 간데없고, 초조해하는 기색이 역력했다. 말은 안해도 어머니 역시 긴장하고 있는 게 분명했다. 두 사람 다 이런 식으로 병원비를 마련하는 게 옳은지 끝내 확신하지 못하는 눈치였다. 하지만 내가 걱정하는 부분은 따로 있었다. 혹 시청자들이 내 모습에 거부감을 느끼면 어떡하나 하는 거였다. 나는 내가 너무 괜찮아 보여서도, 지나치게 혐오감을 줘서도 안된단 걸 알았다. 사람들이 직시할 수 있을 정도의 불행, 기부 프로그램을 움직이는 건 그런 것이어야 한다고 생각했다(150쪽).

아름의 부모는 아름의 고통을 전시하여 돈을 마련하는 일을 결코 달가워하지 않지만 아름의 치료를 위해 타협한다. 한아름이 나서서 부모를 겨우 설득할 만큼 방송출연 결정은 고육지책에 가깝다. 마지못해 '돈의 효력'을 받아들이는 이런 태도는 《환영》의 윤영처럼 '돈의 지배'를 기정사실화하는 태도와는 일단 구분해야 한다. 어떤 비평가는 이 대목에서 "아름이 인지하는 방송 제작 형태와 김애란의 소설 작법은 그리 다르지 않다"고 단정하면서 양자가 "다른 곳에서 자란 쌍둥이"처럼 키치를 원리로 한다고 비판한다.* 이 작품을 정치적 시스템에 순응하는 키치로 보는 것은 현실 정치에 가시적인 영향을 끼치지 않는다는 이유로 감성적인 것의 배분을 바꾸는 문학의 정치성을 무시하는 독법이다. 그것은 랑시에르적 의미의 '정치la politique'의 지평을 '치안la police'의 차원으로 환원하는 격이다. 이 소설의 주된 영역은 돈의 지배에 시달리면서도 돈의 가치로 정할 수 없는 삶의 이야기, 가령 타자성에 바탕한 부모자식간의 이야기이다. '치안'의 차원에서 보면 이건 (가령 키치처럼) 시시한 이야기처럼 보일 수 있지만, 새로운 감각의 분배를 꾀하는 '정치'의 차원에서는 의미심장한 이야기가 아닐 수 없다. 이서하에 대한 아름의 사랑 이야기 역시 그러하다. 이서하 쪽에서는 시나리오를 쓰기 위해 아름을 이용한 것이지만 한 아름은 이서하라는 타자를 두근거리는 마음으로 받아들이고, 이 마음의 작동이 감각의 배분을 완전히 바꾸기 때문이다.

* 서희원, 〈키치적 구원과 구원 없는 삶〉, 398쪽. 또한 "키치는 물질적 행복을 가져오는 자본주의 문명을 예찬하며 그 안락함을 가능하게 하는 정치적 제도를 함께 찬양한다. 키치가 '본질적으로 민주적'이라는 사실은 김애란의 소설이 한국의 정치적 시스템과 불편한 관계를 갖지 않는다는 점을 이해하는 데 있어 중요하다"(397쪽)는 대목도 참조.

이서하와의 관계에서 특히 주목할 것은 한아름은 이서하가 자기를 속였음을 알고 한동안 절망하지만 마침내 분한을 품지 않고 그 관계를 마무리한다는 점이다. 속임수가 발각된 후 아름의 병실로 몰래 찾아온 이서하에게 아름은 이렇게 말한다.

"네가 무얼 생각하고 있는지 모르겠어. 어쩌다 여기까지 찾아오게 됐는지도 모르겠고. 너는 아마 지금 내가 무척 화가 나 있을 거라 생각하겠지? 그래, 맞아. 원망했던 것도, 미워하고 저주했던 것도 사실이야. 그리고 앞으로도 계속 그럴지 몰라."

"……"

"그래도 한번쯤은 네게 이 얘기를 전하고 싶었어. 우린 한번도 만난 적이 없지? 직접 목소리를 들은 적도 없고, 얼굴을 마주한 적도 없고. 어쩌면 앞으로도 영영 만날 수 없을 테지? 하지만 너와 나는 편지 속에서, 네가 하는 말과 내가 했던 얘기 속에서, 나는 너를 봤어."

"……"

"그리고 내가 너를 볼 수 있게, 그 자리에 있어주었던 것, 고마워."

(308~309쪽)

이처럼 아름이 자기를 속인 사람에게 원망의 감정을 갖기는커녕 오히려 고마움을 표하고 있다는 것도 성숙함의 징표일 것이다. 하지만 주목할 것은 이서하의 기만에도 불구하고 이서하와 자기 사이에 뭔가 본질적인 일이 일어났음을 아름이 인지한다는 점이다. 이를테면 참된 관계맺음이 이뤄졌고 그때 상대방 존재를 알아

봤다는 것이다. 오로지 온라인상으로 주고받은 편지(말과 이야기)를 통해 그런 일이 일어난다는 것이 신기하다. 한아름과 이서하는 속임수에도 불구하고 한낱 허황된 관계가 아니라 '누구세요' 라는 물음에 진실하게 응답한 '너' 의 존재를 알아 보는 본질적인 관계로 조명된다. 아름의 아버지가 어머니를 처음 만났을 때도 '누구세요' 라는 물음을 던졌다는 사실(341쪽)을 고려하면 타자성을 전제로 하는 '누구세요' 라는 물음과 그에 대한 응답을 본질로 맺어진 한아름과 이서하의 관계는— 그 속에 내포된 속임까지 포함해서—가상현실을 매개로 일상을 영위하는 오늘날 젊은이들의 관계에 대한 진지한 물음과 응시를 담고 있다. '누구세요' 라는 존재론적인 물음은 상대방뿐 아니라 자신을 향해서도 나아가면서 '나' 의 정체성이 '너' 와의 '관계' 속에서 탐구되기도 한다.*

어쩌면 가상현실을 통한 친교 방식 덕분에 한아름은 남녀관계에 끼어들기 마련인 세속적인 사항들—상대방의 학벌이나 경제력, 외모 등—에 휘둘리지 않고 곧바로 상대방의 존재적 핵심에 가 닿을 수 있었고 그 생생한 경험이 죽어 가는 아름에게 남다른 삶의 활력을 주었던 것이 아닐까. 아름이 고백하듯이 자기의 편지질이 "손이나 발이 아니라 '마음' 을 사용해서 한 일"(251쪽)인 것

---

* 가령 〈영원한 화자〉의 "나는 내가 어떤 인간인가에 대해 자주 상상한다. 나는 나에게서 당신만큼 멀리 떨어져 있으니 내가 아무리 나라고 해도 나를 상상해야만 하는 사람이다. 나는 내가 상상하는 사람, 그러나 그것이 내 모습인 것이 이상하여 자꾸만 당신의 상상을 빌려오는 사람이다"(《달려라, 아비》 136쪽)라는 대목에서 암시된 쌍방향의 존재론적 물음과 탐구는 장편에서 본격적으로 이뤄진다.

이다. 아름은 이서하의 첫 번째 이메일에서 "어떤 특별하고 친숙한 '시간성'"을 느꼈는데, "그건 열일곱의 시간도, 스무살의 시간도 아니었다. 그건 '혼자 오래 있어본 사람의 시간'"(187쪽)이었음을 간파했다. 상대방에게 '누구세요'라고 묻고 상대방의 '마음'을 알아보고 상대방의 '시간성'을 느끼는 것은 상대방의 현존재를 타자로서 경청할 경우에만 가능한 경지이다. 요컨대 한아름과 한대수의 부자관계와 더불어 이서하에 대한 한아름의 관계도 타자성을 바탕으로 새롭게 재구성되고 재인식되는 측면이 강한 것이다. 새 세대의 감수성으로 사람들간의 기본적인 관계를 근본적으로 새롭게 사유하고 다시 쓰는 것, 이것이 장편으로서 이 작품이 해낸 예술적 성취가 아닐까.

김애란의 《두근두근 내 인생》은 타자성을 바탕으로 부모자식의 관계를 성찰하면서 가부장제에 대해 새로운 방식으로 비판한다기보다 아예 가부장적 발상에서 벗어나는 면이 있다. 어쩌면 그 벗어남이 너무 발본적이라서 현실성이 떨어진다든지 동화적이라는 혐의를 받는 것인지 모른다. 그러나 노래의 운율과 동화적인 상상력, 두근두근 고동치는 리듬은 소설 곳곳에서 생동감을 불어넣는 바람과 말들과 함께 조로증을 앓는 소년의 삶을 구성하는 요소들이 된다. 노래와 상상의 내용이 바로 현실은 아니지만, 현실의 살아있는 소년은 끔찍한 병을 앓는 가운데서도—아니 그렇기에 더욱—노래하고 상상하며 글을 쓰며 심장이 두근두근거린 것이다.

5. 개발주의와 여성: 공선옥

《꽃 같은 시절》은 공선옥이 '작가의 말'에서 밝힌 것처럼 "순하고 약한 사람들의 순하고 약한 '항거'에 관한 이야기"[14]지만 가족 서사로서도 중요한 의미를 지니고 있다. 이 시대 대다수 여성작가들과 달리 공선옥의 가족 서사는 전통적인 대가족이든 서구화된 핵가족이든 좁은 의미의 가족에 머무르지 않는다. 가령 《수수밭으로 오세요》(2001)에서는 버려진 아이들을 가족 성원으로 받아들여 열린 가족을 구성하거니와 이번 장편에서 가족은 지역 공동체의 일원으로 존재한다. 현실의 공동체가 점점 해체되고 옹색해짐에 따라 공선옥의 소설이 설 땅은 줄어들지만 최소한의 공동체 없이 삶다운 삶을 누릴 수 없는 만큼 그의 서사가 더욱 소중해지기도 한다. 앞질러 말하자면 《꽃 같은 시절》은 근년의 리얼리즘 장편소설 가운데 빠뜨릴 수 없는 성취이거니와, 생태주의, 민중주의, 여성주의 등 공선옥 문학의 오랜 지향들이 유려하게 결합된 수작으로 여겨진다.

이 작품에서 공선옥은 지난 수십 년 동안의 한국 현실에서 빈번했던 난개발에 대한 지역주민의 '항거'를 실감나게 형상화하는데, 특히 그 항거의 주체로 할머니들의 삶의 방식을 곡진하게 들려주는 대목이 값지다. 공선옥의 인물은 개인의 고유성이 살아 있는 개체이되 공동체를 향해 열려 있다. 이런 개방성은 가부장제, 식민주의, 개발주의로 말미암은 온갖 억지와 고초를 겪은 한 시골 마을('순양군 유정면') 토박이 할머니들(무수굴댁 이오목, 백세할멈 해

징이댁 조난남, 시앙골댁 오명순, 소리쟁이댁 임애기, 김애순, 노분례, 김공님……)의 됨됨이와 말투에 고스란히 묻어난다. 예순부터 아흔 너머의 할머니들의 "소리가 없다고 해서 소리가 없는 것이 아닌 것들의 소리"(79쪽)에 귀기울임으로써 그들의 '순하고 약한 항거'는 새로운 의미로 피어나는 듯하다.

공선옥이 할머니들의 '꽃 같은 시절'의 구체적인 실감을 되살려 놓을 수 있는 데는 새로운 서사적 시도들이 요긴했다고 본다. 무엇보다 눈여겨 볼 것은 '무수굴떠기'(무수굴댁)라는 망자를 일차적인 화자로 활용함으로써 마치 높은 망루 위의 새처럼 마을 전체를 조망하면서 여러 차원의 시간성과 더불어 '우리'라는 공동체의 목소리를 구사할 수 있게 된 점이다. '무수굴떠기'의 이야기는 첫째 장('저승길을 못 가고')과 마지막 장('혼엄마의 노래')뿐 아니라 '화전놀이'나 '당산나무가 운다'와 같은 중간 장에서도 등장하여 자신의 개인사뿐 아니라 마을 전체의 역사를 들려준다. 무수굴떠기의 이야기는 기본적으로 생태주의적인 공동체를 지향하며 설화적이고 민속적이지만, 일제의 식민통치와 분단의 고통, 그리고 개발주의 시절의 병폐까지 기록하기도 한다. 소설의 사실적인 이야기는 이 망자의 목소리를 통해 설화적·민속적 요소와 결합한다. 물론 이 망자와 사후세계가 얼마나 방불하게 그려져 있는가도 따져 봐야겠지만, 민담풍의 이야기가 천연덕스럽고 넉넉하여 그럴 듯하다.

또 하나 색다른 서사 양식은 '업종변경(업종추가) 승인신청서반려', '출석요구서' '소장' '탄원서' '반론보도문 신청 이유' 등등의 공문서들이다. 이런 행정적 문건들이 설화적인 무수굴떠기의 목소리와 번갈아 등장하면서 특이한 분위기를 연출하는 것이다. 얼핏 생각하면 현실의 쟁점을 놓고 지역주민들, 순양석재, 군청을 비롯한 관할 관청 사이에 오간 이 문서들은 무수굴떠기의 설화적 이야기와 극명하게 대비되는 듯하다. 그러나 이런 행정적인 문서들이 실제로 활용되고 취급되는 맥락을 따져 보면 문서들의 '현실성'은 전복되기 일쑤이다. 가령 영희의 탄원서가 아무리 진실하게 쓰였다 해도 힘있는 사람을 통해 감사관에 선을 대지 않으면 "감사 청구해도 함흥차사"(157쪽)인 것이 엄연한 현실이다. 공선옥은 다양한 공문서 양식을 통해 유정면의 싸움의 사회적 맥락을 짚는 동시에 이런 행정적인 절차와 문서들이 힘없는 사람들의 요구를 차단하고 굴절시키는 미로처럼 작용하고 있음을 무수굴떠기가 굽어보듯 넌지시 보여준다.

영희라는 유별나게 곱고 착한 인물에 대해서도 언급할 필요가 있다. 영희는 서울의 도시 재개발지역에서 쫓겨나 무수굴떠기의 빈집으로 이사하면서 유정면 할머니들의 삶과 투쟁 속으로 점점 동화된다. 영희는 할머니들과 함께 유정면에서 불법으로 쇄석기를 가동하는 순양석재와 그 회사를 편드는 관청에 항거하여 데모를 벌인다. 돈과 개발이 제일이라는 근대주의적 발상에 맞서는 이 싸움의 당사자는 마을 주민들과 순양석재 및 순양군청이지만, 소설이 진행될수록 싸움의 지형은 확대된다. 가령 김공님 할머니의 경우처럼 도시에 사는 자식들이 하나같이 데모에 반대하고, "엄마, 어차피 우리 집값이 얼마나 하겠어. 나 같으면 공장 들어와,

도로 놔져, 발전하면 땅값 올라가, 그러면 집 팔아서 그 돈으로 도시에서 편안히 살겠네. 그러니까, 데모하지 말라고오"(111쪽)라는 막내딸의 개발과 돈 타령은 순양석재와 순양군청의 입장과 다르지 않다. 사실은 막내딸에게 모든 가치는 돈으로 환원될 수 있다.

어느 순간부터, 막내딸은 이쪽에서는 하지도 않았는데 걸핏하면 돈 말을 한다. 알았어, 알았어, 돈 주면 될 거 아냐. 그 말이 거슬러서 하루는,
"아이, 자식한테 묵을 것 보냄서 어느 부모가 돈 욕심을 낸다냐. 그런 방정맞은 입초실랑은 놀리지를 말아라."
했더니,
"엄마, 좀 더 솔직해지면 안돼? 돈이 좀 적다, 라고 한달지, 뭐 그렇게."(232쪽)

지금은 김공님의 막내딸처럼 대다수 도시 여자들도 개발과 돈에 중독되어 있지만, 예전 새마을운동 당시 농촌에서는 개발주의에 사로잡힌 쪽은 남자들이었고 여자들은 그것을 막으려는 쪽이었다. "남자들은 군에서 나오는 씨멘트와 모래를 쓰지 못해서 환장이었다. 멀쩡한 돌담들을 허물고 그 자리에 공터에서 찍어낸 씨멘트로 브로꾸(블록)담을 쌓았다"(136쪽). 시앙골댁 오명순의 돌담을 허물고 브로꾸담을 쌓아 주고는 기념으로 개(조난남의 누렁이)를 잡아 잔치를 벌인 사건은 남자들이 개발주의에 환장하듯 달려들었음을 예시한다. 그러면서도 그 뒷감당은 여성에게 미루었다.

가령 소득증대사업을 한답시고 마을 공동 산을 개간하여 뽕나무를 잔뜩 심어 놓았지만, 나중에 누에치기는 고스란히 여자들 몫이 되었던 것이다.

유정면의 싸움은 대한민국의 농촌과 도시를, 새마을운동 당시부터 지금까지를 가로지르면서 확대되는 싸움이다. 유정면의 연로한 할머니들과 영희는 순양석재와 순양군청뿐 아니라 할머니들이 도시로 보낸 자식들 같은 개발주의와 금권주의의 맹신자들과도 싸워야 한다. 말하자면 이 싸움은 가족 내부에서도 전개되며 가부장제를 비롯한 편협한 가족주의를 얼마나 극복하느냐가 싸움의 결정적인 고비가 될 것이다. 여기서 영희의 존재가 중요해진다. 가령 김공님 할머니한테는 서울의 막내딸이나 순양석재에 다니는 조카 영식과 영희 가운데 누구를 따르느냐의 문제가 제기되기 때문이다. 싸움에서 번번이 실패하지만 소설의 전망이 어둡지 않은 것은 영희가 싸움을 결코 포기하지 않으려 하고 유정면의 할머니들이 도시의 자식들보다 영희를 따르는 선택을 하기 때문일 것이다.

영희의 남편 철수가 보기에는 영희가 이끄는 할머니들이 순양석재를 이기는 것은 불가능하다. 철수의 입장은 "이길 수 없는 게임을 왜 하느냐"는 것이다. 이에 대해 영희는 순양석재와의 싸움이 "내 속의 패배주의와 싸운다는 것"이며 또한 그것은 "이기든 지든 결과에 상관없이 나를 억압하는 것과 싸운다는 것"(146쪽)임을 깨닫는다. 철수에게는 이 싸움이 '이길 수 없는 게임' 처럼 보일 수 있지만, 소설은 영희와 할머니들의 편에 살아 있는 자연 전체를 올려놓아 균형을 맞추는 듯하다. 가령 다음 대목을 보라.

어디선가 귀에 익은 지렁이 울음소리가 띠루띠루띠루루루 들려왔다. 그와 동시에 돌공장에서도 다갈다갈다갈 쿵쿵 소리가 나기 시작했다. 가만히 듣자 하니, 지렁이는 돌공장 소리에 결코 지지 않겠다는 듯, 간절하게, 줄기차게 울 태세였다. 철수가 그런 지렁이 울음소리를 듣지 못하고 산을 내려간 것이 안타까웠으나 할 수 없었다. 가만히 귀기울여야 들리는 지렁이 울음소리를 듣지 못하는 철수의 귀에는 오직 돌공장 소리만 들릴 거였다. 이 세상에는 돌공장 소리 말고도 지렁이 울음소리도 있다는 것을, 철수에게 어떻게 설명할까 생각하며 영희는 감자밭에 몸을 엎드리고 한참 동안 가만히 있었다."(108쪽)

이 싸움의 또 하나의 전선은 지렁이 울음소리와 돌공장 소리의 대결이며, 여기서 사람들이 지렁이 울음소리를 듣는 것이, "이 세상에는 돌공장 소리 말고도 지렁이 울음소리도 있다는 것"을 깨닫는 것이 무엇보다 중요한 것이다. 공선옥의 생태주의가 놓이는 자리는 바로 이 지점이다. 지렁이 울음소리는 가만히 듣지 않으면 들리지 않는 소리이며, 그런 의미에서는 유정면 할머니들처럼 약하고 순한 존재의 소리인 것이다. 공선옥은 철수가 새마을운동 시절의 남자들처럼 돈과 개발이 제일이라는 근대주의적 발상에 사로잡혀 지렁이 울음소리와 할머니들의 소리(그리고 영희의 소리)를 듣지 못함을 암시한다.

그러나 철수는 구제불능의 개발주의자도 가부장제 신봉자도 아니다. 철수와 석현과 같은 남자들은 할머니들의 투쟁과 아내들의 설득에 이끌려 가부장적 발상을 포기하고 좀 더 생태적이고 공동체적인 삶을 시작한다. 철수와 영희 가족, 그리고 혜정과 석현의 가족의 변화를 하나의 척도로 삼는다면 새로운 가족은 근대주의를 떠받치는 개발주의와 금권주의와의 싸움 속에서 배태될 수밖에 없을 것이다. 그런데 이 모든 싸움의 원동력은 '삿된 생각이 없는思無邪' 착한 사람들의 마음의 작용으로 설정되어 있다. 착하고 고운 사람('꽃사람')의 전형인 영희가 죽음의 문턱까지 갔다가 할머니 혼령들의 도움으로 되살아날 것 같은 결말에는 생태친화적인 새 세상에 대한 작가의 바람이 깃들어 있다.

《꽃 같은 시절》은 난개발에 대한 풀뿌리 지역주민의 저항에 초점을 맞춰 근대주의와 가부장제를 넘어서는 길을 모색한 뜻깊은 소설이다. 그러나 이런 성취가 예외적인 조건들의 행복한 결합에 의존하고 있음도 분명히 인식할 필요가 있다. 우선 이 싸움의 무대는 아직 공동체적 기반이 남아 있는 농촌 마을이며, 싸움의 주역인 노령의 할머니들과 영희는 물론 등장인물 대다수, 심지어 데모하는 사람들을 감시하는 형사 강신환조차 모두 착하디착한 선인들이라는 점이다. 역으로 말하면, 도시의 경우 지역주민들이 오랫동안 단결하여 이런 싸움을 벌일 수 있는지는 미지수이다. 물론 용산의 남일당 근처에 음식점을 열고 있는 무수굴떠기의 아들 만택과 며느리 귀옥이 영희와 만나서 우정을 나누는 장('사람꽃')에서 농촌의 난개발 반대 투쟁이 도시 재개발 반대 투쟁과 연결되어 있음을 느낄 수 있지만, 이 연대감은 현실에 기초한 것이라기보다

작가의 간절한 열망의 표현에 가깝다.

'사람꽃'이라 불리는 영희와 할머니들의 순정함을 실감나게 그려 낸 것은 공선옥만이 구사할 수 있는 미덕이다. 하지만 작중 여성 인물들의 착함과 낙천성에 작가가 깊이 공감한 나머지 정말로 껄끄러운 상황은 건너뛰는 것이 아닐까 하는 의문도 든다. 가령 지렁이 울음소리에 어느 여자 못지않게 민감한 남자나 새마을운동 당시에도 돌담보다 '브로꾸담'을 원하는 여자는 정말 없었을까 하는 생각이 스친다. 남녀 구분에 따라 개발주의와 생태주의로 갈라진다는 것이 다소 편의적인 설정이 아닐까 싶은 것이다. 요컨 대 《꽃 같은 시절》은 공동체적인 지평에서 개발주의와 가부장제를 넘어서는 길을 사유한 중요한 소설임에 틀림없지만 작가의 열망이 현실의 곤혹스러운 쟁점을 덮어 버린 면이 없지 않다.

앞서 검토했듯이, 가부장제와 근대주의를 넘어서는 새로운 가족의 형태를 모색하는 데 여성작가들의 최근 소설들이 필수불가결한 기여를 했다고 본다. 신경숙의 두 장편은 압축적 근대화의 과업을 수행하는 가부장제 가족의 분투를 곡진하게 그려낼뿐더러 그 가족의 임무를 완수한 엄마의 삶을 애절하게 노래한다. 권여선의 소설은 가부장제의 '엄마 대행체제'를 뭉개 버리는 도시 중산층 핵가족을 해부하는데, 특히 중산층 여성의 이중성이나 허위의식을 파고드는 솜씨가 일품이다. 김이설의 소설은 가부장제의 억압과 위선에 고초를 겪는 여성들의 모습을 처연하게 그려내지만 가부장제와 돈의 지배(자본주의 근대)의 공모관계에 무심한 탓에 자연주의적인 폭력의 악순환에 빠져드는 경향이 있다. 김애란의 소설은 언어와 존재에 대한 물음을 '관계'에 대한 탐구로 이어가면서 타자성의 바탕에서 부모자식의 관계와 연인관계를 근본적으로 다시 사유하는, 그리하여 가부장제적 발상에서 훌쩍 벗어나는 중요로운 예술적 작업을 보여준다. 공선옥의 최근 장편은 개발주의와 가부장제의 공모관계에 초점을 맞춰서 지역의 난개발에 대한 할머니들의 순한 항거를 조명한 뛰어난 작품이다. 다만 생태주의 / 개발주의와 여성 / 남성의 접합에 있어서의 도식적인 면과 영희를 비롯한 착한 인물에 대한 작가의 과도한 공감은 아쉬운 점으로 남는다. 지면 사정상 최근 한국인과 동아시아 출신 여성 및 이주노동자의 국제결혼으로 생겨나는 '다문화가족'의 서사를 검토하지 못했거니와 황정은의 《百의 그림자》(2010)나 김려령의 《우아한 거짓말》(2010) 같은 중요한 작품도 거론하지 못했다. 향후에도 가부장제와 근대주의의 극복의 길을 사유하는 뜻깊은 소설들이 많이 나오기를 기대한다.

주석

1 권여선, 《내 정원의 붉은 열매》, 문학동네, 2010, 159쪽. 앞으로 이 작품의 인용은 본문에 쪽수만 밝힘.

2 권여선, 〈은반지〉, 《한국문학》 2011년 여름호, 48쪽. 앞으로 이 작품의 인용은 본문에 쪽수만 밝힘.

3 권여선, 《푸르른 틈새》, 1996: 문학동네 2007, 259쪽. 앞으로 이 작품의 인용은 본문에 쪽수만 밝힘.

4 서희원, 〈키치적 구원과 구원 없는 삶〉, 《문예중앙》 2011년 가을호, 401~02쪽.

5 강지희, 〈영원히 여성적인 것이 우리를 끌어올리지 못할지라도〉, 《문예중앙》 2011년 가을호, 345쪽.

6 김이설, 《환영》, 자음과모음, 2011, 148쪽. 앞으로 이 작품의 인용은 본문에 쪽수만 밝힘.

7 강지희, 〈영원히 여성적인 것이 우리를 끌어올리지 못할지라도〉, 351쪽.

8 서희원, 〈키치적 구원과 구원 없는 삶〉, 404쪽. "김이설의 누벼진 결말에는 어떠한 윤리적 경건함이 있다."

9 김이설, 〈부고〉, 《창작과비평》 2011년 여름호, 118쪽. 앞으로 이 작품의 인용은 본문에 쪽수만 밝힘.

10 서희원, 〈키치적 구원과 구원 없는 삶〉, 399쪽. 그 밖에 이명원, 〈김애란의 《두근두근 내 인생》, 그 명랑함에 묻는다〉, 《프레시안》 2011년 7월 15일 참조.

11 김윤식, 〈장편에 맞선 단편, 타협 상황인가 선택 사항인가〉, 《문학사상》 2011년 8월호, 230쪽.

12 김영찬, 〈공감과 연대—21세기, 소설의 운명〉, 《창작과비평》 2011년 겨울호, 309쪽.

13 김애란, 《두근두근 내 인생》, 창비, 2011, 10쪽. 앞으로 이 작품의 인용은 본문
에 쪽수만 밝힘.

14 공선옥, 《꽃 같은 시절》, 창비, 2011, 260쪽. 앞으로 이 작품의 인용은 본문에
쪽수만 밝힘.

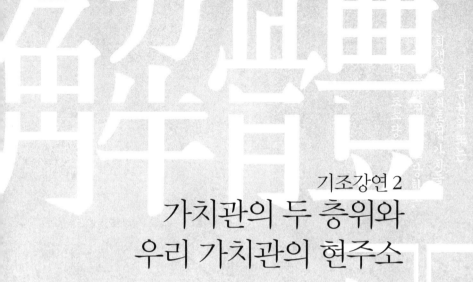

기조강연 2
가치관의 두 층위와
우리 가치관의 현주소

이태수

가치관의 두 층위와 우리 가치관의 현주소

1. 일차 가치관과 인간의 정체성

가치관이란 개념에 관한 우리의 이해를 일단 어느 정도는 미리 조정해 놓고 논의를 시작하자. 아주 일상적인 이해의 수준에서 가치라면 귀한 것과 동의어로 쓰인다. 인간은 간단없이 귀한 것과 하찮은 것, 천한 것을 가려가며 행동을 하고 자신의 삶을 꾸민다. 귀한 것을 소유하고 누리고 또 행하는 인생은 훌륭한 인생이고 성공한 인생이다. 그런 삶 자체가 살 만한 가치가 있는 것이다. 귀한 것, 중요한 것은 아무것도 얻지 못하고 하찮고 천한 짓만 하고 살게 된다면 그 삶은 살 가치가 없는 삶이다. 그러므로 가치관이란 우리가 얼마나 가치 있는 삶을 사는지를 가늠하는 기준을 내용으로 하는 믿음의 체계라고 할 수 있다.

그런데 이 가치관은 인간 개개인이 만들어 낸 것이 아니다. 삶을 영위하는 주체는 각 개인인 것이 철칙이다. 내 삶은 내가 혼자 살지 그 누구도 대신해 주지 못한다. 목 말라 죽겠으니 대신 시원한 물 좀 잔뜩 마셔 달라는 부탁을 일심동체라는 내 아내에게도 하지 못하는 것은 자연이 인간을 개체 단위로서 생리 현상의 주체 노릇을 하도록 만들어 놓았기 때문이다. 꼭 마찬가지로 생리 현상보다 훨씬 상위에 위치한 인생의 스토리를 만들어 내는 일의 주인공 노릇도 개체에게 주어진 일이다. 자신의 삶을 되는 대로 살아 버리고 마는 경우도 적지 않겠지만, 정상적인 한 개체로서의 인간이라면 자신의 삶을 가치 있는 삶으로 꾸미려고 노력한다. 즉 일단은 자신이 귀하다고 여기는 것을 실현하는 삶을 살려고 한다. 그렇지만, 그 경우 자신이 귀하다고 여기는 것의 내용은 스스로 판단해서 결정하는 것이 아니다. 개체로서 인간 각자는 자신의 가치관을 처음부터 혼자 스스로 선택해서 만들어 내지는 않는다. 그것의 거의 전부를 일단 남에게서 배운다.

배우는 내용은 각자가 시, 공간의 어떤 특정한 지점에서 태어나는가에 따라 결정된다. 잘 알다시피 인간은—진화의 사다리에서 높은 단계에 자리 잡고 있음에도 불구하고, 아니 바로 그러하기 때문이겠지만—생물학적인 성체가 되기까지 다른 어떤 생물체보다 긴 시간을 필요로 한다. 그 긴 시간은 오직 생물학적인 수준의 준비만을 위해 쓰이지 않는다. 젖 먹는 입을 열어 말을 배우기 시작할 때부터 어린애들을 특정 문화권에 소속시키는 훈육 과정이 본격적으로 시작된다. 그들이 배우는 말을 통해 그 문화권 특유의 가치관이 그들에게 주입되는 것이다.

그런 과정은 일견 어렵지 않게 진행되어 가는 것처럼 보여서 애들은 저절로 큰다는 말을 하기도 한다. 그렇지만 꼭 그런 것은 아니다. 무엇이 귀하고 무엇이 아니 그러한지 분간하기 위한 훈육의 과정을 거치는 것은 그 나름대로 꽤 수고스러운 일이다. 본능의 수준에서 먹을 것을 귀한 것으로 가려 내는 재주는 굳이 힘들여 배우지 않아도 될지 모르나, 어른들이 가치 있다고 인정하는 것의 대부분은 어린애로서는 이해하기 어렵다. 당장 음식을 취하는 예를 들었는데, 그 경우도 먹을 것만이 귀한 것으로 인정되지 않는다. 거기에 더해 먹는 행위에도 따라야 할 격식이 정해져 있어서 그것은 따로 또 배워야 한다. 그런 격식을 모르거나 무시하면서 아무렇게나 먹어 치우는 행위는 짐승처럼 천한 야만인이 하는 짓으로 취급된다. 소위 문명사회에서는 본능적인 일을 처리하는 방식도 가치평가의 대상이 되는 것이다. 문명사회 구성원이 되려면 무엇보다도 사람을 대하는 법도를 제대로 배우는 것이 중요하다. 각자의 생존을 위한 본능적인 일도 함부로 처리할 수 없는 이유는 결국 그런 일이 자신만의 일이 아니라 다른 사람을 대하는 사회적인 일이기 때문이다. 물론 어린애가 그런 모든 행위의 사회적 의미를 처음부터 제대로 이해할 수는 없다. 대소변 가리기, 식사법에서부터 웃어른에게 허리를 굽혀 공손하게 절을 하는 법을 배우는 어린애는 예절의 가치가 어떤 것인지 잘 알지 못하는 상태에서 일단은 그렇게 하라니까 무조건 하는 식으로 배움을 시작한다.

그러나 훈육이 진행되면서 배우는 내용은 초보적인 단계에서와는 달리 그저 겉만 아니라 속의 생각까지 따라 해야 하는 방향으로 그 무게가 커간다. 예절과 같은 외형적인 격식보다 훨씬 더 심중한 사회적 의미를 지닌 윤리 규범을 배우는 일은 그만큼 더 힘들다. 우리나라의 많은 학교가 교훈으로 채택하고 있는 정직이나 성실은 겉모양으로만 시늉하기에는 어려운 덕목이다. 그런 것들은 내용상 내면화되어야 진정한 덕목이 될 수 있다. 그런 덕목들은 철이 들어야 제대로 배울 수 있고 철든다는 의미는 그런 것들을 제대로 내면화한다는 것이다. 윤리규범과 관련된 가치만이 아니라 지적인 것, 심미적인 것 등 고급 수준의 가치에 대한 인식은 다 마찬가지로 사회 구성원이 될 배우는 사람의 생각 속에 깊숙이 착근되어야 할 것들이다.

그런 여러 종류의 가치에 대한 인식을 심어 주는 일이 쉽지 않은 만큼 가르치는 쪽에서도 상당한 정성을 투여해야 한다. 제 자식이 버릇없는 놈, 막돼먹은 놈이란 욕을 듣지 않도록 우선은 부모가 그리고 교사가 나서서 고무, 칭찬, 회유 또는 꾸지람과 회초리까지 동원하여 내내 챙겨 준다. 거기에 또래들도 무엇을 배우든 잘 배웠나 못 배웠나를 두고 경쟁을 벌이면서 압박을 가한다. 제대로 배우고 익히지 못해 서툴게 굴면 멸시와 조롱으로 따돌리기도 한다. 그래서 보통 청소년들은 성장 과정에서 외톨이가 될까 봐 은근히 두려워하면서 사회에 적응하는 훈련을 견뎌 낸다. 이렇듯 웃어른을 필두로 주변에 멀고 가까운 사람들 모두가 합세해서 귀한 것과 그렇지 않은 것을 구별하는 기준을 공유하고 그에 따라 행동하도록 길을 들여가는 과정을 곧 사회화 과정이라고 한다.

인간의 정체성도 이와 같은 사회화 과정을 통해 형성된다. 정체성 자체는 인간 각자가 한 개체로서 존재한다는 사실을 필수로 전제하는 것이나, 그렇다고 해서 정체성을 이루는 특징적인 내용까지도 개체성에서부터 바로 도출되는 것은 아니다. 그 내용은 한 개인이 자신이 속하게 될 공동체가 미리 마련해 둔 가치관으로 내면을 채우면서 확보된다. 20세기 한국에서 태어나 한국어를 쓰며 성장한 나는 한국이라는 문화공동체의 특유한 가치관을 자신의 것으로 만드는 긴 훈육기간을 거치면서 정체성을 갖추게 되었다. 비록 내가 처음부터 자유의지를 가지고 선택한 것이 아니라 우연히 이 시대 이곳에 태어났기 때문에 그렇게 되도록 강요되었지만, 그 정체성은 나중에 바꾸려 든다고 해서 쉽게 바꿀 수 있는 그런 것이 아니다. 자아의식이 생겨나기 시작하는 성숙기 동안 깊은 내면의 바닥에 다져져 정체성의 내용으로 굳어진 가치관은 아무리 환골탈태를 시도하고 모조리 지우려 해도 그 흔적을 결코 없앨 길이 없다. 그것은 내가 죽을 때까지 보유하는 정체성의 기층에 자리 잡은 일차 가치관이다.

2. 이차 가치관과 반성적 자아

그러나 일차 가치관을 내용으로 한 정체성이 확립되면서 이야기가 끝나는 것이 아니다. 본격적인 인생살이는 그때부터 시작된다. 훈육을 담당했던 기성세대로서는 차세대의 인생살이 동안 그들이 주입한 일차 가치관의 근간이 그대로 유지되기를 바라겠지만, 현실은 꼭 그런 바람을 따라 주지는 않는다. 살아가다 보면 자신의 일차 가치관과 충돌을 일으킬 수 있는 일도 하지 않을 수 없게 되는 법이다. 그럴 경우 일차 가치관의 내용은 부분적으로 보완되거나 수정될 수 있다. 그것이 꼭 바람직하지 않은 일이라고 할 수는 없다. 다 자라고 난 뒤에도 여러 가지 원인으로 인간은 배운 바를 제대로 지키지 못하고 타락하는 경우만 있는 것은 아니다. 타락하는 경우도 있지만, 배운 수준을 넘어서 새로우면서도 더 훌륭한 가치를 실현하는 삶을 살 수도 있기 때문이다. 그런 삶을 위해 일차 가치관의 틀을 벗어나야 한다면 그렇게 하는 것이 당연히 바람직하다. 일차 가치관 자체가 일호의 허술함도 없이 완성되어 있는 것은 아니다. 캐고 들자면 그 내용에는 허술한 구석이 적지 않다. 그럼에도 그것이 오랜 세월에 걸쳐 자신의 정체성을 이루는 내용이 되어 있기 때문에 바꾸기가 쉽지 않다. 그렇다고 해서 일차 가치관에 계속 고착되어 있다면 새로운 가치의 창조는—그것이 학문적 지식이든 윤리규범이든 또는 예술 작품의 형태로 실현된 가치이든 간에—불가능할 것이다. 일차 가치관과의 충돌은 결코 피할 일만은 아니다.

소크라테스는 아예 일차 가치관 자체를 반성적 검토의 대상으로 삼는 것이 가치 있는 일이라고 역설했다. 소크라테스는 서양

철학사에서 가장 존경받는 철인의 위치를 차지하고 있지만, 그가 제창한 특별한 철학 이론이 있는 것은 아니다. 잘 알려져 있다시피 그는 평소에 자신이 알고 있는 것이란 자신이 아무것도 모르고 있다는 사실뿐이라는 말을 하고 다녔는데, 실제로 그것은 거짓 겸손이 아니었다. 그는 아직까지 아무도 몰랐던 새로운 철학적 진리를 깨달아 설파한 것이 아니다. 그저 자신이 살고 있던 아테네 사회의 기존 가치관, 즉 그의 동료 시민들이 잘 알고 있다고 생각하는 그들의 일차 가치관에 어떤 허술한 구석이 있는지 파헤쳐 보여 주는 일로 거의 평생을 보냈다. 소크라테스의 이런 말과 행동을 그의 동료 시민들은 견딜 수 없이 미운 짓으로 여겼기 때문에 결국 그를 사형에 처하기까지 했다. 소크라테스는 사형 언도를 받은 후 마지막 변론을 통해 검토하지 않는 삶은 살 가치가 없는 삶이라는 말로 자신이 그때까지 실천해 온 일을 정리했다.

소크라테스가 말한 검토는 일차 가치관의 내용을 이루는 것들이 과연 얼마나 타당한지 끝까지 따져 보는 것을 뜻한다. 그 당시 아테네 시민들이나 현 시대를 살아가는 사람들이나 다 마찬가지로 삶을 성공적으로 영위하기 위해 따라야 할 규범의 타당한 근거는 어렸을 때부터 주입식으로 배운 가치에 있다고 믿는다. 그러나 그런 믿음은 소크라테스가 대화를 통해 계속 따지고 들면 여지없이 무너져 버리고 만다. 보통 인간은 자신이 잘 알고 있다고 생각하는 가치가 어떤 것인지 제대로 알지 못하면서 자신의 삶이 그것에 배치되지도 않고 나아가 적극 실현하고 있다고 믿고 산다. 소크라테스는 그 가치에 대한 당사자의 이해가 어떤지 질문을 던지면서 대화를 시작한다. 가령 정의란 무엇인가, 또는 우정, 경건함이란 무엇인가처럼 당시 사람들의 일차 가치관에서 윤리와 관련된 핵심적 가치가 질문의 주제다. 자신이 정의의 기준에 비추어 올바른 삶을 살고 있다고 믿는 사람들도 정작 정의가 무엇인지에 대한 질문에는 제대로 답을 못한다. 신에 대한 경건함에 관한 한 전문가라고 할 수 있는 신관도 자신이 하는 일이 경건함의 가치를 실현하는 최상의 일이라고 믿어 의심치 아니하지만, 정작 경건이 무엇인지는 잘 모른다.

사람은 자신이 신봉하는 가치가 어떤 것인지 잘 알지 못하면서도 그냥 외워서 자기 것으로 만들어 놓을 수 있다. 하지만 철저히 내면화되어 있다고 해서 문제가 없는 것은 아니다. 소크라테스와 대화를 나누는 상대방 대부분은 자신의 삶과 관련된 중요한 주제에 대해 결국 앞뒤가 맞지 않는 모순된 의견을 가지고 있음에도 드러내게 되는데, 그들 모두가 소크라테스의 지적이 있기 전에는 그 점을 전혀 의식하지 못하고 있었다. 한번도 자신의 내면에 검토의 눈길을 주어 자신들의 삶을 이끌고 있는 원칙에 대한 믿음의 체계를 반성적 사유의 대상으로 삼아 본 적이 없었던 것이다. 병이 들어도 병이 든 줄 모르는 사람과 다를 것이 없다. 소크라테스는 사람이 일관성 없는 믿음체계를 지니는 것은 영혼이 헝클어져 있는 것과도 같다고 생각해서 그 체계의 기저부에 위치한 일차 가치관을 검토하는 일이 곧 자신의 영혼을 돌보는 일이라고 역설했다.

소크라테스가 영혼을 돌본다고 한 말은 자신의 정체성을 돌본다는 말로 이해해도 좋을 것이다. 일관성이 없는 믿음체계에 따라 삶을 영위하는 것은 본인이 의식하든 안하든 자신의 정체성을 훼손하는 일이다. 일차 가치관의 내용에 의해 확립된 자신의 정체성을 돌보지 않고 어른으로서 복잡한 세상을 살다 보면 자신도 모르게 일관성이 없는 믿음체계에 따라 행동을 하면서 자신이 생각했던 자기 모습과 다른 모습이 되어 버리는 일은 아주 흔하다. 훌륭한 삶을 산다는 것이 꼭 새로운 가치를 창조하는 대단한 일을 해 내야 하는 것은 아니다. 어떤 대단한 것을 성취하기 이전에 자신이 일단 내면화한 일차 가치관의 내용을 다시 검토하면서 자신의 정체성을 재정비하는 일만 해도 살 만한 가치가 있는 삶을 산다고 할 수 있다. 그렇게 살면 적어도 자신이 어떤 사람으로서 어떤 삶을 사는지 스스로 잘 알면서 사는 것이겠다. 한 번밖에 살지 못하는 자신의 인생을 제대로 살고 있는지 심지어 내가 사는지 또는 그 어떤 남이 대신 살고 있는지도 스스로 분간 못할 정도로 희미하게 사는 것, 즉 시쳇말로 표현하자면 대충 살아 버리고 마는 것은 인생이 귀한 줄 모르는 행동이 아닐 수 없다. 소크라테스의 조언을 따르는 것은 쉽게 말하면 정말 인생이 귀한 줄 알고 제정신을 차리고 사는 일이겠다.

그러면 소크라테스의 조언에 따라 제정신을 차리고 사는 사

가치관의 두 층위와 우리 가치관의 현주소

람의 가치관은 내용적으로 어떤 특징을 가질까? 그가 반성적인 검토의 대상으로 삼는 것이 그 자신의 일차 가치관이니까 그 내용은 일차 가치관의 수정 또는 보완된 내용이겠다. 그것은 일차 가치관과 대비하여 이차 가치관이라고 부를 수 있다. 이차 가치관의 내용은 수정, 보완의 정도에 따라 일차 가치관과 상당히 다를 수 있다. 그러나 꼭 가치 전복적이라는 평가를 받을 만큼 혁신적이어야 하는 것은 아니다. 혁명적인 인물만이 살 만한 가치가 있는 삶을 산다고 할 수는 없다. 기존의 가치를 재삼 확인하는 것으로서 내용적으로는 일차 가치관과 별로 차이가 없더라도 소크라테스의 기준에 따라 이차 가치관으로 성립할 수 있다. 중요한 것은 얼마나 충분한 반성적 검토를 거쳤느냐에 있다. 가령 삼강오륜이 구현하고 있는 가치를 예로 들자면 아무리 나름대로는 그것을 성실하게 지키며 살아도 그 내용에 대한 반성적 검토를 해 본 적이 없는 사람은 일차 가치관에 고착한 삶을 사는 것일 뿐이나, 스스로 철저한 철학적 사색을 거쳐 그 가치를 윤리규범을 정초해 주는 최종 원리로 재삼 확인하고 거기에 따라 자신의 정체성을 지켜 나가는 삶을 사는 사람은 이차 가치관을 내용으로 한 가치 있는 삶을 산다고 볼 수 있다. 요컨대 이차 가치관을 내용으로 한 정체성이야말로 인간의 진정한 정체성인 것이다.

3. 우리 가치관의 현 주소

보통 사람들은 일차 가치관에 고착해서 살아도 일상적인 안온함이 계속 유지되는 한 일차 가치관의 허술함을 의식하지 않는다. 그런 경우 특별히 철학적인 기질을 지닌 사람을 제외하면 누구도 굳이 일차 가치관의 문제점을 캐려 들지 않는다. 그러나 한 사람의 일생 중에는 일상적인 안온함이 깨지는 상황이 가끔씩은 생기게 마련이다. 가령 스스로 정의로운 사람이라는 자기이해를 가지고 편히 살아가던 사람이 어떤 때 정의의 가치를 실현하려면 자신이 정의 못지않게 귀히 여기는 또 다른 어떤 것을 희생해야 하는 상황에 처할 수 있다. 그럴 때 그는 어쩔 수 없이 가치로서의 정의가 정말 귀한 것인지 새삼 따져 보게 될 것이다. 그와 같은 점검은 곧 자신이 지니고 있는 일차 가치관의 허술함을 알아차리고 그것을 수정, 보완하여 이차 가치관을 확립할 수 있는 계기를 마련해 줄 수 있다.

개인사의 차원에서 있을 수 있는 이런 일은 공동체 전체에도 여러 가지 방식으로 일어날 수 있다. 소크라테스가 활동하던 당시 아테네도 시민 공동체의 구성원 전체가 타성적으로 일차 가치관에 안주하고 살기 어려운 상황에 처해 있었다. 숙적 스파르타와의 긴 전쟁을 치루고 결정적인 패배까지 겪은 아테네 시민들에게는 지켜야 할 일상적 안온함은 이미 존재하지 않았다. 그런 점에서 아테네 시민들이 공유하고 있는 일차 가치관의 타당성을 검토하자는 소크라테스를 처형한 것은 그야말로 미망의 소치였다. 소크라테스를 처형한 뒤 곧 그의 복권 운동이 일어나게 된 것은 그런 미망은 결코 오래 갈 수 없었기 때문이다. 그 복권 운동은 그리스인들이 공동체의 이차 가치관을 확립하기 위해 노력했음을 의미한다.

우리나라도 하나의 문화공동체로서 오랜 전통으로 유지해 온 일차 가치관을 재검토하지 않으면 안 될 사건을 여러 차례 체험해 왔다. 현재에도 그런 사건을 겪고 있는 중이다. 이 사건은 20세기가 시작되는 즈음에 벌어졌지만 처리해야 할 숙제가 아직도 마무리 되지 않고 있기 때문에 여전히 상황이 완전 종료되지 않은 현재 진행형으로 남아 있다. 서세동점의 세계적 추세가 정점에 도달했던 당시에 우리나라는 일본에게 강점되어 주권을 상실하고 식민지 신세로 몰락했다. 그러면서 유학에 기반을 둔 국가 통치 이념이 일거에 강제로 폐기되는 변을 당한다. 그때까지 한국인들의 일차 가치관을 받쳐 주던 공맹지도의 공적인 권위가 일거에 사라져 버린 것이다. 아울러 일차 가치관의 효력이 급속히 약화되기 시작했다. 본래 내용적으로 공적인 신분질서 체제와 아주 긴밀하게 연결되어 있는 유학의 가르침이 공적인 권위를 상실한 뒤에는 일차 가치관을 받쳐 줄 수 있는 역할을 계속하지 못하게 되었으니 그것은 당연한 결과일 수밖에 없다.

20세기 전반부 동안 우리 삶의 여러 부문은 일제의 중개와 강제를 통해 유교 문화를 대신해서 서양 문화로 급속히 착색되어

갔다. 그 결과 20세기 전반부가 지나고 나자 우리나라 사람은 우선 얼른 눈에 띄는 외양부터 서양식으로 완전히 바뀌었다. 거의 대부분 서양식 두발과 복식을 하고 양옥에 살게 되었다. 행동거지도 서양식 예법에 맞추어졌고 학문과 예술도 서양에서 수입해 온 것을 주류로 삼았다. 물론 처음에는 일제의 강제에 대해 저항도 없지는 않았지만 정치, 경제, 법 등 사회제도, 그리고 사람의 외양과 머릿속까지 이렇게 짧은 시간 내에 서양적으로 변화한 예는 또 달리 찾아보기도 어려울 것 같다.

워낙 인상적인 서양 문화에 압도되어 일어난 그 빠른 변화를 겪으면서 우리는 자신이 변화의 능동적인 주체라기보다 변화를 당하고 있다는 느낌을 가질 정도였다. 어쨌든 우리 자신이 기존의 일차 가치관을 재검토하고 수정, 보완해 이차 가치관을 확립하는 변화를 주도하지는 못했다. 그렇게 할 수 있는 여유를 갖지 못했다. 우선 일제의 지배하에서 식민지 백성으로서 자신의 삶의 주인공 노릇을 박탈당했다. 그런 처지에서 민족적인 정체성의 내용이 될 가치관을 논의할 수는 없었다. 해방이 되고 나서 처지가 달라졌지만, 곧이어 전쟁이 벌어지고 각기 반공과 유일사상으로 무장한 분단국으로 나뉘어 적대적인 대치를 오래 계속해 갔다. 그 경색된 분위기에서도 가치관에 관한 논의는 역시 제대로 이루어질 수 없었다. 그러니까 분명 소크라테스가 말하는 검토된 삶을 살 수 있는 계기를 얻었지만 본격적인 검토는 뒤로 미룰 수밖에 없었던 것이다.

그런 상황이 백 년이나 계속되다 보니 우리가 도대체 어떤 가치관을 가지고 살고 있는지 우리 자신도 잘 모른 채 그저 살고 있는 모양이 되었다. 그런 상태를 단적으로 가치관의 부재라고 해도 좋겠지만, 전통적인 일차 가치관에 해당하는 것이 있기는 해도 이미 희미한 흔적으로 약화되었고 이차 가치관은 미처 확립이 되지 않은 단계라고 하는 것이 좀 더 정확한 진단일 것이다. 이런 상황에서는 일단 기존의 일차 가치관을 재정비하는 방향으로 노력해 보자는 생각을 해 볼 수 있다. 그러나 현재 시점에서 과거의 유교 문화를 복원하는 방식으로 가치관을 정립하겠다는 생각은 아무래도 퇴행적이라고 판단된다. 이미 일제 때 공맹의 가르침은 신식 학교의 공식 교육 과정에서 퇴출되었다. 해방 후 공식 교육 과정을 주체적으로 운영할 수 있게 되면서도 공맹의 가르침을 공식 교육 내용으로 다시 채택하지 않았다. 그 과정에서 별다른 토의도 없었다. 그때 벌써 이씨왕조 체제로 돌아가지 않은 사항과 마찬가지로 국민적 합의가 있었던 것이다. 따라서 공맹지도를 중심 내용으로 하는 일차 가치관의 근간을 복원하려는 생각은 확실한 시대착오다. 그러나 오랜 역사적 배경을 완전히 무시하고 환골탈태하여 서양 문화의 가치를 중심 내용으로 한 새로운 정체성을 갖춘 새 사람이 되겠다는 생각으로 이차 가치관을 확립하려 드는 것도 문제가 있다. 일차 가치관과 아무 연관이 없는 이차 가치관은 이차라고 순서를 매기기보다는 그냥 일차라고 해야 할 것이다. 그러나 역사 속에 위치한 인간에게 그런 식의 완전한 새 출발은 있을 수 없다.

그동안 우리의 가치관에 대한 논의를 본격적으로 벌이지는 못했지만, 지식인들은 문화 정체성에 관한 문제를 완전히 방치해 놓고 있지는 않았다. 서양 문화에 지나치게 경도되어 있으면 그 결과가 어떻게 될지 걱정스러워 하는 지식인들도 적지 않았다. 그들의 걱정에는 그동안 너무 서양 것만을 귀하게 여겨 온 자신의 모습을 돌아보면서 드는 자괴감도 섞여 있을 것이다. 과거 우리의 정체성을 이루었던 일차 가치관의 흔적이 아직까지 남아 있는 한 그런 자괴감은 당연하다. 게다가 그동안 서양 문화와의 접촉이 더 강화되면서 처음처럼 그저 찬탄만 할 수는 없게 되었다. 서양 문화도 그 나름대로 빛과 그늘이 있다는 것을 알게 된 것이다. 그 때문에 서양 문화를 덮어 놓고 그대로 이 땅에 이식하는 일에 동의할 수도 없었던 것이다.

그러나 걱정만 하고 있을 수 없어서 내놓은 답은 대개 서양에서 받아들일 것은 받아들이되 무조건 수용이 아닌 주체적인 수용을 해야 한다는 것이다. 이 답은 사실 들어보았자 막연하기만 할 뿐이다. 주체적인 수용이 무엇을 뜻하는지 분별할 수 있으려면 자신의 정체성에 대한 확실한 이해가 어느 정도 있어야 한다. 그리고 그 정체성은 특정한 가치관을 내용으로 하는 것이다. 일차 가치관과 이차 가치관 사이에 머물러 있는 우리가 풀어야 할 숙제에 대한 답은 그렇게 진부하고 상투적인 답이 아니다. 현재 우리에게 의미 있는 주체적 수용이란 주체의 정체성을 확립하기 위해서 하는 일이지, 이미 자신의 정체성을 확립해 가지고 있는 주체가 선별적인 수용을 하는 것은 아니다.

4. 가치 다원주의와 공동체의 정체성

그런데 최근에는 또 상황이 또 달라진 것 같다. 이제는 우리의 정체성에 관한 걱정의 목소리도 잘 들리지 않는다. 아울러 가치관에 관한 논의의 필요를 강조하는 사람도 별로 없다. 가치관의 부재니 혹은 혼란이니 하는 표현으로 세태를 진단하면서 탄식하는 것이 벌써 구세대답다는 인상을 준다. 그런 표현 대신 가치다원주의나 문화다원주의가 이 시대의 대표적 화두가 되었다. 이 화두에서 사람들이 여전히 가치 문제에 관심을 가지고 있지만 문제를 보는 시각이 꽤 달라졌다는 것을 당장 읽어 낼 수 있다. 가치관의 확립과 관련된 문제보다는 이미 확립해서 보유하고 있는 서로 다른 가치관들끼리 충돌하는 현상을 더 중요한 문제로 생각하게끔 된 것이다.

가치관의 충돌은 원래 다인종, 다문화 국가공동체인 미국 특유의 사회 문제였다. 얼마전부터는 서유럽의 여러 나라들도 문화 전통이 다른 아프리카나 중동지역의 이민을 국가 구성원으로 편입하면서 심각한 가치관 충돌 문제를 겪게 되었다. 부유한 선진국 이외에도 인도와 같은 나라에서는 가치관의 충돌로 가끔 살상도 마다하지 않는 끔찍한 폭력사태가 벌어지기도 한다. 우리나라에서도 비록 작은 규모로나마 외국인 근로자나 소위 다문화 가정의 문제가 대두되기 시작했기 때문에 여태껏 그저 전해 듣기만 하던 가치관의 충돌 문제는 조만간 남의 이야기로만 생각할 수 없게 될 것이 분명하다. 그런 문제가 아니라 해도 세계화의 추세로 일반 사람들이 문화전통과 가치관이 다른 지역의 사람들과 접촉하는 일은 점점 빈번해질 것이다. 그럴 때 어떤 마음가짐과 태도를 지녀야 하는지 전혀 생각해 본 적이 없는 사람처럼 굴 수는 없다. 우리끼리만 모여 사는 세상이 아님을 제대로 인식해야 할 때가 된 것은 분명한 사실이다. 따라서 우리 입장에서도 가치관의 충돌 문제에 대한 해법으로 가치다원주의나 문화다원주의를 논의하는 것이 시의성이 없다고 할 수는 없다.

하지만 우리의 경우를 방금 예로 든 나라의 경우와 비교할 수는 없다는 것도 분명하다. 가치관의 충돌이 폭력적인 사태로 이어지는 것은 대체로 일차 가치관에 지나치게 고착되어 있는 광신적인 집단 사이에 일어나는 일이다(반성적인 검토를 거쳐 확립된 이차 가치관을 지닌 사람들 사이에서는 그런 일이 일어날 가능성이 훨씬 적다). 앞서 말했듯이 우리의 경우는 전통적인 일차 가치관의 효력은 약화된 지 오래다. 현재 그런 가치관에 매달려 다른 가치관을 지닌 사람들과 목숨을 건 싸움을 하려 드는 광신적인 집단의 존재는 확인되지 않고 있다. 따라서 가치관의 충돌과 관련된 문제는 당장의 제일 의제가 되어야 할 필요까지는 없다. 그것이 의제가 되어야 한다면 그와는 반대방향에서 제기되는 문제, 즉 가치관을 확립하는 문제도 못지않게 중요한 의제로 대접을 받아야 하는 것이 우리의 상황이다.

가치관의 충돌을 문제삼는 맥락에서 논의되는 가치 다원주의나 문화 다원주의는 근세 서양에서 유래한 특정한 정치철학인 자유주의와 짝을 이루고 있다. 가치관의 충돌 문제와 가치관 확립의 문제가 서로 반대 방향에서 제기된다고 한 까닭은 무엇보다도 자유주의 정치철학이 가치관 확립의 문제가 지닌 의미와 비중을 낮추어 보는 경향이 있기 때문이다. 자유주의도 물론 여러 가지 버전이 있지만, 대부분의 버전은 국가가 사회의 외곽적인 안녕질서를 유지해 주는 최소한의 기능만을 수행하는 것이 바람직하다는 입장을 공통적으로 취한다. 만일 개인이나 특정 집단들 사이에 서로 다른 가치관 때문에 갈등이 야기되어 전체 사회의 안녕질서가 깨질 위험이 있을 때는 국가가 개입하는 것이 당연하지만, 그때 국가는 정의와 공평과 같은 절차적 규범만을 기준으로 하여 중립적인 사회공학적 조정 처리만을 해야지 그 이상의 개입은 삼가야 한다는 것이다. 만일 공적인 권한을 독점적으로 행사하는 국가가 어떤 특정한 윤리적 가치를 실현하려 들면 개인이 누릴 수 있는 자유를 부당하게 침해하는 것이 불가피하다는 것이다.

이런 입장을 취하면 가치관의 확립은 근본적으로 사적 영역에 속하는 일로 취급하게 된다. 다시 말해 어떤 개인이 무슨 가치관을 가지든 국가의 외곽적인 안녕 질서가 그 때문에 깨질 위험만 없다면 국가가 나서서 그 점에 관해 쓰다 달다 간섭할 필요가 일절 없다고 생각하는 것이다. 이런 생각은 유학을 통치 이념으로 삼았던 국가의 기억을 가지고 있는 우리들에게는 아주 세련된 것으로 보일 수 있다. 실제로 단일한 가치관만이 지배하는 사회보다는 여러 다른 가치관의 공존이 허용되는 사회는 더 큰 다양성 덕택에 더 활력이 있고 발전 가능성이 더 높을 것은 틀림없다. 그런 점은 문화 다원주의나 가치 다원주의와 짝을 이룬 자유주의 국가관의 큰 장점이라고 할 수 있다.

그러나 자유주의적 국가관이 가치관의 문제는 전적으로 개인에게 일임된 일이라는 생각을 부추길 수 있다는 점도 주목해 보아야 한다. 그것은 약점이지 장점은 아니다. 가치관은 어떤 경우에든 혼자 만들어 가지는 것이 아니기 때문이다. 기성세대가 주입해 주는 일차 가치관의 경우는 두말할 필요가 없다. 이차 가치관 역시 일차 가치관에 대한 반성적 검토라는 과정을 거쳐 확립되는 것이기 때문에 결국 혼자 만들어 냈다고 할 수 없는 것이다. 소크라테스도 산속 암자에서 홀로 면벽하고 앉아 자신의 이차 가치관의 확립을 추구하지는 않았다. 그는 동료시민들과의 대화가 그 일을 하는 데 있어서 필수적이라는 사실을 잘 알고 있었다. 가치의 통용 범위도 한 개인을 넘어선다. 저 혼자만 좋다고 생각하는 것이 곧 가치로서 효력을 갖는 것은 아니다. 원칙적으로 남과 공유할 수 없는 가치는 가치일 수 없다.

그렇다고 해서 국가가 주도해서 어떤 특정한 가치관을 통용시켜야 하는 것은 아니다. 가치의 공유는 우리가 이웃과의 대화를 통해 서로 영향을 주고받으면서 합의의 범위를 넓혀 나가는 방식으로 이루어질 수 있다. 인문학은 바로 그런 방식으로 가치의 창조와 공유를 목표로 수행되는 학문활동이다. 예컨대 어린애에게 동화를 들려주는 방식으로 일차 가치관을 심어 주는 것이 곧 초기 단계의 인문교육이다. 그리고 일차 가치관에 대한 성인 수준의 반성적 검토는 곧 문학, 철학 등 인문학의 연구 내용 이외의 다른 것이 아니다. 그와 같은 인문학의 작업을 국가가 나서서 직접 수행해야 하는 것은 아니다. 오늘날 소설을 쓰거나 영화를 제작하는 것을 국가 공무원이 전담해야 한다는 발상에 찬동할 사람은 별로 없을 것이다.

자유주의적 국가관이 가치관의 문제를 오로지 개인적인 일로만 취급하지 않는다면 가치관의 확립을 위한 노력과 꼭 상치될 까닭은 없다. 국가가 가치관의 확립을 위한 논의를 직접 떠맡지는 않아도 오불관언, 수수방관만하는 것이 아니라 가치관에 관한 인문학적 대화의 여건을 조성하는 일에 적극적인 도움을 줄 수도 있는 것이다. 또 그렇게 하는 것이 더없이 바람직한 일이겠다. 문화 다원주의나 가치 다원주의와 같은 다원주의도 그것이 우리에게 다른 가치관을 가진 사람들과 만나 대화하고 서로 영향을 주고받을 수 있는 용의를 지닐 것을 권고하는 입장이라면 얼마든지 받아들일 수 있다. 그러나 만일 그것이 가치관이 다른 사람들끼리는 서로 대화할 수도 없고 그럴 필요도 없다는 주장이라면 받아들이기 어렵다.

현재 우리는 전통적인 일차 가치관과 이차 가치관의 중간지대에 머물러 있으면서 가치관의 확립이라는 숙제를 제대로 처리하지 못하고 있다. 그런 중에 서양에서 유래한 또 하나의 사조인 다원주의가 힘을 얻어 바야흐로 가치관의 문제에 대한 관심을 약화시키는 방향으로 작용할 기미를 보이고 있다. 그러나 이 경우에도 그 사조의 본뜻에 대한 좀 더 깊은 이해와 해석을 할 수 있다면 그 사조에서도 우리가 하려는 일에 오히려 도움을 받아 낼 수 있다. 서양 문화와의 만남을 어떻게 소화해 내느냐는 것은 가치관의 확립을 위한 우리의 일에서 가장 핵심적인 과제일 것이다. 문화다원주의나 가치다원주의도 우리가 제대로 소화해 내야 할 수입품목 중의 하나일 것이다. 어쨌든 잊지 말아야 할 것은 지난 세기 초입에 우리에게 주어진 가치관에 관련한 숙제는 여전히 처리를 기다리고 있다는 사실이다. 그 숙제의 처리에 집중해야 우리는 정체성을 확립해서 진정한 삶의 주인공으로 제정신을 차리고 살 만한 가치가 있는 삶을 살 수 있을 것이다.

종합토론

한국인의 가치, 해체와 재구성으로

사회 : 송승철(한림대 영문학과 교수)

유종호   이태수   김용수   백문임

서영채   홍정선   한기욱   송승철

사회● ● ● : 지금부터 1시간 정도 마지막 종합토론을, 사실은 좌담이죠. 좌담의 형식을 취하겠다는 것은 아주 편하게 자신의 의견을 제시하고 또는 간섭도 하겠다는 겁니다. 우선 좌담을 하기 전에 제가 아주 짧게 이 학술대회의 의의에 대해서 말씀드리겠습니다. 이 학술대회는 '일송기념사업회'에서 기획 · 진행하는 것입니다. '일송'이 저희 설립자인데요, 설립자의 호를 따서 기념회가 만들어졌고 여기에서 주최를 할 때에는 적어도 약간은 보수적인 이데올로기 내지는 보수적인 가치관에 대해 어느 정도 살려보자는 겁니다. 또는 보수주의에 들어 있는 긍정성을 봐 달라고하는 설립자의 의도가 여기에 녹아 있습니다. 물론 이것을 우리 필자들이 과연 받아 줄 것인가는 전혀 다른 문제입니다.

지금 권위 또는 희생 같은 전통적 가치들이 실종되고, 완전히 조소당하고, 전복되고, 조소당하는 것을 보고 다들 껄껄껄 통쾌함을 느끼고 하는 세대인데요. 과연 해체만이 옳은 것이냐? 해체의 방식이 과연 정당한 것이냐? 그리고 엄밀히 말해서 우리가 한림과학원 안에서 이 문제에 대해 논의할 때 과연 권위 없는 사회가 존재하느냐? 권위와 권위주의를 구분해서 권위주의는 아주 나쁜 것이지만은 정당한 권위, 그것 없이는 사회가 유지되지 않는다, 그래서 권위 자체를 전복시키는 최근의 해체 이론이 과연 정당한 것이냐는 질문이 하나 있었고요. 그것은 희생도 마찬가지다, 희생이 얼마나 이데올로기적인지는 너무나 잘 알고 있지만 그러나 희생에 들어가 있는 초월성, 그것은 꼭 여자한테만 요구되는 것은 아니지요. 남자한테도 요구되고. 희생이 없는 사회가 오면 좋겠지만 그러나 희생이 가지는 초월성 자체까지도 부정하면서 나아가는 방향이 과연 정당한 것이냐? 이런 의제가 있었고요. 여기서 우리가 해체의 방식을 논하면서 재구성은 불가능한 것인가? 이런 복선을 깔고 이 심포지엄을 시작했습니다. 그것은 저희들의 의도였고, 실제로 나온 것은 아마 그쪽으로 나오기보다는 굉장히 많은 비판을 받은, 그러나 그러면서도 많은 분이 재구성의 필요성을 역설하고 어떤 식으로 들여 올 것인가를 말씀하셨습니다.

그래서 제가 사회를 보면서 오늘 논의의 많은 부분을 여기에 초점을 맞추고 이끌어 보겠습니다. 이것도 물론 제 의도이고 실제로 어떻게 될지는 여러분께 맡기고요. 일단 제가 먼저 플로어floor에 있는 분들의 질문을 받고, 그 질문에 답하면서 자연스럽게 이런 문제가 논의되도록 했으면 좋겠습니다. 어느 분께서 먼저? (청중들을 보며) 아! 네, 황 교수님. 준비된 선수가 나왔습니다.

황정아● ● ● : 굉장히 강압에 의한 것이라고 말할 수는 없겠지만 없다고도 할 수 없겠고. 사실 오늘 다섯 분 발표, 앞의 기조연설까지 포함해서 너무 재미있게 들었습니다. 제가 많이 공감을 하면서 들었다는 말씀을 먼저 드리고 싶습니다. 지금 송승철 선생님께서 말씀하신 그러한 문제가 다루어졌다고 생각이 듭니다. 그래서 저는 오늘 오후에 발표하신 세 분 선생님들이, 먼저 발표하신 분들이, 윤리라는 것을 중심으로 가치에 대해 고찰을 하셨다고 생각이 들고. 특히 백문임 선생님의 표현이었던 '윤리적인 니힐리즘nihilism'이라든가 이런 것들에 대해서 어떻게 대응을 할 수 있겠는가 하는 문제를 다루고 계셨다고 생각합니다. 그런데 흥미롭게도 첫 번째 홍상수 영화를 다룬 홍상수 영화에 대한 평과 〈시〉를 다룬 평에서 약간 다른 대조적인 입장이라고 할까요? 그런 것들이 나왔다는 생각이 들어서 저는 그 점에 대해 먼저 질문을 드리고 싶습니다.

첫 번째, 김용수 선생님은 주로 홍상수 영화에 나오는 도덕적인 니힐리즘에 대한 폭로가 굉장히 강하다는 데에 초점을 두셨죠. 물론 거기서 이념적인 존재로서 여성적인 공간이 들어가면서 조금 이질적인 면이 포함이 되기는 하지만, 그런 이질성이 결국 제가 듣기에는 폭로를 오히려 강화하는 것에 주로 포인트가 맞춰져 있고 그 이질성이 뭔가 조금 다른 방식으로 나아가는 통로를 보여 주는 것 같지는 않은 그런 느낌을 받았습니다. 그런 점에서 여성의 존재가 그냥 잉여로만 존재만 하는 게 아닌가? 그것이 어떻게 포지티브positive한 것과 연결이 될 수 있을지? 홍상수 영화에 대한 저 개인적인 불만은 다른 것이 보이면서도 그것이 항상 남성적인 도덕이 가진 위선의 폭로를 강화하는 데에만 복무하는 방식으로 그렇게 또다시 한 번 가둬지는 것은 아닌가 하는 생각이 들었거든요. 그 점에 대해서 어떻게 생각을 할 수 있을지 그 문제를 질문을 하고 싶습니다.

백문임 선생님이 이창동의 〈시〉를 읽으시면서는 그것과는 조금 다르게, 어떻게 보면 니힐리즘에 대한 좀 더 적극적인 대응이면서 적극적인 가치에 대한 모색을 읽어 내려고 하신 것 같고 그것이 마지막에 소녀의 부활이라는 형태로, 타자성의 부활, 이런 식으로 굉장히 적극적인 방식으로 모색되는 것들을 읽어 낸 것 같습니다. 그런데 사실 저는 두 분 발표에 모두 공감을 하는데요, 저도 아직 어떻게 생각을 해야 될지 몰라서 조금 반대되는 입장에서 질문을 하겠습니다. 그렇다면 과연 허무주의에 대한 반발, 적극적인 대응으로서 타자성에 대한 부활이 나타나지만 사실 그 타자성이 정말 그 죽은 소녀의 부활이, 소녀의 입장에서 그것이 정말 '소녀의 부활이다' 라는 것을 보장해 주는 것 또한 없지 않나! 부활이 과연 실제 타자성의 부활이라는 것을 보장해 주는 그런 장치는 또 없지 않나! 그런 문제는 또 어떻게 생각을 해야 될 것인지? 또한 다시 한 번 타자의 존재를 우리 식으로, 주체의 방식으로 다시 한 번 전유를 해 버리고 실제로 자기의—마지막에 지적도·하셨지만—퇴행적인 미적 의식을 투사하는 것에 지나지 않는, 그런 결과밖에 안 될 수도 있지 않은가 하는 그런 질문을 한 번 던져 보고 싶고요. 그것을 확실히 넘어 섰다고 할 수 있을 것인지 질문을 드리고 싶습니다. 결국은 니힐리즘에 대한 태도, 어떻게 넘어설 수 있는지와 연결되는 것 같습니다.

마지막으로 니힐리즘이라고 하는 게, 윤리적인 허무주의라고 하는 게 사실 서영채 선생님께서 발표하신 〈괴물〉하고도 통하는 것 같습니다. 속물을 더 넘어서는 괴물이 나오는 시대에 어떻게 어떤 윤리를 우리가 추구를 해야 될 것인가 하는 질문을 던져 볼 수 있는데. 선생님께서 괴물이라고 하는 시대 진단에 근거해서 본다면, 앞에서 두 분께서 말씀하신 그런 식의 니힐니즘에 대한 반응과 태도에 대해 어떠한 코멘트를 하실지 궁금합니다. 괴물의 시대에 윤리적인 대응이라는 측면에서 앞의 두 분 발표문에 대해 코멘트를 해 주시면 좋지 않을까 그런 생각을 해봤습니다.

사회●●● : 고맙습니다. 제가 범박하게 단순화시켜서 요약을 하겠습니다. 김용수 선생님은, 여성을 이용했다, 남성 폭로를 위해 여성을 물건으로 이용했다라고 하는 통렬한 비판이 있었고요. 백문임 선생님에 대해서는 결국 나르시시즘이 아니냐? 남의 이야기를 하는 척하면서 자기 혼자 좋아하는 그런 방식으로 소녀를 이용했다, 치매가 일어나고요. 그런 이야기고요. 서영채 선생님은, 이런 금융자본주의, 괴물로 하면 도대체 윤리 추구는 뭐냐? 이런 어려운 질문이 지워졌는데. 한 분씩 답변을 하면서 다음으로 넘어 가겠습니다. (김용수 선생님께) 이왕이면 다른 분들의 글에 대해서도 비판을 해주세요.

김용수●●● : (웃음) 잘 알지 못하기 때문에……. 제가 제일 먼저 공격의 대상이 될 줄 알았습니다. 홍상수와 〈시〉가 서로 대조적으로 느껴질 것 같기도 하지만 전적으로 동의하지는 않는데요. 허무주의라는 것이 분명 홍상수에게 기본적으로 깔려 있는 정서이고 그것이 저도 답답한 부분이기도 하고, 회의적이고 자기 자신을 계속 반성하고 스스로와 거리를 두려는 자세, 어떤 것에도 들어가지 않으려는 그런 허무주의가 분명히 있는데, 그렇지만 제가 찾으려고 했던 것은 그럼에도 불구하고 그것을 넘어서는 부분이 있지 않을까 조금이라도 더 찾으려고 했던 것입니다.

그런데 지금 말씀하신 대로 '여성을 이용했다'고 하면, 그렇게 말할 수도 있겠죠. 홍상수가 남자고, 남성 감독이니까요. 그렇지만, 제가 예로 들었던 두 장면의 여성이 어떻게 보면 현실의 여성과는 동떨어진 여성으로 보이고, 따라서 남성 작가의 환상이 구성해 낸 이상적인 여성이라고 말할 수도 있겠지만, 다른 부분에 나타난 여성들의 모습은 전혀 그렇지 않고. 여기서 나온 여자 선화나 고순―〈잘 알지도 못하면서〉에 나온―은 그렇지 않지만……. 제가 말씀드리고 싶은 것은, 남성의 시선은 자기와는 다른 어떤 존재가 언뜻 언뜻 나타나는 것에 대해 참 부러워하는 것 같아요. 자유로운 모습, 도덕적인 강박관념 같은 것에서 너무나 쉽게 떠나 버리는 그리고 태연해져 버리는 그러한 모습에 대한 부러움 자체가 아마 환상으로 작용하고 있는 것인지도 모르죠. 하지만 더 중요한 것은 정작 그렇다면 '나의 남성적 시선을 어떻게 하는 것이 가장 나 자신에 솔직한 것인가?', '내가 어떻게 하면 이 부러운 그 공간에 가까이 갈 수 있을 것인가?'라는 질문입니다. 그래서 저는 카메라에 주목한 것이고, 그것이 환상일 수도 있지만 최소한 나 자신에 대해 솔직할 수 있는 카메라는 여성이 대표하는 타자의 공간에 가까이 가려 시도하고, 그래서 '타자되기', '거리두기' 등의 기법을 택한 것 같습니다.

그러면 그런 것이, 마지막으로 몇 가지 덧붙이자면, 〈시〉에 나와 있는 것과는 대조적인 것인가? 현상적으로는 달라 보이지만 기본적인 충동은 같은 것 같습니다. 물론 홍상수 감독이 아주 살짝 살짝 보여주기는 하지만 기본적으로 거기에 깔려 있는 충동은, 가령 백문임 선생님께서 말씀하신 타자성의 부활이라든가 필연성이 아닌 가능성으로서 죽은 자에게 얼굴을 주고 살려 내는 그런 식의 생각과 일맥상통한다고 저는 생각했어요. 쓸모없는 것에 대한 관심, 죽음이라는 것을 실용적인 관점에서, 즉 '쓸모'라는 관점에서 접근하면 죽음은 더 이상 의미가 없는 쓸모없는 것이고, 잊어 버려야 되는 것이잖아요. 그런데 쓸모없고 무의미한 것을 미적으로 승화해서 가능성으로 제시하려는 충동 자체가 홍상수에서는 쓸모없는 것, 이야기의 진행이라든가 캐릭터의 구성에서 필요한 것만 보여 주는 것이 아니라 오히려 서사에 전혀 필요없는 불필요한 것들, 쓸모없는 것들을 보여 주는 것으로 표현되는 것 같습니다. 제가 보여드렸던 똥이라든가 갈대밭이라든가 애벌레라든가 하는 그런 것은 단적인 예에 불과하고요. 홍상수 영화의 기본적인 매력은 아마 그런 쓸모없는 것들이 쭉 나열되어 있는 것 자체가 지닌 아름다움이라고 생각을 하거든요. 결국은 쓸모없는 것에 미를 부여하고 거기서 가능성을 찾는 것이야말로 공리주의와 실용주의, 부에 대한 천박한 탐욕이 지배하는 세상에서 다른 곳으로 가려고 하는 '거리두기'와 '타자되기'의 욕망이 아닌가라는 생각입니다. 말하고 보니까 너무 심오해졌습니다만 그런 식으로 생각하고 있습니다.

사회●●● : 사실 19세기 소설을 보면, 쓸모없음 부분이 본래의 플롯에서 벗어나서 이런 저런 이야기를 하는데 그런 부분은 너그럽게 읽어야 19세기 소설이 재미있어요. 안 그러면 긴 것을 못 읽어 내거든요. 그게 과연 작품에 전면으로 정말 드러나는지에 대해서는 한번 생각해 봐야 될 것 같은데, 정말 선생님 말씀대로 환상이 없는 것보다는 있는 것이 훨씬 낫죠. 잠깐, 이 정도로 하고. 백문임 교수님한테.

백문임●●● : 질문하신 것이 결국은 〈시〉에 그려지는 타자성이 주체에 의해 또다시 전유되는 것이 아니겠냐는 말씀이시죠. 저도 이 영화에서 주관성, 주체의 능동적인 행위 이런 것들을 주요한 것으로 보고 있었다고 생각합니다. 좀 더 생각해 봐야 할 점은 여기에서 타자성이라고 하는 게 결국 나와 닮았고 내가 인정해 줄 수 있는 만큼의 차이를 가지고 있는 그런 존재로서의 타자를 이야기하는 것인가, 아니면 전혀 다른 타자를 말하는 것인가 하는 것입니다. 저는 아직 이 두 가지가 이 영화에 섞여 있다고 보고, 실은 미적인 태도로 대상을 전유하려는 태도는 이창동 영화에서 그동안 쭉 있어 왔던 게 아닌가 생각됩니다. 아까 제가 미적인 태도가 퇴폐적이라고 이야기했는데, 미나 부재한 것들은 현재적이기보다 과거에 있거나 보장되지 않는 미래에 있어 왔기 때문에 이 창동 영화는 기본적으로 노스텔지어nostalgia를 바탕에 깔고 있다고 생각합니다. 그런데 〈시〉에서는 미자의 시 쓰기나 어떤 미적 탐색보다는 소녀의 얼굴을 되살려 냈다고 하는 게 오히려 이창동 영화 세계에서 볼 때 무척 특이한 현상인 것 같고, 그것을 저는 높이 평가하고 싶습니다. 굉장히 다른 타자, 새로운 타자에 대한 열림을 보여 주는 것이 아니겠는가 하는 것이죠. 서두에서도 말씀드렸듯이 저 자신의 어떤 니힐니즘에 대한 질문을 거기서 구하고 싶어하는 경향도 있고요. 그런데 아까 마지막에 기표로서 노무현에 대한 얘기도 잠깐 했었지만, 이 소녀의 얼굴을 무엇으로 볼 것인가 하는 문제는 관객들한테 많이 달려 있는 것 같아요. 그만큼 이 영화가 그것을 관객한테 던져 주면서 그야말로 낯설은 것을 뭔가 열어 놓았기 때문에, 이 영화가 우리 사회에서 차지하고 있는 혹은 앞으로 차지할 위치에 좀 더 많이 남겨져 있는 게 아닐까 하는 생각을 해 봅니다.

그리고 홍상수 영화에 대해 잠깐 생각 드는 것을 말씀드리자면, 저는 홍상수 영화가 인간 동물들의 이야기를 다루고 있다고 보는데요. 그래서 〈시〉를 언급하면서도 홍상수랑 비교해 보고 싶다고 말씀드렸었는데……. 그렇지만 그럼에도 불구하고 거기서 사람들이 계속 서로 오해하고, 소통도 되지 않으면서 소통되는 척 하고, 그러면서 쌓아가는 관계들이 니힐니즘에서 보이는 필연성에 대한 승복의 태도라고는 생각되지 않는다는 게 홍상수 영화의 재미있는 점인 것 같습니다. 이 사람들은 죽음보다는 삶을 앞세우는 태도를 기본적으로 가지고 있는 것 같고요. 그런 것들이 이창동 영화와는 대조적으로 인간 동물들 사이에서 필연성에 승복되지 않는 어떤 삶에 대한 강한 무언가—뭐라고 이름 붙여야 할지 모르겠지만—를 잘 보여 주는 지점이 아닐까 하는 생각을 해 봤습니다. 이것도 아직 좀 더 고민을 해 봐야 될 것 같습니다.

사회●●● : 잠깐, 말을 끊어서 죄송한데, 백문임 선생님. 이창동 영화·소설도 그렇고요, 쓸데없이 사람을 괴롭히는 부분이 있어요. 어느 선이 딱 있으면 그것으로 현실을 다 표현할 수 있는데 거기서 사람을 아주 괴롭혀 놓고 잔인한 장면을 묘사해 놓고는 스스로 아주 마음 편하게 '아! 내가 작가로서 일을 했다' 라는 부분이 있거든요. 사실은 뒤에서 소녀의 부분도 그렇고 좀 오버하는 거 아니에요? 아까 니힐니즘과 관련해서 질문을 하셨거든요.

한기욱●●● : 이창동 영화를 보는 것이 괴롭다는 것은 저도 인정하고요. 되풀이해서 보고 싶지는 않은데 그러나 영화를 소설만큼 높은 수준으로 끌어올린 한국의 감독들 중에 이창동, 홍상수를 빼놓을 수 없지요. 분명히 이창동의 〈시〉뿐만 아니고 〈밀양〉이나 그 전작들도 '괴롭고 가학적이다. 필요 이상으로', 이런 느낌을 줄 수 있어요. 〈시〉의 경우에는 백문임 선생님이 말한 미학적인 그런 것 때문에 퇴폐적인 지점까지 묘사하면서 현재에서 즐길 수 있는 것에 대한 탐색보다는 찾을 수 없는 과거나 미래에 지향점을 두고 몰아가는 측면이 있다고 했는데, 분명 그런 게 있다고 봅니다. 다만 〈시〉의 경우에는 제가 치매가 중요한 장치라고 생각을 하고 있고, 이때 장치라는 것은 조작을 했다는 뜻이 아니고 이 작품을 살아 움직이게 하는 어떤 서사적 기제라고 생각하는 거죠. 제가 주에서 단 것처럼 여기서 미자의 치매가 어떤 개발주의나 금권주의, 아버지들의 공모에서 벗어나는 계기가 된다는, 누구나 감상할 수 있는 점뿐만 아니라 미자가 자기 자신의 치매를 각성하는 것이 포인트라고 봐요. 미자는 자기 자신이 치매에 걸렸다는 것을 처음에는 인정 안 하려고 하다가 결국 인정을 하게 되죠. 인정을 하게 되는 계기는 바로 그 사건, 즉 자기 손자가 강간한 소녀의 어머니를 찾아갔을 때 방문 목적을 잊어버리고 살구나 아름다운 자연을 이야기하다 돌아오는데, 돌아오다가 갑자기 뭔가 잊어 버렸다는 것을 깨닫게 되는 순간에 찾아오죠. 그것을 깨달으면서부터 여러 가지 뒤의 일들을 하는데, 치매의 각성이란 결국 살 날이 얼마 남지 않았다는 것을 깨닫는 것이고. 그 다음에 하는 행위들을 그런 관점에서 볼 때는 미자의 선택이 말이 되는 선택이라는 거죠. 만약에 이런 치명적인 병이 있는 사람이 아니라면 미자가 그런 식으로 소녀의 타자성에 동화되어서 자살하는 것은 과도한 반응이겠지만, 미자는 곧 죽을 사람이기에 그 이후에 성당에도 찾아가고 손자 대신 참회도 하면서 그런 행동을 하는 것이 치매가 있음으로써 영화적 문맥에서 살아난다고 봅니다. 이처럼 치매를 각성했기에 미자의 행위가 말이 되는 지점이 있는데 그게 상당히 중요하다는 것이고, 이창동이 그런 디테일에 강하다, 그럼에도 불구하고 사람을 괴롭히는 것이 있습니다.

또 하나의 포인트는 시詩라는 것을 미의 관점에서, 도덕적인 관점에서—우리가 보통 진·선·미라고 할 때, 진眞이라는 것은 최상의 가치이기도 한데 여기서는 도덕적이고 미학적인 것 두 가지로 나눠서—볼 때 이 작품은 그 두 개가 마치 두 선율로 연주를 하듯이 되어 있다고 봅니다. 그렇기 때문에 미자가 과거 어렸을 때의 아름다움을 되새기고 이런 것들이 중간 중간 나오고 그게 하나의 고비이기는 하지만 미자는 거기에 머물지 않고 계속 나아갑니다. 나아가기 때문에 과거에 집착했다고 볼 수 없고, 그런 과정에서 '시란 무엇인가?' 라는 물음이 '아름다움이 무엇인가?' 라든지 '착한 것이 도대체 무슨 의미인가?' 라든지 하는 물음들을 한꺼번에 포함시키는 그런 행위가 되고, 미자의 선택이 도덕적 결단이나 윤리적 선택을 넘어서는 그런 느낌을 저는 많이 받았어요. 맨 마지막에 그래서 좀 과도하게 반응하고 사람을 과도하게 괴롭히는 영화이기는 하지만 영화치고는 상당히—소설에 비교될 만큼—대단하다고 깨끗이 인정합니다.

사회●●● : 고맙습니다. 이것을 더 길게 논의하기보다는 그 다음에 서영채 교수님한테 넘어가야 될 텐데요. 그러니까 분명히 이창동의 이 영화에는 새로운 가치의 재구성을 향한 어떤 노력이 드러나 있다는 것을 지적하려고 하는데요. 이왕 말이 나왔으니 치매 문제를 한 번만 더 짚고 넘어 가겠습니다. 한기욱 선생님, 《엄마를 부탁해》에서 엄마의 치매가 가부장제의 해체라고 하는데요, 가부장제가 해체되려면 아버지가 치매에 걸려야지요. 엄마가 치매에 걸리는 것이 가부장제 해체일 수는 없잖습니까.

한기욱● ● ● : 그 가족에서는 엄마가 대행체제입니다. 아버지는 간판으로서 가부장이고 실제로는 엄마의 대행체제죠. 다만 권여선하고 다른 것은 권여선은 그 대행체제를 깔아뭉갠 겁니다, 제가 보기에는. 그래서 사실은 엄마가 중심이었고, 신경숙의 소설에서 자식들을 도회로 보내는 것에 있어서 아버지는 존재는 하되 통치는 안 한 그런 체제였다고 봅니다.

사회● ● ● : 한기욱 선생님, 오늘 글도 그렇지만 굉장히 적극적으로 사주는 편이거든요. 이런 말에 어떻게 동의하십니까? 이 지적에. (일동 웃음) 네, 일단 뒤로 미루고. 서영채 교수님.

서영채● ● ● : 다른 선생님들의 발표를 들으면서 여러 가지 생각들을 많이 할 수 있어서 참 좋았습니다. 가닥이 안 잡혔던 생각들이 조금씩 잡혀가는 느낌이었습니다. 일단, 감사 인사부터 드리고 싶고요. 먼저, 홍상수에 대해서. 홍상수는 끝까지 여성을 도구로 이용해서 자기의 길을 가는 게 옳은 것이 아닌가 합니다. 홍상수는 일종의 증상인데요. 홍상수 영화는 제 개인적으로는 지긋지긋하고 쳐다보기도 싫은 영화인데 그럼에도 어느 순간엔가 보고 있는 제 자신을 발견하게 되는 그런 영화입니다. 저는 그의 영화를 즐기고 있는 것 같습니다. 아까 홍정선 선생님이 발표하신, 근 백년 동안 축적된 남성 주체의 아주 일그러진 모습이 등장하고 있기 때문이 아닌가 합니다. 홍상수가 아주 영리하게, 김용수 선생님이 보여 주셨듯이, 애벌레나 똥의 시선으로, 괴물이 되어 가는 남성 속물들의 모습을 볼 수 있는 여지를 만들어 놓음으로써, 어떤 윤리적인 알리바이라고 해야 하나요, 그런 것들을 제시하고 있는 거라면, '진짜 영리한 사람이구나!' 라는 생각을 하지 않을 수 없습니다. 그렇다고 홍상수에게 여성 주체의 시선으로 남성을 포착해 보라고 하는 것은 무리일 것 같습니다. 홍상수로서는 지긋지긋하고 집요하고 철저하게 남성 괴물들을 만들어 냄으로써, '못 참겠다' 하고 여자 홍상수가 나타날 때까지, 자기의 길을 가는 게 옳은 게 아닌가 합니다.

백문임 선생님 발표는, 제가 잊고 있었던 영화의 아름다웠던 장면을 다시 한 번 상기시켜 주셔서 참 고맙게 생각합니다. 제 개인적으로 이창동 감독 영화는 가능한 한 안 보려고 노력을 하는데, 우연히 재수가 없으면 보게 되는 영화입니다. 〈시〉도 그런 영화였습니다. 마지막 장면에서는 눈물이 펑펑 흐르더라고요. 그 장면에는 몇 개의 시선이 중첩이 되어 있잖아요. 첫 장면에는 죽은 여자아이가 나왔는데, 저는 그 대목부터가 끔찍해서 싫었어요, '왜 애를 죽여', '왜 우리를 괴롭혀', '난 영화관에서 한 시간 반 동안 웃다 가고 싶은데'. 늙은 윤정희의 모습을 보는 것도 괴로운 일인데, 마지막 장면에서는 그 시가 바로 그 늙은 윤정희의 목소리로 낭독이 되지요, 그리고 아주 일상적인 장면들이—동네에서 아이들이 훌라후프 돌리고 깔깔거리고 마을버스 왔다 갔다 하는 장면들이—아무렇지도 않게 펼쳐집니다. 시를 낭독하는 목소리가 교체되는 순간 우리는 깨닫게 됩니다. 그게 사실은 귀신의 시선이라는 것을, 귀신의 시선으로 우리 세상을 보고 있다는 것을. 또 한 번 귀신의 시선으로 강물을 내려다 보는 순간, '아! 저것은 죽은 소녀의 시선인 동시에 그 죽음을 책임지려고 하는 늙은 할머니의 시선이구나' 라는 생각을 하면, 우리 삶이 요동치는 듯한 기묘한 느낌을 받습니다. 극장에 혼자 앉아 있었으니까 저는 마음껏 울 수 있었는데요. 눈물이 줄줄 솟아지는 것이, 시가 아름다워서였을까? 나중에 알아보니까 이창동 감독이 직접 쓴 시라고 얘기하더라고요. 역시 '소설가는 뭐가 달라도 달라' 라는 생각을 했습니다.

그 감동의 지점, 그것은 말하자면 이렇습니다. 제가 아까 그리스도의 이야기를 하면서 인간의 시선으로 그리스도를 보면 그냥 성스러운 분이죠. 대단하신 희생자죠. 그런데 신의 시선으로 그리스도를 보면 우스꽝스러운 괴물성이 출현한다는 거죠. 그러니까 속물의 시선으로 세상을 보면 그냥 평범한 일상이죠. 그런데 괴물의 시선으로 세상을 보면, 귀신의 시선으로 우리 자신을 보면, 놀라운 그림들이 펼쳐지는 것이 아닌가! 이런 시선의 이동이야말로 우리를 놀랍게 하는 어떤 괴물성, 우리 안에 존재하고 있는 어떤 괴물성들을 출현하게 해 주는 것이 아닌가!

그리고 신경숙의 《엄마를 부탁해》 같은 소설도 저는 무척 감동 받으면서, 눈물을 찔끔거리면서 읽었었습니다. 물론 이런 소설들을 좋다고 얘기를 하면 비평가들의 얼굴이 안 삽니다. 잘 팔리는 소설에 대해서는 일단 안 좋은 척 해야 비평가로서는 유리합니다.

그러니까 한기욱 선생님 같은 분이, 그런 잘 팔리는 소설에 대해서 좋다고 얘기하는 것은 대단히 용기 있는 일입니다. 자기 평판을 깎아 먹으면서도 좋은 것을 좋다고 얘기하는, 어떻게 보면 순진하고 어떻게 보면 이중으로 교활한 그런 분인데……. 신경숙의 소설의 마지막 부분이 감동적이었습니다. 죽은 엄마가 자식들에게 말을 하는데, "엄마는 사실은 바람 피우는 여자였어!", "엄마는 너희들이 생각하는 그런 모성이 아니야", "엄마는 그냥 평범한 여자야!" 그런데, 그렇게 그런 엄마를 바라보는 시선이, 즉 모성을 바라보는 시선이 누구의 것이냐는 거죠. 거기도 최소한 세 개의 시선이 겹쳐 있는 것 같습니다.

김애란의 《두근두근 내 인생》도 마찬가집니다. 많이 팔린 소설이니까 이것도 좋다고 얘기하기 힘든 소설입니다. 늙은 자식의 입장에서 철없는 부모를 보는 시선, 그게 세상을 좀 들썩거리게 만들어 주는 시선이 아닌가. 그런 시선의 교체야말로 우리들에게 괴물성을 만들어 주고 우리로 하여금 괴물성의 자리에, 지젝의 표현을 빌리자면, 우리 눈을 뽑아서 타자의 자리에 박아 놓고 그 눈으로 우리 자신을 바라보게 하는 것, 그런 것이 윤리적인 것이 아닐까. 만약에 어떤 지적인 담론의, 실천 가능한 윤리의 영역들이 있다면 그런 것들이 아닐까. 송승철 선생님이 말씀하신 괴롭힘에 대해서는 저는 전적으로 동의하지만, 바로 그 괴롭힘의 자리는 윤리적인 어떤 것이, 우리가 윤리적인 것을 좋은 의미에서 얘기한다면, 그런 것이 놓여 있을 수 있는 자리가 아닌가. 그런 생각을 해봤습니다.

사회● ● ● : 사실은 지금 우리가 새로운 가치의 부활이라고 하는, 제가 오늘 제 주제를 계속 밀고 나가면서 질의응답을 받겠습니다, 예를 들면 소녀의 부활이라든지 이런 말에서 타자성을 극복하고 우리가 말하는 새로운 가치윤리가 탄생되는 것으로 볼 수 있는데요. 이것이 맞느냐 아니냐를 떠나서 선생님 말씀을 들어보면 제가 조금 불안한 요소가 있어요. 그 불안은 뭐냐면 지금 사회를 괴물의 사회로 이미 단정하고 들어가는 방식입니다. 그 방식이 패배주의의 소산일 수 있다라고 하는 게 제 느낌이고요. 그런 의미에서 어쩌면, 우리가 리얼리즘의 눈으로 패배주의가 아닌 것을 볼 수 있는데 '자, 우리 괴물이야' 그리고 '괴물은 특별한 방법으로 드러나니까' 이런 조금 억지스러운 방법을 써서 '그것을 우리한테 보여 줬으니까 이게 얼마나 대단해' 이렇게 얘기하는 방식에 우리 비평가들이 너무 쉽게 젖어 있는 것이 아닌가. 저는 그런 느낌이 들 때가 있는데, 어떻게 생각하십니까? 동의 안 하십니까? (일동 웃음)

한기욱● ● ● : 저는 안 젖어 있다구요.

사회● ● ● : 어떻게 생각하세요.

서영채● ● ● : 진짜 세계는 무엇인가, 히피들의 유명한 모토가 '현실은 꿈의 도피처다' 라는 것인데, 말하자면 현실이란 꿈이 무서워서 도망가는 곳이라는 것이죠. 현실이 무서워서 꿈속으로 도피한다고들 하는데, 거꾸로 너희들은 꿈이 무서워서 현실로 도망가는 것이 아니냐, 현실이란 뭐냐? 세금 내면서, 자식들 키우면서, 새 나라의 어린이가 돼라는 얘기하면서, 도덕 잘 지키면서 사는 세계, 이게 현실이라는 거죠. 리얼리즘이 리얼한 세계를 다루고자 하는 것이라면, 액추얼actual한 세계가 아니라 리얼한 세계, 진짜 세계를 다루는 거라면, 그건 어떤 것일까. 누구의 시선으로 세상을 보아야 하는가. 아까 말한 늙은 윤정희의 시선, 죽은 아이의 시선 그리고 그 시선, 우리는 어디에 감정 이입을 해야 되는 거죠? 우리는 죽은 소녀의 시선으로 봐야 되는 건가? 늙은 윤정희의 시선으로 봐야 되는 건가? 그 사이에 부동하고 있는 제3의 시선, 그게 아마 관객이나 감독의 시선이었을 텐데요, 그런 시선으로 봐야 진짜 세계가 드러나는 것이 아닌가? 액추얼한 세계 말고 리얼한 세계. 이렇게 보면, 리얼리즘 아니니까 패배주의다라고 생각하는 것은 옳지 않다고 생각합니다. 왜냐하면 아까 발표 중에 잠깐 말씀드렸지만, 〈나는 꼼수다〉라는 방송을 들으면서, 욕 안하면 안 되냐는 지적에 대해, 공적인 영역과 사적인 영역을 겹쳐 놓으면서, '싫으면 듣지마!' 라고 말하는 어떤 사람의 목소리를 들으면서, 자기 자신을 마치 홍상수처럼 집요하게 괴물성의 영역으로 밀어부치는 사람을 봤습니다. 평소의 제 생각이라면 이 사람은 옳지 않거든요. 그런데 저는 이 사람한테 공감하고 있었어요. '저게 옳은 거야!' 라는 느낌으로 다가 오더라구요. '내가 왜 이 사람한테 공감하고 있지?', 이것도 정리해 보고 싶었습니다. 어떻든, 우리가 의식하지 못했던 어떤 시선이 우리 앞에 활동적인 것으로 존재할 수 있음을 보여줌으로써 우리 자신을 다시 돌아보게 하는 것, 그것이 중요한 것이 아닌가 생각합니다.

사회● ● ● : 일단, 이 문제에 대해 여러 선생님들 의견이 있으시면 말씀해 주시고요. 그렇지 않으면 제가 사회자로서의 균형을 위해서 홍정선 교수님께 질문을 던지겠습니다. 저 개인적으로는 가장 저와 호흡이 맞는 그런 시대의 작품을 다루고 있습니다. 그리고 어떤 면에서는 굉장히 범박한 부분에서 가치를 다시 되살려 내려고 하는 주장을 하고 있고요.

이경구● ● ● : 홍정선 선생님하고 한기욱 선생님하고 발표하신 내용이 저희들에게 묘하게 같은 공감을 불러일으키면서도 다른 대칭적인 것을 불러일으키는 것 같습니다. 그래서 홍 선생님 발표를 들으면서도 흥청대고 힘들어 하는 남성의 모습이 안타까웠고, 또 한 선생님 발표에서 특히 가족이 해체되는 이런 부분들을 보면서 공감과 연민이 둘 다 가고, 또 선생님 두 분이 모두 같은지 다른지는 모르겠지만 사랑과 자율에 기반한 권위를 우리가 건설하자, 또 가부장제를 넘어선 대안을 고민해 보자고 이야기하셨는데, 같고도 다른 지점이 있는 것 같습니다. 그래서 저는 두 분 선생님이 상대방의 발표에 대해 간략한 논평을 곁들이면서 어떻게 합치되는 것이 있을까, 아니면 달리 가야 될까 하는 것들을 같이 한 번 들어봤으면 싶습니다. 괜찮으신지 모르겠습니다.

사회●●● : 홍 선생님 먼저.

홍정선●●● : 한기욱 선생이나 저나 똑같이 가부장적 권위가 해체되고 붕괴되는 이야기를 했습니다만, 가부장적 권위에 대한 부정의 시선을 드러낸 점에서 한기욱 선생의 강도가 저보다 좀 더 강하지 않았나 하는 생각을 가지고 있습니다. 저는 솔직히 말해 우리 자신들이 지금까지 유지해 왔던 가부장적인 권위의 상당 부분을 인정하고 싶은 사람입니다. 그리고 그것들을 어떤 방식으로 우리가 새롭게 변형시키면서 미래를 건설할 수 있을까, 이런 점들을 우리가 모색할 필요가 있다고 생각하는 사람입니다.
적절한 예가 될지는 모르겠습니다만, 저의 어머니와 아버지는 굉장히 가부장적인 분들이었습니다. 그렇지만 저는 이 분들을 대단히 소중하고 자랑스럽게 생각합니다. 중고등학교 시절 방학 때 집에 가면 어머니는 농사일에 지친 몸으로 제 손을 잡고는 "너는 손에 흙 묻히지 말고 살아라" 이렇게 말씀했습니다. 어머니는 국민학교도 다니지 못한 문맹 상태입니다. 그런 어머니가 하시는 이런 간곡한 표현만큼 절실하게 느껴진 가르침이 없다고 생각합니다. 저는 지금의 부모들이 애들을 마구 야단치고 돈 집어 주고, 비싼 학원 보내고 하는 것보다 우리 어머니의 그런 간곡한 태도에 훨씬 더 감동적 교육성이 있다고 생각하는 사람입니다. 자식을 버르장머리 없는 왕자님으로 키웠다가 자식으로부터 무시당하거나 버림받고, 심지어는 두들겨 맞거나 살해당하는 무질서와 혼란을 우려하는 사람입니다. 이런 점에서 아마 한기욱 선생과

저 사이에 일정한 차이가 생겼지 않을까 싶습니다.

사회●●● : 제가 조금 후에 질문을 다시 드리겠습니다. 한 선생님.

한기욱●●● : 홍정선 선생님께서 자신의 가족이야기까지 하셔가지고……. 저도 사실은 8남매의 장남으로 태어나서 가부장체제에 대해서는 몸소 느꼈는데, (홍정선 선생님의 견해에) 동의하는 바입니다. 특히 부모님들의 헌신성에 대해서는요. 그래도 약간 차이는 있는데, 그게 개인적인 가족사의 문제 때문만은 아니라고 봅니다. 나의 어머님은 조금 잘 사는 집안 출신이었는데, 권여선의 〈K가의 사람들〉에 나오는 어머니와 통하는 면이 없지 않았어요. 저의 아버지는 소위 명문가라고 자부하시는 그런—동경유학도 하고 사회주의 운동에도 참여하고 그 시대의 전형적인 엘리트 의식을 가지고 있는—분이셨는데, 아버지가 워낙 셌기 때문에 어머님이 젊었을 때는 꿈쩍도 못 하시다가 연세가 들면서부터 서서히 집안의 세력이 바뀌어갑니다. 어머님이 어떻게 하셨냐하면 가족들을 극진히 보살피면서 자기편으로 만들고, 저도 거기에 넘어가게 되죠. 그래서 집안의 세력 균형이, 실권이 어머니 쪽으로 넘어가게 됩니다. 그런데 그때 어머니가 보여 주신 모습은 제가 젊었을 때 생각했던 숭고한 모성상하고는 달라요. 권력관계에 굉장히 예민하고 때로는 자식한테 뒤통수도 치는 그런 모습을 보여줬어요.

신경숙 소설의 박소녀라는 어머니는 그런 인물이 아닙니다. 그런데 같은 또래의 권여선의 소설을 보면 — 권여선은 가부장제의 전통이 깊은 안동 출신이에요 — 아주 권력관계에 예민한데, 거기에 제가 많이 공감했습니다. 그런 면에서 권여선 소설이 재미있어요, 저한테는. 신경숙 소설도 재미있는 것은 우리 어머니에게도 박소녀와 같은 그런 면도 있었기 때문이고, 그와 다른 면도 있었기 때문에 두 작가가 다 재미있었어요. 제가 느끼는 것은 좋든 싫든 가부장제가 현실적인 근거를 잃었다는 것입니다. 제가 신경숙의 《엄마를 부탁해》의 치매 장면을 가부장제의 종언을 보여 준 상징적인 사건으로 꼽은 것은 그 이후에 가부장제가 없어졌다는 것은 아닙니다. 가부장제 자체가 거의 치매 상태에 있지 않은가 하는 것입니다.

그렇다면 지금 제일 중요한 문제는 가부장제적 권위는 없어졌지만 다른 권위도 없는 게 좋은가 하는 것입니다. 저는 권위가 없는 게 좋다는 것은 아닙니다. 우리가 그것을 좋다 싫다고 할 문제는 아니지만 가능하다면 권위를 찾아야 되는데 그 권위를 예전처럼 가부장제로 돌아가서 찾으면 안 될 것입니다. 왜냐하면 가부장제는 물적 관계라든지 실제 가족관계를 더 이상 반영하지 않는다고 봐요. 그렇다면 어디에서 찾을 수 있느냐. 이것은 사회 전체에 어떤 금권, 즉 돈이 제일이라고 하는 생각이 팽배해 있는데, 이런 현상의 심각성에 대한 각성이 없이는 사실 힘들다고 보고요.

그 다음에 또 하나 제가 꼽고 싶은 것은 부모자식의 관계에서도 서로를 하나의 타자로서 인식하고 대할 수 있는 훈련이 필요하다는 것입니다. 그게 불가능하냐면 그렇지도 않다고 봅니다. 아까 이태수 선생님이 일차적 가치에서 이차적 가치로의 전환을 이야 기하면서, 이게 보통 어려운 게 아니고 이런 것을 전환하려고 하 면 시대 사람들이 불편하게 만든다고 오히려 몰아서 추방시킬 가 능성이 많다고 지적하셨지요. '돈이 제일이다' 라든지 '부모자식 간은 어차피 그런 게 아니냐!' 라는 유제遺制적 발상도 그만큼 바 꾸기가 어렵지만 그런 사고방식에서 빨리 벗어나야 됩니다. 부 모자식이 타자성을 바탕으로 하기 힘든 것은 '부모자식간에 뭘 그러냐' 는 예전의 생각을 핑계로 삼는 탓이 크거든요. 《두근두근 내 인생》에서 제가 제일 주목해서 본 것은 바로 그 점입니다. 부 모자식이지만 아까 서영채 선생님도 지적했지만, 희귀병에 걸렸 기 때문에 곧 죽을 수밖에 없고 그동안 고통 때문에 너무나 성숙 할 수밖에 없었던 자식이 철부지 부모를 타자처럼 인식하는 거 죠. 죽어가는 자식이 살아남은 부모한테 지극한 연민의 감정을 느끼면서 타자로 인식하는 겁니다. 희귀병에 걸리지 않고서는 이런 일을 해 내기 힘듭니다. 이 일이 힘들긴 하지만, 저는 소크 라테스의 일차적 가치에서 이차적 가치로의 전환이 그것 못지않 게 힘들다고 봐요. 그렇기 때문에 부모자식을 포함하여 모든 인 간관계를 이런 타자성의 바탕에서 새로 인식하고 형성하려는 그 런 노력 속에서 권위가 생기고, 어떤 지도자가 나올 수 있다고 봅 니다. 그 지도자의 가르침에 대해서도 어떤 일방적인 강압이 아 니라 자발적으로 따르는 데서 권위가 생길 수 있어요. 지금 현실 적으로는 공선옥의 소설이 그런 점을 굉장히 의미심장하게 시사

하고 있다고 봅니다.

저와 서영채 선생님하고 결론은 비슷한데, 예컨대 《엄마를 부탁해》나 〈시〉를 높이 평가하는 것은 비슷한데, 괴물의 문제에 있어서는 좀 다르지요. 공선옥 소설에서 보면 속물의 세상이지만 속물이 아닌 착한 사람이 굉장히 많이 등장한다는 거예요. 그래서 저는 이 시대를 속물의 시대라고 이야기하는 것은 통념적으로 맞는 이야기이지만, '누구나 속물이다' 라는 식으로 못을 박는 것에는 반대에요. 착한 사람들이 굉장히 많고 그런 사람들을 공선옥이 포착해서 거기서부터 시작하는 것을 저는 상당히 중요하게 보고, 특히 이 작품, 《꽃 같은 시절》에서는 바로 서영채 선생님이 주목하는 혼령의 시각으로 시작됩니다. 그럼으로써 지금 당장으로서는 인간의 시각으로는 힘든 이야기를 해 낼 수 있는 거죠. 그런 점에서 상당히 주목이 됩니다.

사회●●● : 사실은 제가 오늘 나온 작품 중에서 김애란의 맨 앞에 나오는 단편 하나만 읽었구요, 공선옥의 작품은 못 읽었어요. 그래서 질문이 쉽지 않은데 다만, 선생님이 생각하는 타자성의 인정을 통해서 정당한 권위가 등장하는 가능성을 보고 있는데. (이태수 선생님께) 다시 이 질문을 하고 이태수 교수님께 제가 논평을 부탁드리겠습니다. 젊은 사람들이 지금 이야기하고 있는 이 부분을 과연 어떻게 생각하고 계시는지. 잠깐만, 제가 조금 후에 시간을 드리겠습니다.

(한기욱 선생님께) 하나만 짧게 해주십시오. 사실, 《엄마를 부탁

해》가 타자성에 대한 인정이 부족한 거 아닙니까? 굉장히 너그럽게 하신 거 아니에요?

한기욱●●● : 어떤 면에서요?

사회●●● : 예를 들면, 엄마의 타자성을 슬쩍슬쩍 인정하는 척하면서 전통적인 엄마로 가둬 버리면. 많은 비평가들이 지적했잖아요. 어떻게 생각하세요?

한기욱●●● : 그 부분에서 신경숙 씨가 젊은 연배는 아니고 그이후의 젊은 작가들에 비해 얼핏 보수적으로 보일 수밖에 없습니다. 그런데 거기에 보면 엄마의 시각이 나오죠. 그것도 역시 혼령입니다. 새가 된 엄마죠. 그 혼령의 시각에서 볼 때 엄마의 진실이 이야기되고 있는데, 젊은 비평가들은 그 부분마저도 모성을 이상화하는 도구로 쓰였다는 비판을 하고 있고, 그런 소지가 전혀 없지는 않다고 봅니다. 그러나 제가 생각하기에는 소설의 주된 흐름에서 보면 굉장히 감동적인 부분이 있는데, 가령 엄마에게도 엄마가 필요하다는 것, 또 하나는 친구인지 애인인지 모를 남자와의 관계가 그렇습니다. 젊은 비평가들한테는 그런 것들조차 성에 안 차는 거지요. 게다가 감동을 주는 것 자체를 의심스럽게 생각해요. 감동을 줄수록 '그것은 이데올로기적인 것이다' 이렇게 생각하는 경우가 많고요. 그래서 대개의 경우는 감동이 센 이창동보다 홍상수를 더 좋아하는 경향이 있죠. 왜냐하면 홍상수

는 그런 식의 감동은 없죠. 그런데 저도 홍상수가 더 재미있기는 한데, 그러나 이창동을 생략한 홍상수라는 것은 문제가 있다고 봐요. 홍상수가 얼핏 보면 필연성에 매어 있지 않은 것 같지만 홍상수의 반경을 보면 어떤 필연성이나 어떤 카테고리에 갇혀 있다는 생각이 들 수 있어요. 신경숙으로 돌아오면, 신경숙은 감동과 아울러 이면을, 그러니까 통념적인 모성상과 다른 면을 살짝 보여 줬는데, 그건 상당히 높이 평가해야 한다는 생각입니다.

사회●●● : 감사합니다. 지금 이제 시간도 다 되어 가고 해서 이태수 선생님께서 사실은 오늘 말한 분들의 발표에 대해 좀 코멘트를 해 주시고요. 그 다음에 제가 엄연석 교수님. 엄 교수님?

엄연석●●● : 네.

사회●●● : 사실은 오늘 전통적인 가치가 가부장으로 통탄을 가하고 얻어맞고 했는데요. 좀 가만히 계시면 안 되실 것 같습니다. 고전을 공부하는 분으로써 의견을 말씀해 주시면 고맙겠습니다. 이태수 교수님부터.

이태수●●● : 제게 전체에 대한 논평을 하라고 말씀하시는 것 같은데, 홍 선생님과 한 선생님이 말씀하신 가부장제 문제에 대해 주로 이야기하겠습니다. 제가 두 분이 논의하고 있는 소설에 나오는 가부장 세대에 반쯤 속하고, 저를 키우신 아버님 대는 직접 가부장 세대에 확실히 소속되지만, 여기 계신 대부분의 젊은 분들은 그렇지 않습니다. 그러니 지난 가부장 세대를 변호해야 할 것이 있다면 제가 할 수밖에 없겠지요. 아, 그전에 서영채 선생님 글에 대해서는 그냥 감상만 한 마디 할께요. 서 선생님 글은 굉장히 도전적인 글이라서 여러 가지 논의할 게 정말 많을 것 같습니다. '칸트 도덕철학을 이렇게 볼 수도 있구나!' 하는 생각도 했고. 특히 예수의 해석에도 굉장히 재미있는 부분이 있어서. 이건 저녁 식사 때나 그 후 따로 길게 이야기해야겠습니다.

또 하나, 김용수 선생님의 '남자의 도덕과 여자의 윤리' 라는 표현에 대해서는 한 마디 하겠습니다. 사실 저는 기조연설을 부탁받으면서 본 논문을 발표하는 분들하고 전혀 다른 얘기를 하면 곤란할 것 같아서 우선 제목부터 읽어 보았습니다. 제목에서라도 내용을 짐작할 시사점이라도 얻을 수 있지 않나 했던 겁니다. 그 중 '남자의 도덕, 여자의 윤리', 이런 표현을 발견하고 윤리와 도덕이 어떻게 다르게 이해되고 있는지 궁금했습니다. 사실은 서구의 윤리학자들 중에는 도덕morality과 윤리ethics를 구별해서 논의를 하는 사람들도 있습니다. 일단 그런 논의와 혹시 김 선생님 글 내용이 무슨 연관이 있는지 특히 나아가 남녀 문제와는 또 어떤 관계가 있을 수 있을까 궁금하지 않을 수 없었습니다. 정작 발표를 듣고 나니까 내가 앞서 생각했던 문제는 아니더군요. 사실은 선생님 글에서 포착된 것은 도덕도 윤리도 아니고, 잘 말씀하신 것 같은데, 떠도는 도덕의 관념이고 의리 정도의 이야기인 것이죠. 도덕과 윤리의 구별이 문제가 아니라 도덕이든 윤리든 그것

이 퇴색해 버린 상황 자체에 초점이 맞추어져 있는 것이라고 이해했습니다.

이제 홍 선생님하고 한기욱 선생님의 발표에 대해 말씀드리지요. 우선 그냥 가족주의와 가부장제가 같은 것은 아니라는 점부터 상기하는 것이 좋겠다고 생각합니다. '가족주의'라고 하면 보통은 가족관계가 인간관계 중에 가장 귀한 거라고 생각해서 가치 서열에서 그 관계를 굉장히 높이 평가하는 사고방식 정도를 뜻하는 것으로 이해되지요. 가부장제는 가족주의의 한 형태이기는 하지만, 엄밀히 말해 공적인 의미를 가진 제도institution로서의 뜻이 더 강합니다. 그러니까 가부장제의 우선 사적 단위로서 가족이라기보다 사회에서 공적으로 기능하는 단위의 특징을 가집니다. 가령 서양에서 그런 가부장제를 대표하는 것은 로마의 제도이고 우리의 경우는 조선이 전형적으로 그러한 제도를 가지고 있었지요. 가부장제에서는 아버지를 가족을 거느린 주체로 인정하고 그 주체의 권위가 사회 윤리적인 의미에서 공적인 것이라고 인정을 받습니다. 어느 정도 법적인 지위입니다. 수신제가修身齊家 후에 나랏일을 할 수 있는 공직에 나설 수 있다고 하는 것은 집안에서 아버지가 하는 일이 사적인 것으로 집 밖의 일과 차단된 것이 아니라 연결되어 있다, 즉 기초가 된다는 것을 전제하고 나온 말이지요.

그러나 지금 말씀하신 가족주의는 거의 생물학적인 단위로서 공적이고 사회적인 의미가 굉장히 약화되어 있는 것입니다. 지금 비판은 가부장제에 대한 비판이라기보다 가족주의의 그늘에 대한 것이라고 해야 할 것 같아요. 엄밀한 의미의 가부장제는 이미

다 사라졌다고 생각됩니다. 1999년까지 가부장제가 존속된 것 같이 말씀하셨는데, 제가 생각하기에는 그보다 훨씬 아주 일찍 잡으면 20세기에 들어오면서 없어졌다고 봐야 할 것 같습니다. 왜냐하면 그때 가부장의 위치를 사회적으로 공적으로 인정해 줄 수 있는 장치가 전부 무효화되었기 때문입니다. 그때부터는 학교에서 유학을 가르치지 않기 시작했습니다. 가부장이 되기 위해서는 이러이러한 교육을 받아야 된다고 해서 정해 놓은 유교적 교과과정이 공교육에서 축출된 것이지요. 그 뒤에 가부장제는 가족 내에서 가족주의 틀 내에서 그 흔적만을 남기고 있었던 것입니다. 가족 밖의 세계에 대해서는 별 의미도 없는 호주제가 가부장의 권위의 흔적으로 남아 있기는 했지만 그나마도 사실은 별 의미도 없다는 것을 인정하고 진상에 맞게 없어졌지요.

우리가 초등학교에 들어가서 한글을 배울 때 '아버지'라는 글씨를 쓰는 연습은 했지만, 아버지는 어떤 존재이고 아버지가 가정에서 하는 일이 어떤 것이고 너도 커서 아버지가 되려면 무슨 과정을 거쳐야 하고 등 유학에서는 당연히 가르쳐야 한다고 생각했을 것을 배우지는 않았지요. 그런 내용의 유교 교육은 일제의 강제에 따라 공교육에서 빠졌습니다. 그러면 해방된 뒤에 그러면 다시 그런 교육을 부활시켰냐 하면 그때는 이미 우리도 아무 토론도 하지 않고 그대로 공교육 과정에서 빠진 상태 그대로 두었습니다. 가부장을 이론적으로 정당화할 수 있는 사회장치를 우리 스스로가 무효화시킨 겁니다. 그 뒤의 가족주의의 틀 내에서 아버지는 가부장이 아니라 그냥 그 집안에서 제일 근육 힘이 세고 돈을 벌 수 있는 사람입니다. 그래서 그걸 못하면 어머니한테 그 자리를 뺏기기도 하고 그럴 수 있는 거죠. 그건 가부장이 아니라고 생각을 해요.

아무튼 우리가 살펴 본 소설에 그려진 아버지 모습이 때로는 딱하게 때로는 흉하게 보이는데, 아버지는 어떤 존재여야 하는지를 제대로 못 배운 탓에 그렇게 된 면도 있다고 이해할 수 있을 것입니다. 유학이 부여한 권위를 잃고 아버지 노릇에 대한 지침도 없이 아버지 노릇하는 것이 적어도 우리 세대를 포함해 그 이전 세대에게는 쉽지 않을 수 있었습니다. 그것으로 변호가 되었는지, 아니 변명이나 제대로 되었는지 모르겠습니다.

두 분께서 가부장제에서 다시 복구하고 싶은 대목이 있다고 생각하시는 것 같은데, 저는 복구가 안 된다고 봅니다. 두 분께서 복구하고 싶으신 것은 차라리 가족주의겠지요. 가족의 끈끈한 정을 복구하는 것은 좋은 일이지요. 단 그건 근본적으로 사적인 일입니다. 가족주의적 정서를 다시 살리거나 순화하는 일은 할 수 있어도 가부장적 권위를 다시 살린다거나 거기다 공적인 의미를 부여한다거나 거기에 우리 윤리나 도덕규범을 정초한다거나 하는 것은 바람직하지도 않고 가능하지도 않는 일이라고 생각합니다. 이 시대의 아버지는 가부장에게 어울리는 존경보다는 가족에게 더 친밀한 존재로서 가족적인 사랑을 더 많이 받을 수 있게끔 되는 것이 더 바람직하지 않을까요?

사회●●● : 고맙습니다. 저보다 훨씬 젊은 소장 철학자로서의 발언을 해 주신 것 같습니다. 여기에 대해 두 분 혹시 답변을 좀. (한기욱 선생님께) 선생님 말이 느리니까 조금 짧게. (일동 웃음)

한기욱●●● : 가부장제의 문자 그대로의 정확한 뜻을 말씀해 주셨고 저도 그런 부분을 모르지는 않았는데, 그럼에도 '가부장제'라는 표현을 쓰는 이유는 근대화 이후에도 '가부장제적' 관행이 사회 곳곳에, 그리고 사람들의 통념 속에 굉장히 많이 남아 있다고 봐요. 페미니즘이나 마르크스주의에서는 가부장제를 근대 이전의 가부장제 형태에 국한하지 않고 근대적인 가족과 사회에서 구조화된 성인 남성 중심의 위계적 관계를 두루 지칭하는 용어로 쓰기도 합니다. 어쨌든 가부장제라는 용어의 여러 가지 용례를 엄밀하게 구분해서 사용할 필요가 있다고 봅니다.

사회●●● : 네. 엄연석 교수님 발언할 준비가 되셨는지요?

엄연석●●● : 태동고전연구소에 근무하는 엄연석입니다. 오늘 모처럼 학교에 와서 "소설·영화로 보는 한국인의 가치 지향"이라는 주제를 가지고 토론을 하시고, 또 연구를 하셔서 논문을 정리하신 선생님들께서 여러 소설들에 나타난 현대 사회에 드러난 현상적인 사실의 문제라고 할까요, 그런 가치의 문제를 포함한 내용들을 굉장히 심도 깊게 문학적인 표현을 통해 정리를 해 주신 부분들에 대해서 감명 깊게 들었습니다.
제가 사회 선생님으로부터 요청 받은 것은 가부장제가 어느 정도 너무 비판을 받고 있는 것이 아니냐는 것에 대해 고전을 연구한 연구자로서 변호할 부분이 있지 않느냐는 것이었는데, 조금 전에 이태수 교수님께서 말씀을 명료하게 해 주셨던 것으로 생각이 되는데요. 제가 10년 쯤 전에 〈유가의 가족관과 법가의 가족관〉(〈도덕적 이상의 관점에서 본 유가와 법가의 가족관〉, 《중국학보》 46, 2002)이라는 논문을 한 편 쓴 적이 있었습니다. 거기에서 두 사상의 가족관이 굉장히 상반된 의미를 가진다는 것인데, 유가적인 가족관의 핵심은 '가족 단위는 인륜의 실체이며 도덕성을 확산시켜 나아가는 기초단위가 가족이다' 라고 하는 그런 관점에 선다면, 법가사상의 경우에 가족이라는 것은 '리利를 도모하고 사적인 개인 간의 알력이라든가 욕구를 추구하는 최소단위이다' 고 규정되는 것으로서 좀 수준이 낮은 것이라고 할 수 있습니다. 어떤 목표를 추구하는 방식에 있어서 그런 최소단위로부터 두 가지 가족관은 가족을 바라보는 관점이 상반되는 것입니다. 이런 가족관을 고려할 때 지금 현대적인 가족 그리고 현실 사회는 굉장히 법가적인 요소를 가지는 것이 아닌가 하는 그런 생각이 있습니다.

그리고 가부장제와 관련해서는 가부장제라는 것이 선험적이고 연역적으로 태어난 것이냐 아니면 귀납적으로 발생한 것이냐를 본다면 그것이 어떤 중국 사회의 역사적인 여건이라든가 이런 것으로 해서 정치 제도화한 그런 의미가 있지 않은가 하는 생각이 듭니다. 외적으로 드러난 '가부장제' 라고 했을 때의 제도로서 문제를 바라보는 시각과 유가적인 도덕적 이념을 가족이라고 하는 관계를 통해서 의미 있게 실현해 간다라고 하는 그런 목표라고 할까요? 이런 두 가지는 구별을 해서 바라보는 것이 좋지 않을까 하는 생각을 가지고 있습니다.

오늘 학술발표에서 기조연설을 하신 선생님들이 계시고 뒤에 구체적인 개별 논문을 발표하셨는데, 앞에 기조연설을 하신 내용들이 전체적으로 구체적인 논문을 발표하는 데 어떤 방향성을 만들어 가는 면이 있지 않을까 하는 그런 생각이 듭니다. 그래서 제가 느낀 소감을 말씀드리면 연구자들이 구체적인 소설이나 영화의 내용을 매우 잘 분석하신 것으로 생각됩니다. 그런데 좀 더 가치지향적인 측면에서 이런 영화들이 간파하고 있는 것들이 어떤 것인가를 조금 더 설명을 하면서 영화라든가 소설에서는 직접 명시적으로 언급하지 않은 이면의 어떤 가치를 이야기하고 있는 부분들에 대해서 설명을 조금 친절하게 해 주시면 어떨까 하는 생각을 가졌습니다. 이만 마치겠습니다.

사회●■●● : 감사합니다. 원고를 다시 쓰실 때 한번 저런 독자의 반응도 고려를 해주시고요. 지금 시간이 다 되어서 제가 마지막 코멘트를 하나 하고, 마지막 질문을 받고 끝내겠습니다. 저 개인적으로 이번에 박원순 변호사, 나경원 변호사를 우리 사회가 두 후보에 대해 사정없이 공격을 하는 장면을 지켜 보았습니다. 사실 가부장제가 무너지거나 심지어는 가족주의도 무너지는 모습을 보이는데, 그러면서도 그게 선거에 의해 당선되는 순간 우리가 권위를 인정하는 시스템을 우리는 가지고 있다 말이에요. 무슨 말이냐 하면, 과연 저는 우리가 권위가 없어졌다고 생각하는 게 권위를 개인에서 찾기 때문에 그렇지 않을까? 권위를 우리가 시스템에서 찾아 나가는 방법을 고려한다면 우리 사회가 굳이 권위가 없는 것은 아닐 수도 있다. 다만, 그런 식으로 권위를 되살리는 과정에 비해 사실은 서영채 교수님이 말한 괴물의 작동이 또는 지금의 권위를 작성하는 과정에 괴물이 은근하게 끼어드는 방법이 너무 강하기 때문에 우리가 그런 부분을 제대로 못 보고 있는 것은 아닌가? 우리 스스로. 그런 게 제가 패배주의라는 말을 썼던 이유이기도 하고요. 그렇습니다. 그래서 저는 권위라고 하는 것을 꼭 인격적으로만 찾아야 되느냐 하는 생각을 가지고 있습니다. 사회체제 속에서 구성해 나가는 방식으로 찾는 것도 한 번 고려해 볼 만하다. 문학은 왜 이런 것을 제대로, 제가 너무 최근에 책을 안 읽어서 아마 그런 탓도 있을지 모르겠습니다. 마지막으로 플로어floor에서 질문 하나 받겠습니다.

청중●●● : 전혀 안 들은 사람도 질문할 수 있나요?

사회●●● : 네. 문외한의 특권을 이용해서. 그 대신 짧게 부탁드립니다.

청중●●● : 네, 짧게 하나 하겠습니다. 굉장히 재미있는 내용 같은데 제가 이공계라 관심을 갖지 않았습니다. 우선 저는 묻고 싶은 게 가치와 감성, 감동과의 관계를 어떻게 정립해 나가는지? 소설과 문학에서. 누가 대답할 수 있는 분이 있으시면……

사회●●● : 가치와 감동의 관계요?

청중●●● : 감동과 감성.

사회●●● : 이거 너무 큰 질문인데요. 엄청나게 큰 질문이……. (일동 웃음) 다음번 저희 학술대회의 주제가 될 만한 질문이 나왔는데요. 어떻게 이태수 교수님이?

청중●●● : 이태수 교수님께서 대답했으면 좋겠습니다. (일동 웃음)

이태수●●● : 저는 준비가 안 되서 지금 말씀드리기 어려운데요. 다음번에 준비해서 말씀드리겠습니다.

사회●●● : (청중에게) 죄송합니다. 그렇게 했으면 좋겠고. 또 다른 질문이 없으면 이것으로……. 사실은 여기 우리 홍정선 교수님이 마이크 앞에서 얘기하면 손이 조금 떨립니다. 그런데 술이 한 잔 들어가면 아주 편안하게 (일동 웃음) 진짜 진국이 있는 발언을 잘 하시고 해서 가능하면 이것을 짧게 하고 다음 단계로 같이 가서 저녁을 먹으면서 하는 게 어떨까 싶습니다. 따로 논의가 없으면 오늘 좌담회는 이것으로 마치겠습니다. 감사합니다.

양일모●●● : 네. 오늘 참여해 주신 선생님들께 감사드립니다.

그리고 특별히 기조발표를 해 주신 유종호·이태수 선생님 그리고 발표해 주신 여러 선생님들께 감사드립니다. 오늘 학술대회의 결과는 내년 3월 10일에 단행본으로 출간됩니다. 여러분들의 오늘 미진했던 논의들이 내년 3월 10일 '일송학술상' 시상식입니다만 그 자리에서 배포하기로 이미 예약이 되어 있습니다. 발표하신 선생님들께서는 내년 3월 10일이라는 그 악몽을 꼭 기억해 주시기 바랍니다. 공식적으로 오늘 '제3회 일송학술대회'를 마치도록 하겠습니다.

【영화 및 소설 제목】

한국인의 가치, 해체에서 재구성으로

◉ 2012년 3월 9일 초판 1쇄 인쇄
◉ 2012년 3월 23일 초판 1쇄 발행
◉ 기획   일송기념사업회
◉ 글쓴이   유종호, 김용수, 백문임, 서영채, 홍정선, 한기욱, 이태수
◉ 발행인   박혜숙
◉ 영업 · 제작   변재원
◉ 인쇄   백왕인쇄
◉ 제본   경일제책
◉ 종이   화인페이퍼
◉ 펴낸곳   도서출판 푸른역사
                      우 110-040 서울시 종로구 통의동 82
                      전화: 02)720 · 8921(편집부) 02)720 · 8920(영업부)
                      팩스: 02)720 · 9887
                      전자우편: 2013history@naver.com
                      등록: 1997년 2월 14일 제13-483호

ISBN   978-89-94079-61-5   93900

· 잘못 만들어진 책은 교환해드립니다.